APPLICATION OF
MODERN EDUCATION
TECHNOLOGY

全国百所高校规划教材
教育技术精品教材

现代教育技术应用

XIANDAI JIAOYU JISHU YINGYONG

李志河 王亚捷 孙建平 主编

北京师范大学出版集团
BEIJING NORMAL UNIVERSITY PUBLISHING GROUP
北京师范大学出版社

图书在版编目(CIP)数据

现代教育技术应用 / 李志河，王亚捷，孙建平主编．—北京：北京师范大学出版社，2022.2(2026.1 重印)

教育技术精品教材

ISBN 978-7-303-26744-6

Ⅰ.①现… Ⅱ.①李… ②王… ③孙… Ⅲ.①教育技术学—高等学校—教材 Ⅳ.①G40—057

中国版本图书馆 CIP 数据核字(2021)第 011849 号

XIANDAI JIAOYU JISHU YINGYONG

出版发行：北京师范大学出版社 https://www.bnupg.com
北京市西城区新街口外大街 12-3 号
邮政编码：100088

印　　刷：河北虎彩印刷有限公司
经　　销：全国新华书店
开　　本：787 mm × 1092 mm　1/16
印　　张：24.75
字　　数：493 千字
版　　次：2022 年 2 月第 1 版
印　　次：2026 年 1 月第 4 次印刷
定　　价：66.00 元

策划编辑：王建虹　　责任编辑：周　鹏　安　健
美术编辑：李向昕　　装帧设计：李尘工作室
责任校对：张亚丽　　责任印制：马　洁

本书编委会

主　　编　李志河　王亚捷　孙建平

编委会成员　李志河　王亚捷　孙建平　李思哲
王元臣　杨玉霞　潘　霞　刘　敏
王　茹　许书静　张春雨　白　杨
刘芷秀　冯　芳　臧艳美　周娜娜
葛世鑫　王利绒

序 言

苏格拉底说，“教育不是灌输，而是点燃火炬”。面对以智能化融合为主要标志的第四次工业革命带来的大变局，如何将应对创新与夯实基础有机衔接，有效应对，为教育领域适应新技术革命注入持续动力，保障可持续发展，是当代师范院校学人义不容辞的责任。

21 世纪以来，在人工智能、机器人、物联网、大数据和云计算等技术的推动下，世界进入第四次工业革命时代。现代信息技术深刻影响着人们的生产和生活方式，体现为两个字：“快”和“新”。传统的教育方式能不能适应时代的发展，培养出时代需要的具有合作和创新能力的综合性人才，这引发我们教育学人的思考。多年以来，教育领域都在谈论著名的“钱学森之问”。钱学森曾感慨：“为什么我们的学校总是培养不出杰出的人才?”这是关于中国教育事业发展的一项艰深课题，需要整个教育界乃至社会各界共同破解。

处于世界百年未有之大变局，解答上述问题，需要理论创新，也需要实践探索。教育学人，尤其是专事技术研究的学者，关注教育信息技术实践，求真求实，尽可能地从多个维度揭示教育信息技术对教育思想、理念、模式、方法及教育管理方面的改变的规律。山西师范大学作为山西省教师教育的教学科研重镇，在推进教育信息化和智慧教育高层次人才培育方面，秉承“创新驱动，项目为王”的理念，在学科攻坚、项目建设和基础研究等方面，主动适应和引领社会的发展，扎根于学理性与基础性融合这一沃土，取得了丰硕成果。2014 年启动实施的“以学生为中心”的课堂教学改革应用实践全面推展，为基础教育人才培育铺设了通道。2016 年实施的以课堂教学改革为突破口的人才培养模式改革，在改造现有大学课堂、建设智慧教室和智慧校园、推进信息技术与教育教学深度融合诸方面，为培养高层次人才搭建了良好的平台。2019 年学校成立信息技术与智慧教育研究院、山西省教育发展研究院，全力打造特色鲜明的“师大名家”“师大名作”和“师大名品”的“三名”工程。

教育信息化，引发教育改革和学习革命。教育信息化，不仅仅是教育系统自身的事，更需要全社会参与，这已然成为基本共识。项目教学法因其注重学生能力发展，关注学生的学习能力、合作能力、交往能力和责任意识的培养，强调学生的“学”，着力于学生能力的提升，受到国内外教育界的广泛重视。20 世纪末以来，提倡“主题探究”与“设计学习”的学习模式盛行。顺应世界教育的发展趋势，我国于2010年在《国家中长期教育改革和发展规划纲要(2010—2020年)》中明确提出，人才培养体制改革的关键是更新教育观念，核心是改革人才培养体制。基于教育教学模式改革和人才培养模式改革的大背景，李志河教授及其团队致力于现代教育技术的研究廿年有余，于2020年8月由中国社会科学出版社出版的《信息化时代的教学创新：环境、资源与模式》，形成了关于学习环境、学习资源、教学模式、教学评价及学习者满意度多个维度的系统成果，成为山西师范大学课程教学特色的理论研究成果，也成为我国当前推动教育信息技术与学科教学深度融合的一部重要著作。《现代教育技术应用》作为专著《信息化时代的教学创新：环境、资源与模式》的姊妹篇，更加侧重实践应用。

在2020年教育部发布的首批国家级一流本科课程认定结果中，“现代教育技术应用”入选首批国家级一流本科课程。该书围绕“如何运用信息技术提高教学效果”这一目标，引入项目教学法，并将教学实施的过程和研究成果整理和提炼，形成“基于项目式学习的现代教育技术学混合式教学模式”。该书设置的教学模式，以现代教育技术课程教学目标为根本，以激发学生学习兴趣为导向，突出“问题导向”，以项目式学习为手段，以项目设计与实施为主渠道，以SPOC课程建设和MOOC学习资源为辅助，以项目式教学与混合式教学相结合为创新，在教学过程中强调阶段化实施来全面提升学生信息技术素养以及反思总结能力。

我们相信，在信息化教学环境下，《现代教育技术应用》创新教学方法和模式，充分体现以“学”为中心，形式上图变求新，内容上求实重用，可资借鉴的地方很多，不仅成为牵引我国教学实践的重要引擎之一，而且契合当前我国教学改革发展的需要，为我国高等教育人才培养改革创新提供了一个很好的范本。我们期待李志河教授及其团队在教学实践中遵循规律、大胆假设、严谨求证、大胆创新，瞄准信息化教学改革的热点，着眼应用研究和实践操作融合，立足服务经济社会发展，为我国教师教育改革蹚出一条新路来。

愿我国一代学人担负“教育之重任”，严谨治学，耕耘沃土，并祝愿李志河教授及其团队不断成长，为信息化时代的教学改革做出更为突出的贡献。

是为序。

杨军

山西师范大学校长

2020年12月

前 言

进入21世纪以来，我国在人才培养方面持续发力，无论是基础教育基于核心素养的课程改革，还是高等教育“金课”、一流专业建设等方面，都十分重视人才培养的理念、方法和实践。其中的一种教学方法便是项目教学法(project-based learning)。项目教学法到20世纪中后期逐渐趋于完善，它是一种为社会培养实用型人才的培养模式。

本书由李志河教授团队根据多年的教学和学术积累，在广泛吸纳项目教学法相关理论、方法和现代教育技术应用的基础上编写而成。每个项目都基于项目主题、设定确定的教学目标，使学生着力于自主、合作与探究，注重实践能力培养，“以学生和学习为中心”，探索以项目为抓手，以“任务—活动—反思”为基本链条，形成“认知—理解—运用”逐步推进的项目化教学模式，旨在拓展学生的视野，激活思维，并有效地培养学生“学做”和“问题探究”的能力。

《现代教育技术应用》以全新的设计理念编写，尽可能地将现代教育技术与学科课程深度融合。从全书体例设计来看，本书大体可以分为三大模块。第一模块，包括项目一、二、三、四和五，进入现代信息与技术视野。这一部分主要解决信息技术的知识谱系的入门与普及问题。第二模块，包括项目六、七、八和九，探究现代信息技术教学实践。这一部分主要基于信息技术在课堂教学中的实践应用来设计。第三模块，包括项目十、十一、十二、十三、十四、十五、十六和十七，是对信息技术的应用提升。这一部分着眼于多元、多层次的运用，不仅有传统的PPT和Flash，还有微课程、微视频制作、MOOC制作等的教学应用。

全书总体来讲有三个特点：趣味性、启迪性和实用性。一是趣味性。本书不是板着脸孔说话，而是在知识引入中契合学生自主探究合作的心理期待。本书的编排，以项目为牵引，将知识、探究和应用三项任务有机结合，围绕“项目—任务—活动”三个关键部分，用通俗有趣的话语，将原本枯燥的技术运用，变成学生和广大信息技术爱好者的体验活动。二是启迪性。本书通过项目任务，让学习者在体验和参与中受到启发，得出结论。这里的结论是一个动态多元的命题，这就突破了传统教学模式的局限性。每个项目前面的一段名言警句颇具启发性。如项目七设计信息化教学活动使用了美国作家梭罗的警句“光勤劳是不够的，蚂蚁也是勤劳的。要看你为什么而勤劳”，启示我们目标的重要性。三是实用性。本书中的每个项目、每个任务和每项活动均以实用为要。以项目三管理个人信息资源为例，学习者按照教程的步骤，将会对学习平台设立、个人账户的管理以及知网检索论文有基本的认知并掌握入门操作。对有志于深入学习的学习者，本书将引领他们进入特定区域，并有意引导他们深入其里。

本书注重小组合作，强调团队精神的培养。书中的大部分项目任务需要在教师的有效组织下，由学生完成组建学习小组、选定研讨项目、制订项目计划、组织小组探究活动、制作作品以及回头看、展示成果与交流等方面的活动。其中需要谋划落实的东西还真不少，核心要义是实践，基本要求是互动、探究，基本任务是操作，基本方法是体验。在整个活动中，教师的角色是“引导者、指导者、帮助者、教导者”，学生的角色是“计划者、参与者、管理者、执行者”，因此，项目需要学生协同合作、自主探究、共同完成，并且能够充分调动学生的学习兴趣。

李志河教授、王亚捷(吕梁学院)和孙建平(临汾开放大学)任主编。各项目撰写分工如下：项目一认识信息与技术由山西师范大学(下文未注明单位者均为山西师范大学教师)李思哲承担；项目二走进现代教育技术由王元臣承担；项目三管理个人信息资源由杨玉霞承担；项目四开发数字化学习资源由潘霞和刘敏承担；项目五体验现代教育技术应用环境由王茹承担；项目六理解信息化教学设计由许书静承担；项目七设计信息化教学活动由张春雨承担；项目八实施信息化教学方案和项目九信息化教学评价的开展由大连航运职业技术学院白杨承担；项目十 PPT 制作与美化由刘芷秀承担；项目十一动画制作入门由南昌师范学院冯芳承担；项目十二图形图像处理入门由吕梁学院王亚捷承担；项目十三微课和微视频录制由周娜娜承担；项目十四交互式电子白板教学应用由新乡学院臧艳美承担；项目十五利用视频会议系统进行网络教学由吕梁学院王亚捷承担；项目十六 SPOC 和 MOOC 平台教学应用由临汾职业技术学院葛世鑫承担；项目十七思维可视化工具的教学应用由忻州师范学院王利绒承担。

在本书即将付梓之际，感谢山西师范大学校长杨军教授的殷切关怀，感谢本书参编者的辛勤付出和参编者所在单位的大力支持，同时感谢北京师范大学出版集团策划编辑王剑虹老师。

本书适用群体包括师范类专业的本专科学生，以及进行现代教育技术与课程整合教学改革的各学科专业教师和教研人员。书中每个项目都配有精美的教学课件和微课，扫描二维码即可观看。

限于作者水平，书中定有一些疏漏或不当之处，恳请使用者提出宝贵的意见和建议，以便修订完善。

需要后续相关资源和支持平台的，请联系李志河教授(381373449@qq.com)。

作者

2021 年 3 月于蒔英园亭斋

目　录

项目一

认识信息与技术

信息产业革命是人类有史以来最大的一次革命，也是人类几百年才有的一次机遇。

——[美]威廉·杰斐逊·克林顿

学习目标

①熟悉数据的几种类型。

②掌握网络的概念、构成要素以及发展阶段。

③了解几种常见的信息技术。

④积极组建学习团队，并能熟练制作学习团队信息卡。

⑤理解学生发展核心素养的基本内涵。

学习任务

任务一　理解信息

任务二　走进网络

任务三　体验信息技术

任务四　创建学习团队

任务五　认识和理解核心素养

任务一
理解信息

活动一　信息的获取

【说明】我们在日常生活中需要获取各类信息以满足学习、工作和生活等方面的需要，请同学们集思广益，在下面的方框中尽可能多地罗列出获取信息的渠道(如书本、视频等)，并简述通过这些渠道可以获取什么类型的信息。

活动二　熟悉数据

【说明】我们知道，数据是信息的载体，可分为符号、文字、数字、语音、图像、视频等多种类型。请你观察下面几张图片(如图 1-1 至图 1-5 所示)并对图中所展示的数据类型进行分类。

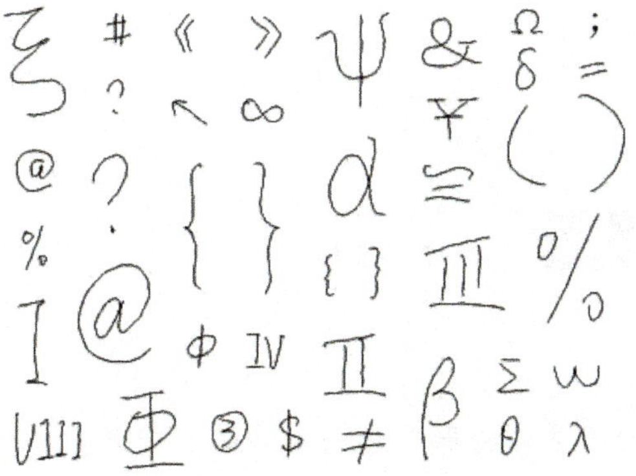

图 1-1　数据示例一

图 1-1 属于________类型的数据。

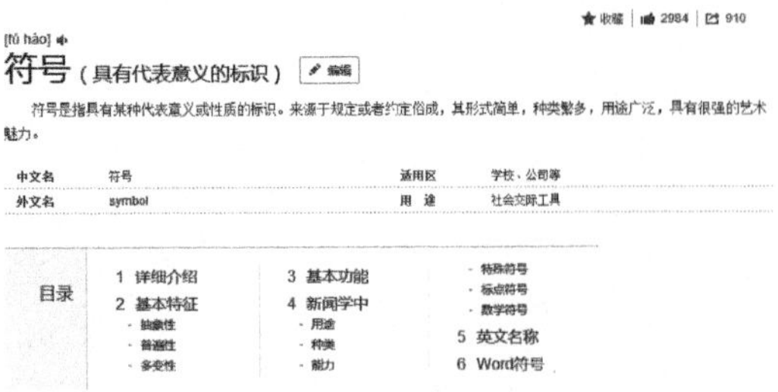

图 1-2　数据示例二

图 1-2 属于________类型的数据。

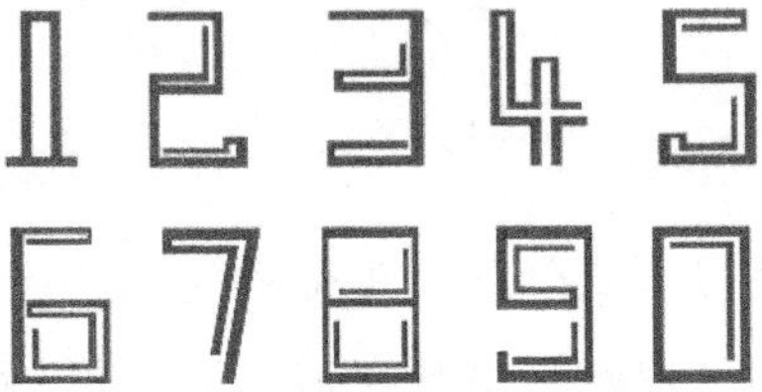

图 1-3　数据示例三

图 1-3 属于________类型的数据。

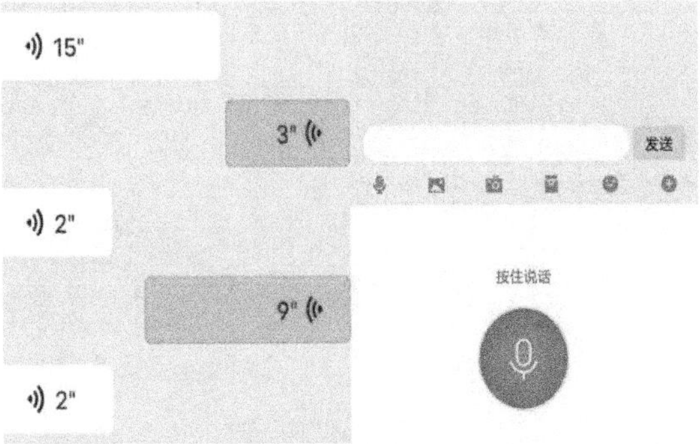

图 1-4　数据示例四

图 1-4 属于________类型的数据。

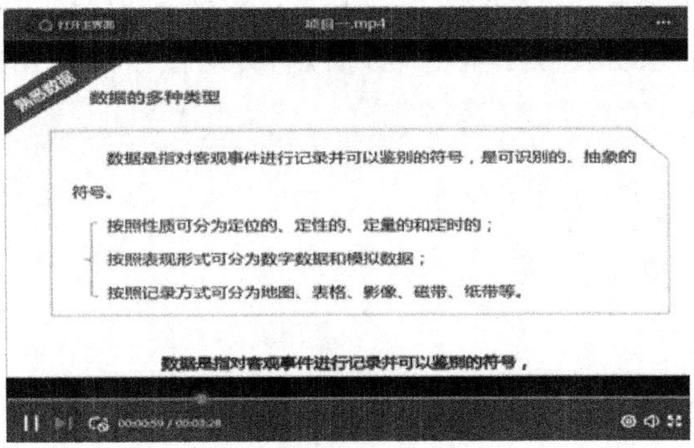

图 1-5　数据示例五

图 1-5 属于________类型的数据。

练习：

大家可以结合所学知识，自选主题进行搜索，获取多种类型的数据信息表达主题，并在课上与大家交流分享。

【知识链接】

数据分类

一、按性质分类

①定位的，如各种坐标数据。

②定性的，如表示事物属性(居民地、河流、道路等)的数据。

③定量的，反映事物数量特征的数据，如长度、面积、体积等几何量或质量、速度等物理量。

④定时的，反映事物时间特性的数据，如年、月、日、时、分、秒等。

二、按表现形式分类

①数字数据，如各种统计或测量数据。数字数据在某个区间内是离散的值。

②模拟数据，由连续函数组成，是指在某个区间连续变化的物理量，又可以分为图形数据、符号数据、文字数据和图像数据等，如声音的大小和温度的变化等。

三、按记录方式分类

它包括地图、表格、影像、磁带、纸带等。按数字化方式分为矢量数据、格网数据等。在地理信息系统中，数据的选择、类型、数量、采集方法、详细程度、可信度等，具体取决于系统应用目标、功能、结构和数据处理、管理与分析的要求。

活动三　理清人际关系

【说明】人际关系是人们在生产或生活过程中建立的一种社会关系，常指人与人之间的交际往来，对个人的情绪、生活、学习和工作等方面都会产生很大的影响。良好的人际关系有助于良性信息的获取及自我提升。我们在生活中认识各种各样的人，有亲戚、朋友、教师和同学等。请你绘制出自己的人脉圈并进行分享，在课上介绍自己的人际关系网。在下面的方框中绘制出你的人际关系网。

在下页的方框中描述你的人际关系。

任务二
走进网络

活动一　网络知多少

【说明】网络与我们的现实生活息息相关，在各个领域都得到了广泛的应用，如网络电视、网上购物、手机支付、网络课程、网上教学、线上聊天等。请大家查阅资料，选择感兴趣的话题，将自己对网络的理解写到下面的方框中。

【知识链接】

网络由节点和连线构成，表示诸多对象及其相互联系。在数学上，网络是一种图，一般认为专指加权图。在计算机领域中，网络是信息传输、接收、共享的虚拟平台，通过它把各个点、面、体的信息联系到一起，从而实现资源的共享。网络是人类发展史上的重要发明，它促进了科技和人类社会的发展。网络的传播面和影响面广大，通过各种互联网服务可提升全球人类生活的品质，让人类的生活更便捷和丰富，从而促进人类社会的进步，并且丰富人类的精神世界和物质世界，让人类更便捷地获取信息，找到所求。

网络发展阶段：

第一代：远程终端连接。

第二代：计算机网络阶段(局域网)。

第三代：计算机网络互联阶段(广域网、互联网)。

第四代：信息高速公路(高速，多业务，大数据量)。

活动二　信息资源鉴别

【说明】网络上传递的信息纷繁杂乱，从网络中获取到的各类学习资源令人眼花缭乱，如何鉴别信息的真伪和资源的适切性成为我们的必修课。请在下面的方框中写出你认为的网络信息及资源的鉴别和使用标准，并与同伴讨论交流。

任务三
体验信息技术

活动一　信息技术知多少

【说明】我们在之前的学习过程中，对信息技术已经有了一定程度的了解。请在下面的方框中填写你对信息技术的理解以及你所了解的一种或多种信息技术手段，并与大家分享。教师会根据你的分享情况做相应的引导，帮助你建立正确的知识观和价值观。

【知识链接】

从古至今，信息技术随着时代的更迭不断发展，从因交流需要而产生的语言，到文字的出现，使得信息可以通过新的技术方式得以传递。随着朝代的更替以及文化的进步，文字逐渐规范化。造纸术和印刷术的发明和改进使得信息可以被系统化地记录、存储并传播。近现代社会，工业得到发展，无线电及广播电视等远距离信息传播技术改善了以纸张为载体的信息传播过程中缺乏即时性的问题。随着信息时代网络的普及，人工智能技术及虚拟影像技术等新兴技术实现了信息传播过程中人与人之间的无障碍交流。伴随着现代信息技术及现代传播技术的发展，从信件、电话到现在的网络，我们交流的方式越来越便捷；从书本、广播电视到现在使用的智能手机、计算机都成为我们获取知识的有力工具；从黑板加粉笔的传统教学方式，到现在的在线教育方式，我们学习的方式也在悄然发生着变化。信息是一种符号，需要借助技术进行传播，而信息技术早已融入我们的日常生活中。信息化已经成为时代标识。在教育教学过程中，我们强调以学生为发展的主体，将现代信息技术与学科进行整合就是现代教育意识和现代教育观念与传统教学的整合，教师应注重培养学生的信息意识，让学生了解什么是信息技术、掌握如何获取信息以及如何运用信息技术等。

活动二　了解常见的信息技术

【说明】请关注云计算、全息影像、超链接、3D 打印、虚拟现实、增强现实、混合现实、区块链和数据分析等技术，并选择其中的一种信息技术手段或是自己感兴趣的信息技术，分享给大家。

请将你的分享内容写在下面的方框中。

练习：

大家可以通过查阅论文或者观看图片、视频等方式了解这些技术，也可以自己拍摄一些图片进行展示，形式可以是多种多样的，期待大家的展示。

任务四
创建学习团队

未来社会，团队协作将成为工作、学习的主流方式，协作能力是我们必须具备的基本能力。一个优秀的学习团队能很好地培养团队成员的合作能力，提高成员的学习能力，增强成员学习的正向激励作用，从而创设高效学习的良好环境。下面就开始创建我们的学习团队。

活动一　创建学习团队

【说明】在这个部分，学习者相互认识，组成团队，并完成组员介绍和小组汇报。

一、建立学习小组

4～5 人为一个小组，推选组长，明确组长的职责，建立小组成员微信群。

二、组员自我介绍

在小组中和其他成员分享：个人基本情况(如姓名、院系、专业)，个人爱好与特长，对信息技术教学应用的了解程度，对课程学习的期望和要求等。每人 3～4 分钟，30 分钟内完成小组成员自我介绍。小组讨论 10 分钟，进一步整合形成小组报告。

三、小组汇报

小组选取代表，介绍小组成员情况。小组成员情况介绍框架：①小组成员分别来自______院______专业；②在以前的见习、学习中是否有过信息技术教学应用的体验；③具有______经验/爱好/特长；④希望得到______。

活动二　体验项目学习——制作学习团队信息卡

【说明】学习团队制作属于自己团队的信息卡，案例如图 1-6 所示。小组成员根据自己团队的情况设计专属于自己团队的信息卡，制作完成后进行展示和经验分享。

图 1-6　团队信息卡

一、设计团队信息卡

二、小组展示

三、经验分享

练习：

通过以上知识的学习，请大家思考一下什么是现代教育技术，请将自己的理解写到下页的方框中。

任务五
认识和理解核心素养

活动一　了解学生发展核心素养的基本内涵

【说明】本活动的目的是让学习者了解中国学生发展核心素养的基本内涵。学生发展核心素养，主要指学生应具备的、能够适应终身发展和社会发展需要的必备品格和关键能力。请你上网查阅“中国学生发展核心素养”的相关资料，了解学生发展核心素养的基本内涵，将学生发展核心素养总体框架的一个核心、三个方面、六大素养、十八个基本要点以图示的方式呈现在下面的方框中。

活动二　如何培养学生发展核心素养

【说明】学生发展核心素养作为课程设计的依据和出发点，引领和促进教师的专业发展，帮助学生明确未来的发展方向。根据你对学生发展核心素养内涵的理解，谈一谈你如何通过学习本课程来培养自己的核心素养，写在下页的方框中。

以小组为单位讨论未来如何培养学生的核心素养，将小组讨论结果写在下面的方框中。

【学习资源】

①徐飞．变革与创新中的高等教育：现代信息技术发展的视角[J]．中国大学教学，2019(6)：44-46，15.

②赵建华，姚鹏阁．信息化环境下教师专业发展的现状与前景[J]．中国电化教育，2016(4)：95-105.

【拓展练习】

①请简述网络发展经历了哪几个阶段。

②请列举在本项目的学习中你见到和用到的数据类型。

③请简单描述你未来如何将信息技术融入课堂中进行教学。

项目二

走进现代教育技术

学习任何知识的最佳途径是由自己去发现，因为这种发现理解最深，也最容易掌握其中的规律、性质和联系。

——[美]波利亚

学习目标

①了解未来教室中新技术的应用场景。

②了解弹性教学理论的特征、要素以及基本操作流程。

③了解弹性教学理论与学习理论(行为主义、认知主义、建构主义和人本主义学习理论)的主要观点。

④了解戴尔“经验之塔”理论的主要观点。

⑤了解媒体传播理论的基本概念以及三种主要的教育传播系统模式。

学习任务

任务一　观摩未来教室中的教育技术视频

任务二　教学与学习理论

任务三　媒体传播理论

任务一
观摩未来教室中的教育技术视频

活动　了解未来教室的新技术应用场景

【说明】大家一起观看《未来教室-英特尔的宏伟蓝图》在线视频（请自行搜索视频），了解未来教室中新技术的应用场景，看完视频之后，写出自己的观看体会。

小贴士

观看视频的方式：在手机浏览器的搜索框中输入“未来教室-英特尔的宏伟蓝图”，点击搜索。

练习：

大家可以从技术，模式，方法，对学生、教师、课堂改革的影响以及个人的主观感受等方面来写观看体会。

请在下面的方框中写下你的观看体会。

任务二
教学与学习理论

活动一　认识弹性教学理论

【说明】本环节是理论部分，请大家完成下面的活动。让我们开始学习吧！

弹性教学(flexible teaching)尊重学生的个性差异，力求让学生的个性得到自由发展。弹性教学模式中弹性的含义是灵活性、宽容性、柔性、多元性。弹性与刻板、刚性、教条、僵化的意义相反。

弹性教学的四个特征。

①主体生命特征：弹性教学直面主体的生命及生命价值的提升，把学习求知、情感、个性的发展看作学生身心成长的需要，呼唤“课堂教学应充满生命的活力”。

②多维活动特征：弹性教学把教师、学生、教材、媒体看作相互联系、彼此作用的有机整体，强调教学活动中师生、生生、主体与客体(教师与媒体、学生与媒体，教师与教材、学生与教材)认知与情感的互动。

③个体体验特征：人本主义学习理论代表马斯洛认为，内在的教育特别注重学生的内心世界，重视学生的选择和内心感受。弹性教学注重学习过程的体验性，使学生在感悟、领悟、体验中获取新知，滋长活力和灵性。

④理解建构特征：建构的意义包括事物的性质、规律以及事物之间的内在联系。在学习过程中，教师帮助学生建构意义就是要帮助学生对当前学习内容所反映的事物的性质、规律以及该事物与其他事物之间的内在联系达到深刻理解的目标。弹性教学把学习者根据自身经验建构有关知识意义的能力看作其获取知识的真正能力。

弹性教学的理论依据：生态心理学、加德纳的多元智能理论、建构主义学习理论、人本主义学习理论等。

弹性教学的七个要素：图式与个性、教学目标、情境、问题、多维活动、评价、调节。

弹性教学的操作流程：弹性教学活动过程按照图 2-1 中的箭头方向进行，该操作流程体现了一般认识论的“过程论”。

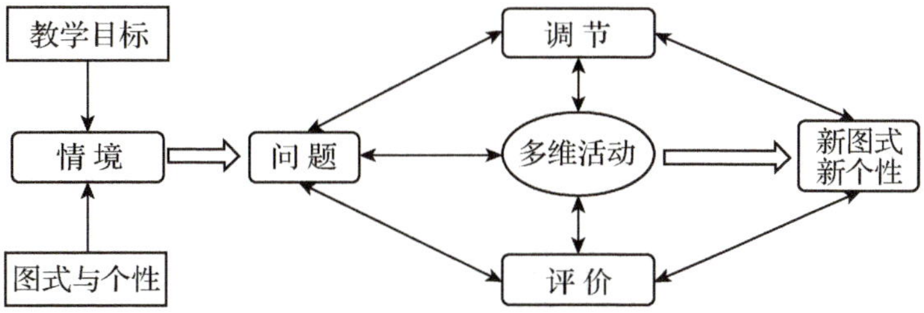

图 2-1　弹性教学操作流程图①

练习：

了解了弹性教学的相关知识后，请观察图 2-1 并分析弹性教学各个要素之间的联系，并将分析结果写到下面的方框中。

活动二　认识行为主义学习理论

【说明】本环节是理论部分，请大家完成下面的活动。让我们开始学习吧！

什么是行为主义学习理论？

行为主义学习理论又称“刺激—反应”理论，是当今学习理论的主要流派之一。该理论认为，人类的思维是与外界环境相互作用的结果，即形成“刺激—反应”之间的联结。

主要代表人物：华生、桑代克、斯金纳、班杜拉等。

主要代表理论：①华生的“替代—联结”学习理论；②桑代克的“试误—联结”学习理论；③斯金纳的“强化—联结”学习理论；④班杜拉的“观察—联结”学习理论。

练习：

请查阅资料，在方框中写出各个代表人物的生平以及领域内的重要贡献。

华生建立起行为主义心理学的基本公式——“人和动物的全部行为都可以分析为刺激和反应”。华生提出的“刺激—反应”公式成为行为主义者解释学习的理论基础。

① 谭志中：《发展学生健全个性的弹性教学模式》，载《教学研究》，2012，35(1)。

华生生平及领域内重要贡献

桑代克认为动物学习的实质是通过多次尝试错误而逐渐发生的，是由“刺激情境”与“正确反应”之间形成的联结所构成的。

桑代克生平及领域内重要贡献

斯金纳发明了一种学习装置——“斯金纳箱”，经过不断地实验，提出了操作性条件反射学说。根据这些实验，斯金纳将学习概括为：刺激—反应—强化。

斯金纳生平及领域内重要贡献

班杜拉在大量实验研究基础上，提出了“观察学习”理论。班杜拉将学习分为直接经验学习和观察学习两种形式。

班杜拉生平及领域内重要贡献

【知识链接】

行为主义学习理论对学习的条件、学习的过程和学习的结果解释如下。

①学习的条件：学习的顺利进行离不开强化，强化是学习得以进行的重要条件。

②学习的过程：学习的过程是渐进的尝试错误的过程。

③学习的结果：学习的结果就是形成刺激与反应的联结，即 S-R 之间的联结。

活动三　认识认知主义学习理论

【说明】本环节是理论部分，请大家完成下面的活动。让我们开始学习吧！

什么是认知主义学习理论？

认知主义学习理论认为，学习并非机械的、被动的“刺激—反应”的联结。学习要通过有机体积极主动的内部信息加工活动，形成新的完形或认知结构。

主要代表人物：科勒、托尔曼、布鲁纳、奥苏贝尔、加涅等。

主要代表理论：①科勒的顿悟说；②托尔曼的符号学习理论；③布鲁纳的“认知—发现”学习理论；④奥苏贝尔的“接受—同化”学习理论；⑤加涅的累积学习理论（信息加工学习理论）。

练习：

请查阅资料，在方框中写出各个代表人物的生平以及领域内的重要贡献。

科勒重视刺激和反应之间的组织作用，这种组织表现为知觉经验中旧的组织结构的豁然改组或新结构的顿悟。科勒认为学习是顿悟，而不是通过尝试错误来实现的。

经典实验：“叠箱问题”实验、“接竿问题”实验。

科勒生平及领域内重要贡献

托尔曼提出了目的行为主义、整体行为主义、“符号—完形”说（预期说）、中介变量思想和潜在学习。

经典实验：“白鼠迷宫”实验。

托尔曼生平及领域内重要贡献

布鲁纳关于学习理论的基本观点包括学习的实质在于主动地形成认知结构、关于学习过程的观点、学习应注意各门学科的基本结构以及提倡发现学习。

布鲁纳生平及领域内重要贡献

加涅提出了信息加工理论、教学目标分类理论和教学设计理论。

加涅生平及领域内重要贡献

【知识链接】

认知主义学习理论对学习的条件、学习的过程和学习的结果解释如下。

①学习的条件：注重学习的内部条件，如主动性、内部动机、过去经验和智力等。

②学习的过程：学习的过程是积极主动地进行复杂的信息加工活动的过程。

③学习的结果：学习是形成反映整体联系与关系的认知结构。

活动四　认识建构主义学习理论

【说明】本环节是理论部分，请大家完成下面的活动。让我们开始学习吧！

建构主义学习理论及其要点如下。

①建构主义的教育理念：知识建构(理解依赖于个人经验)。

②学习者想要获得成功，必须自己去发现和转换复杂的信息。

③学习环境中的四大要素：情境、协作、会话和意义建构。

主要代表人物：皮亚杰、维果茨基、科尔伯格、斯腾伯格等。

练习：

请查阅资料，在方框中写出各个代表人物的生平以及领域内的重要贡献。

皮亚杰提出了认知发展理论。

皮亚杰生平及领域内重要贡献

维果茨基提出了最近发展区理论。

维果茨基生平及领域内重要贡献

科尔伯格在皮亚杰“认知结构说”的基础上，对认知结构的性质与发展条件等方面做了进一步的研究。

科尔伯格生平及领域内重要贡献

斯腾伯格强调个体的主动性在建构认知结构过程中的关键作用，并对认知过程中如何发挥个体的主动性做了认真的探索。

斯腾伯格生平及领域内重要贡献

练习：

请仔细观察图 2-2 与图 2-3，结合建构主义学习理论的观点，将图中展示的内容以故事的形式写在下页的方框中。

图 2-2　“鱼牛”童话与建构主义学习理论(一)

图 2-3 “鱼牛”童话与建构主义学习理论(二)

请写出“鱼牛”的童话故事。

【知识链接】

建构主义学习理论对学习的条件、学习的过程和学习的结果解释如下。

①学习的条件：学习者内部的知识经验、真实情境等因素是影响学习的重要条件。

②学习的过程：学习是学习者主动地建构内部心理表征的过程。

③学习的结果：学习的结果是学习者形成自己独特的认知结构。

活动五 认识人本主义学习理论

【说明】本环节是理论部分，请完成下面的活动。让我们开始学习吧！

人本主义学习理论及其要点如下。

①学习是人的自我实现，是丰满人生的形成过程。

②学习者是学习的主体，任何正常的学习者都能自己教育自己。

③人际关系是有效学习的重要条件，应注重学习的情感因素。

④典型应用：非指导性教学。

主要代表人物：马斯洛、罗杰斯等。

练习：

请查阅资料，在方框中写出各个代表人物的生平以及领域内的重要贡献。

马斯洛提出了教育目标理论、内在学习理论和需要层次理论。

马斯洛生平及领域内重要贡献

罗杰斯强调人的自我指导能力，相信经过引导人能认识自我实现的正确方向。这成为他的心理治疗、咨询以及教育理论的基础。

罗杰斯生平及领域内重要贡献

【知识链接】

人本主义学习理论对学习的条件、学习的过程和学习的结果解释如下。

①学习的条件：教师要营造一种自由、民主、和谐融洽而又充满关爱与真诚的学习氛围。

②学习的过程：学生在一定条件下挖掘自我潜能，进行自我实现的过程。

③学习的结果：学习的目的和结果是使学生成为一个完善的人，一个充分起作用的人，也就是使学生整体人格得到发展。

练习：

学习完本部分知识后，小组(4～5人)讨论行为主义、认知主义、建构主义和人本主义学习理论之间的异同，并将讨论结果写到下面的方框中。

任务三
媒体传播理论

活动一　认识戴尔的“经验之塔”理论

【说明】请认真阅读下面的内容，并完成相应的活动。

20 世纪 20 年代后期，视听教育在美国兴起，新的教学媒体与教育方式得到了应用和发展。从 20 世纪 40 年代开始，人们运用录音机、电视机、语言实验室等进行教学，使得视听教育得到了较快的发展。当时从事视听教育的专家艾德加·戴尔(Edgar Dale)对视听教学进行了大量研究，总结了视听教育经验，提出了著名的“经验之塔”理论。

一、主要观点

戴尔将人们学习的各种渠道统称为获得经验，将各种经验按照抽象程度的不同，由低到高进行了划分。他将人类学习的经验划分为三大类十一个层次(先是十个层次，后改为十一个层次)，如图 2-4 所示。

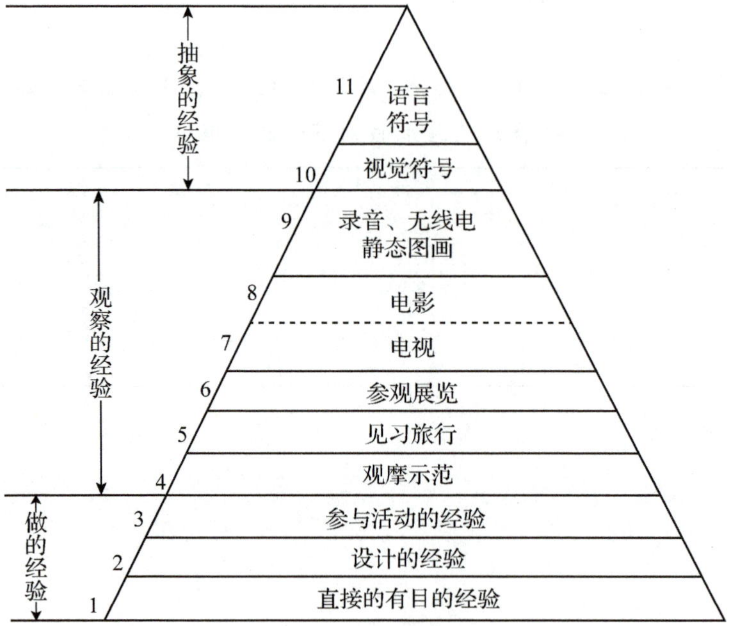

图 2-4　戴尔的“经验之塔”

①经验自下而上趋向于抽象。越底层的经验越具体，越往上越抽象。

②教学活动经验从具体到抽象。教学活动应从具体经验入手，逐步过渡到抽象经验。

③使用媒体为抽象概念教学创造条件。在学校教学中，使用恰当的媒体可以使教学活动更为具体，为抽象概念学习创造条件。

④视听经验弥补其他经验不足。位于中间区域的视听教材和视听经验能突破时间和空间的限制，弥补下层各种直接经验方式的不足。

二、理论意义

戴尔的"经验之塔"理论，对我们选择和运用教学媒体有重要的意义。

①该理论分析了学习者获得经验的来源、渠道或媒体，拓宽了我们对教学材料、教学媒体的认识。

②该理论把学习者所得到的经验做了分类，并指出了某些经验来自何种媒体或何种活动方式。分析了各类经验之间的关系，使我们认识到不同类型的经验在学习中的作用，并认识到要得到某些经验，就要选择某种媒体。

③该理论指出电影、电视、广播、录音等媒体具有传播"替代经验"的作用，看到了替代经验在教学中所起的重要作用，即它们是连接具体经验与抽象经验的桥梁和纽带。

练习：

请结合戴尔的"经验之塔"理论，以物理、化学或者生物三门学科中的任意一门实验课程为例，简述该理论在课堂教学活动中的实际运用，并辅以具体的案例说明。

活动建议：课堂教学活动可以参考以下活动设计步骤。步骤一，让学生通过观摩示范，取得间接经验，快速获取知识。步骤二，让学生动手练习，使学生获取直接经验，掌握知识，形成技能。步骤三，让学生通过归纳、总结、内化、提高，形成抽象的经验。

请在下面的方框中简述课堂活动步骤。

【学习资源】

本活动可参考以下资源。

①蒲大勇．基于"经验之塔"理论的教学设计：以人教版九年级数学"图形的旋转"为例[J]．数学教学通讯，2013(19)：2-4.

②幸晓佩，赵钰霞．运用“经验之塔”理论指导中学地理教学[J]．亚太教育，2016(12)：63.

③张映姜．“经验之塔”与体验性网络课程：数学方法论课程的实践研究[J]．数学教育学报，2013，22(3)：73-76.

请思考，为什么说“经验之塔”理论是视听教育的主要理论依据，请将自己的观点写到下面的方框中。

活动二　认识传播理论

【说明】请大家认真学习下面的内容，并完成相应的活动。

一、传播及教育传播

传播一词译自英语 communication。我们一般认为：传播是人们通过符号、信号传递、接受和反馈信息的活动，是人们彼此之间交换意见、思想、感情，以达到相互了解和影响的目的的过程。可见，传播既是一种信息交流的互动过程，又是一种有目的的行为。例如，我们在日常工作和生活中，使用微信、QQ 和微博等社交平台或工具进行信息交流与共享。

教育传播是教育者与学习者之间的信息交流活动，根据教学目标、教学内容，通过教学媒体向特定的教学对象传播知识、技能、思想意识等。

二、教育传播系统模式

①香农—韦弗的模式。20 世纪 40 年代，数学家香农(Claude E. Shannon)提出了一个关于通信过程的数学模型，经过与韦弗(Warren Weaver)的合作改进，成为香农—韦弗模式(如图 2-5 所示)。在该传播模式中，传播被描述为一种直线的单向过程，包括信源、编码、信道、译码、信宿、干扰和反馈七个要素。

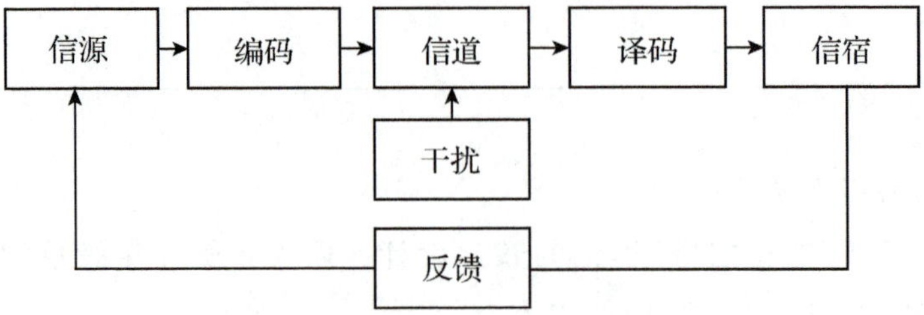

图 2-5　香农—韦弗的传播模式

练习：

请回想教师给大家上课的过程，结合香农—韦弗的传播模式，分析此过程中知识是如何传递的，请将自己的分析结论写到下面的方框中。

②拉斯韦尔的“5W”模式。美国政治学家拉斯韦尔(H. D. Lasswall)提出了一般传播过程的“5W”的直线模式(如图 2-6 所示)。拉斯韦尔的传播模式将传者、信息、媒介、受者和效果五个要素包含在一切传播行为之中，说明传播的行为和过程是一种传播过程的基本理论。

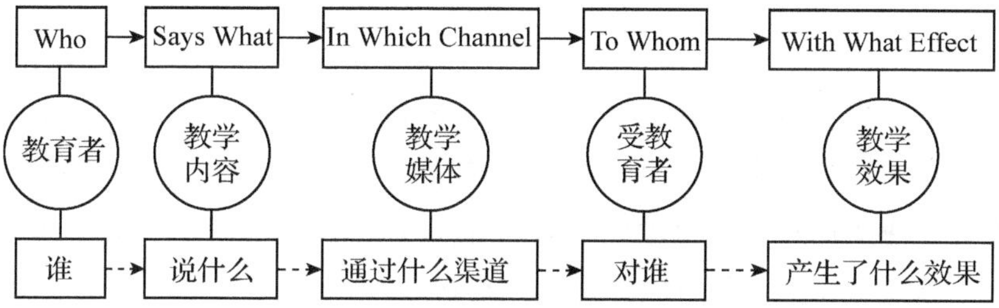

图 2-6　拉斯韦尔的“5W”传播模式

拉斯韦尔传播模式中的每个“W”都代表教学过程的一个要素，都体现着现代教育技术应该研究和分析的问题。总体来看，这个模式就是要发挥教师(传者)、学生(受者)的积极性和主动性，选择恰当的教育媒体，将教学信息传递给学生并检验教学效果。

练习：

请回想教师给大家上课的过程，结合拉斯韦尔的传播模式，分析此过程中知识是如何传递的，请将自己的分析结论写到下面的方框中。

③SMCR 传播模式。贝罗(D. K. Berlo)提出的 SMCR 传播模式(如图 2-7 所示)比较全面地概括了影响传播效果的各种因素。他指出，传播的最终效果不是由传播过程中的某一部分决定的，而是由组成传播过程的信息源(Source)、信息(Message)、通道

(Channel)和受传者(Receiver)四个部分以及它们之间的关系共同决定的。用 SMCR 模式解释教育传播过程，说明教育传播过程是由多种因素组成的，它们之间相互联系、相互制约，影响着教育传播的效率和效果。

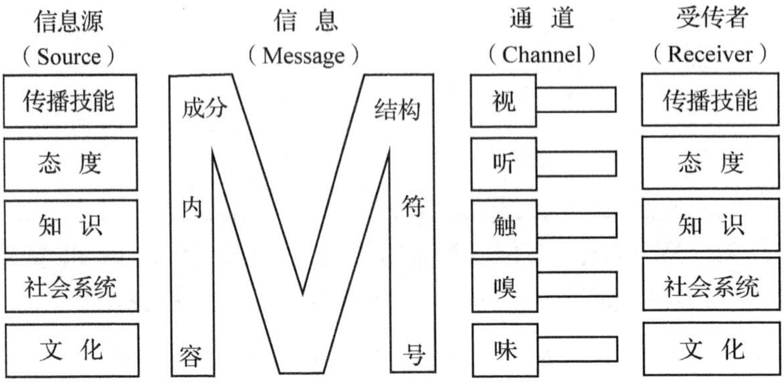

图 2-7　贝罗的 SMCR 传播模式

练习：

教师隐性知识传播共享是促进教师专业发展的重要途径之一，而互联网技术为教师隐性知识传播提供了空间环境的支撑。请同学们从 SMCR 传播模式视角出发，试分析网络环境中教师隐性知识传播过程的各要素及其子因素，然后将自己的结论写到下页的方框中。教师隐性知识的网络传播模式如图 2-8 所示。

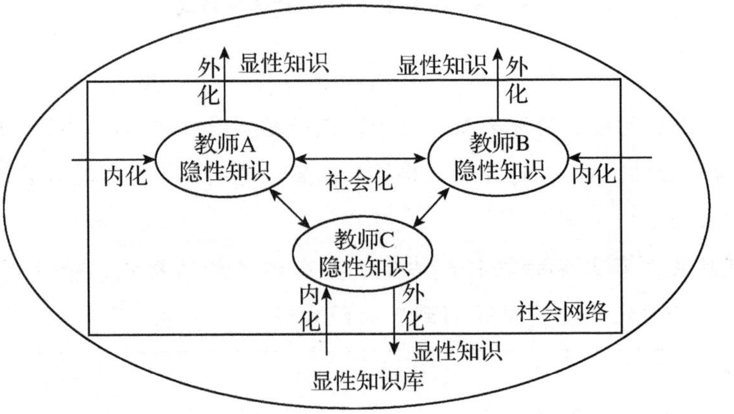

图 2-8　教师隐性知识的网络传播模式[①]

---

① 崔惠萍：《从贝罗的 SMCR 传播模式看网络环境中教师隐性知识的传播》，载《中小学教师培训》，2013(11)。

练习：

学习完本部分知识后，请大家思考以上三种传播模式对现代教育技术发展各有什么启示，进行小组讨论，然后将结论写到下面的方框中。

练习：

相信大家在学完本项目之后，对相关教学理论、学习理论以及媒体传播理论都有了一定的了解。为了加深对所学理论知识的印象，大家不妨借助于“知识树”的学习方法，将学到的知识点进行梳理和总结，构建起自己的“知识树”，画到下面的方框里。

①知识树之弹性教学理论。

②知识树之四大学习理论。

③知识树之媒体传播理论。

【学习资源】

①马歇尔·麦克卢汉．理解媒介：论人的延伸[M]，何道宽，译．南京：译林出版社，2011.

②熊澄宇. 西方新闻传播学经典名著选读[M]. 北京：中国人民大学出版社，2004.

③谭志中. 发展学生健全个性的弹性教学模式[J]. 教学研究，2012，35(1).

④李志河. 现代教育技术[M].3版．北京：清华大学出版社，2019.

【拓展练习】

①心理学中四大学习理论流派的区别是什么?

②简述戴尔“经验之塔”理论的要点及其对现代教育技术的指导意义。

③查阅资料并罗列传播学其他著名理论。

项目三

管理个人信息资源

光阴可惜，譬诸逝水，当博览机要，以济功业。

——颜之推

学习目标

①学会利用社交软件建立学习空间。

②学会使用百度云。

③能够熟练使用中国知网。

学习任务

任务一　利用互联网平台建立学习空间

任务二　利用资源管理平台管理个人信息资源

任务三　利用文献检索平台检索论文

任务一
利用互联网平台建立学习空间

活动一　移动互联网资源的管理

【说明】如今移动互联网资源越来越丰富，除了传统的网页，微信朋友圈、微信公众号、小程序等也有很多教学资源。以微信为例，腾讯网站公布的数据显示，2018 年微信的用户数已超过 10 亿，其庞大的社交空间发布的资源数量惊人。然而，这些资源目前并不能被百度和微软必应等主流搜索工具检索到。

步骤一　搜索并订阅公众号

现在很多著名学者注册了微信公众号，定期、不定期地发布相关的新闻、动态、趋势、行业发展等信息，有时也会介绍一些优秀的学习资源。本环节请大家使用微信“发现”中的“搜一搜”，搜索并关注/订阅本专业领域内著名学者的微信公众号，然后在下面的方框中对该公众号做简要介绍。

步骤二　搜索公众号内某个主题的资源

以教育技术领域的公众号“ EduTech 自留地”为例，检索该公众号内与“技术精明”相关的文章，检索结果如图 3-1 所示。本环节请大家在步骤一的基础上，选取关键词，搜索所订阅公众号内某个主题的资源，然后将搜索的步骤写在下页的方框中。

图 3-1　公众号检索结果

步骤三　搜索教育类小程序

打开小程序入口的方法：点击微信的“我”然后打开“设置”页面，选择“通用”/“发现页管理”，将“小程序”打开即可。本环节请大家尝试搜索一个教育类的小程序，并将你的使用体验写在下面的方框中。

活动二　利用钉钉建立学习圈

步骤一　利用钉钉建立学习圈

【说明】通过完成上述任务，大家对个人信息资源的管理已经有了基本的认识，接下来我们学习如何利用钉钉建立学习圈。本环节请学习者分享在钉钉中建立学习圈以及加入自己感兴趣的学习圈的方法和体验，请将它们写在下面的方框中。

步骤二　了解学习圈中的互动功能

【说明】学习圈有动态发布、资源分享、推荐话题互动等功能。请利用这些互动功能与学习圈中的同伴交流，在下面的方框中写出你的体验并展示你发布的动态。

步骤三　利用学习圈中的直播功能创建圈内直播

【说明】在本环节，请学习者在钉钉学习圈中使用直播功能与圈内好友互动并分享经验。请将直播功能的使用方法写在下面的方框中。

活动三　利用超星学习通建立学习空间

超星学习通是面向智能手机、平板电脑等移动终端用户的移动学习专业平台。用户可以在超星学习通上自助完成图书馆藏书借阅情况查询、电子资源搜索下载、图书馆资讯浏览、学校课程学习、小组讨论、本校通讯录查看。超星学习通拥有电子图书、报纸文章以及中外文献元数据，可以为用户提供方便快捷的移动学习服务。在线课程教学平台对教学尤为重要。本环节将引导大家利用超星学习通平台创建网络课程。

步骤一　利用超星学习通创建网络课程

【说明】请登录超星网络教学平台创建你的课程，在课程页面输入课程的名字、任课教师和课程说明，并进入课程首页。请将你的创建过程写在下面的方框中，并展示创建好的课程截图。

步骤二　利用超星学习通学习一门网络课程

【说明】登录超星学习通平台后进入学习资料选项，从课程中选择一门你感兴趣的课程进行学习，并参与小组讨论、完成课后作业。评价你所学的课程并提出改进建议，写在下面的方框中。

步骤三　利用超星学习通检索文献和书籍

【说明】超星学习通的移动图书馆是位于超星学习通首页的一个重要的功能模块。通过这一移动图书馆服务平台，用户可以查询包括图书、期刊、报纸、讲座、视频、课程、有声资源以及在线书城等海量文献资源。该平台以栏目为单位，采用流媒体体格式，对期刊进行展示，支持评论、点赞和转发，能够实现编读互动，促进学术传播。

在本环节，请利用移动图书馆的功能选择“讲座”选项，查询主题为“个人信息资源管理”的讲座，在下面的方框中记录你的观后感。

任务二
利用资源管理平台管理个人信息资源

活动一　创建百度云个人账户并上传文档

步骤一　创建百度云个人账户

【说明】请大家创建百度个人账户，使用百度个人账户分别登录百度云网盘和百度文库，并分享创建经验。

步骤二　上传文档到百度个人账户

【说明】在之前的学习过程中，大家对个人信息资源已经有深入的了解，在本环节，请将 QQ 群里老师发的文档保存在百度个人账户里。请学习者分享整个操作流程，将步骤写到下面的方框中。

活动二　利用百度云分享资源

【说明】通过百度云分享自己上传的文档等资源。学习者一一尝试不同的分享方式并分享整个操作流程，然后将最便捷的分享步骤写到下面的方框中。

活动三　使用腾讯文档在线编辑文档

【说明】腾讯文档支持在线文档、在线表格、在线幻灯片、在线 PDF 和在线收集表等文件类型。用户打开网页就能查看和编辑，云端实时保存；可多人实时编辑文档，权限安全可控。请运用腾讯文档创建一个在线电子表格文档，分享给组内同学在线编辑后保存。请将最便捷的分享步骤写到下面的方框中。

任务三
利用文献检索平台检索论文

活动一　运用中国知网检索文献

步骤一　创建中国知网账户

【说明】请同学们创建自己的中国知网个人账户并分享经验。

步骤二 检索论文

【说明】请以“数字化阅读”为主题，通过中国知网检索五篇相关论文，将每篇论文的主旨写到下面的方框中。

步骤三 利用中国知网检索技巧检索论文

【说明】中国知网有一框式检索、高级检索、出版物检索、专业检索等检索方式。在检索的过程中，用户可以根据需要选择合适的检索方式，并配合检索的三种逻辑关系检索文献。请分享在高级检索过程中用到的检索技巧，并将检索经验和检索步骤写在下面的方框中。

步骤四 下载论文并查阅论文的下载率

【说明】请你下载步骤 2 中检索到的文献并查阅论文的下载率和被引率。请分享下载的方法，并将五篇文献的下载率和被引率写到下面的方框中。

活动二　利用百度学术检索文献

步骤一　主题检索

【说明】百度学术支持用户进行文献、期刊、学者三类内容的检索。请你在百度学术中以“个人信息资源管理”为主题检索相关文献，写出两篇文献的刊登期刊和发表时间。

步骤二　文献整理

【说明】百度学术支持用户订阅感兴趣的关键词，收藏有价值的文献，还可以在首页设置常用数据库，方便直接访问。请你以“数字化资源管理”为关键词订阅、收藏文献，并将订阅、收藏的文献写在下面的方框中。

活动三　利用美国教育资源信息中心检索文献

【说明】美国教育资源信息中心 ERIC(Educational Resource Information Center)，是由美国教育部资助的教育类文献检索网站。在本环节，请你以“education technology”为主题检索文献，并选取两篇论文概述其主旨，对比中美文献检索是否有不同之处，写在下面的方框中。

活动四　利用知网研学平台整理个人文献资源

知网研学平台是在提供传统文献服务的基础上，以云服务的模式，提供集文献检索、阅读学习、笔记、摘录、笔记汇编、论文写作、学习资料管理等功能于一体的个人学习平台。平台可实现随时随地云同步，能够满足用户在不同场景下的学习需求。

【说明】知网研学平台支持实时检索中国知网文献资源，在线收藏各类中外文数据库，流媒体阅读辅助文章透视，关键词、作者、参考文献一键链接，阅读笔记动态嵌入原文，并支持笔记编辑、分类、排序、汇编、检索。请你利用知网研学平台分类整理自己的文献，精读两篇与最近的学习相关的论文，利用该平台的功能做好笔记。将你做好的笔记填写在下面的方框中。

练习：

完成本项目的三个任务之后，你有什么感受？和同学一起交流，并将你最喜欢的一个活动按照步骤再操作一次。

【学习资源】

①超星学习通。

②中国知网。

③百度学术。

④美国教育资源信息中心。

【拓展练习】

①什么是信息资源管理，信息资源有哪些类型？

②利用中国知网检索文献时检索方式有哪些？

③项目中用到的学习平台，你最喜欢哪一个？说出你喜欢的理由。

④管理个人信息资源时要注意保护个人隐私，你是怎么保护的，和同学交流一下。

项目四

开发数字化学习资源

生命的全部的意义在于无穷地探索尚未知道的东西，在于不断地增加更多的知识。

——[法]左拉

学习目标

①了解文本素材，学会创建、采集与编辑文本素材。

②认识图形图像素材，学会使用 Photoshop 编辑图形图像素材。

③了解声音素材，学会采集与制作声音素材。

④认识动画素材，掌握使用 Flash 制作动画素材的方法。

⑤了解视频素材，熟知如何编辑视频素材。

⑥通过学习各类媒体素材，学会制作多媒体课件。

学习任务

任务一　创建文本素材

任务二　创建图形图像素材

任务三　创建声音素材

任务四　创建动画素材

任务五　创建视频素材

任务六　制作一个多媒体课件

任务一
创建文本素材

活动一　认识文本

【说明】大家在之前的学习过程中，对文本已经有较多的了解。本环节，有两个情境帮助你加深对文本的理解，之后，请你与同学交流并分享对文本的认识。教师将根据分享情况做相应的引导，帮助你们建立正确的知识观和价值观。请在下面的方框中填写对文本的认识。

情境 1：在智能手机普及的时代，有一个功能能帮助年长的人们快速找到拨号联系人，这个功能叫作语音识别。当使用百度搜索信息时，搜索栏会提供键盘输入、语音识别输入、拍照输入三种方式，让我们可以通过多种方式进行检索，方便使用。

情境 2：创建多人共同编辑文档，有效节省了收集和汇总文本的时间。Tower、石墨文档、WPS 云文档等软件和“金山文档”等小程序能够有效地创建并实现多人共同编辑文档的目的。

【说明】请大家阅读后面的“知识链接”，然后小组(4～5 人)讨论：文本素材的格式有哪些？请将讨论的结果写在下面的方框中。

【知识链接】

文本素材是多媒体课件制作中最基本的素材，对它的处理离不开文字的输入和编辑。文本是用文字和各种专用符号来表达的信息形式，它是现实生活中使用最多的一种信息存储和传递方式，主要是对知识的描述性表示，是多媒体应用程序的基础。有些课件集成工具软件中自带文字编辑功能，但对于大量的文字信息，一般不在集成时输入，而是在前期就预先准备好所需的文字素材。

文本素材的常用文件格式：多媒体课件多以 Windows 为系统平台，因此准备文本素材时应尽可能地采用 Windows 平台上的文字处理软件，如写字板、Word、WPS、PowerPoint 等。Windows 系统下的文本文件格式种类较多，主要有 TXT 格式、WRI 格式、DOC 格式、RTF 格式、WPS 格式、PDF 格式及 HTML 格式等。

活动二　采集文本

【说明】请使用常见的方式进行文本采集。你可以使用多种输入法进行采集，也可以采用语音识别、传图识字等途径进行采集。采集完成后请你与同学交流这些方式的优缺点，并写在下面的方框中。

【知识链接】

文本素材的采集

一、键盘输入采集

计算机使用者最熟悉的操作莫过于用键盘输入文字，使用键盘输入文字需要事先记住一套编码规则，即输入法。

二、手写板输入采集

对于不擅长使用输入法的用户来说，手写板输入无疑是一种很好的选择。手写输入系统是用一支书写笔在与计算机相连的一块书写板上写字，用压敏或电磁感应等方式将笔在运动中的坐标输入计算机，再由计算机中的识别软件根据采集到的笔迹之间的位置关系和时间关系信息来识别所写的字，并把结果显示在屏幕上的一种系统。市场上的这类产品主要有方正如意笔、汉王笔等。图 4-1 所示为手写笔与手写板。

三、扫描仪采集

当需要大量获取印刷品上的文字资料时，我们一般会采用文字识别技术。OCR

图 4-1　手写笔与手写板

(Optical Character Recognition)技术是当前常见的一种光学字符识别技术，它利用光学字符识别软件控制扫描仪，对扫描到的图形内容进行分析，将图形中的文字影像识别出来并自动转换为 ASCII 字符。我们常用的扫描仪有很多种，包括彩色扫描仪、黑白扫描仪，还有专业级别很高的扫描仪，有些扫描仪甚至具有立体扫描的功能。图 4-2 所示为彩色扫描仪。

图 4-2　彩色扫描仪

四、语音识别输入

语音识别是利用先进的人工智能、大数据等技术，将语音转化为文本的过程。它可用于实时语音输入、视频直播字幕、演讲字幕同屏、实时会议记录、课堂音频识别等多个场景，能够支持汉语、英语和韩语等不同语种的语音识别，在互联网、金融、教育等领域得到了广泛的应用。

五、传图识字采集

当我们需要快速采集课本或文档的部分纯文字时，传图识字可以让这一任务变得轻松。它支持多场景下的文字检测识别，在通用文字识别的基础上返回文字在图片中的位置信息，方便用户进行版式的二次处理。较为常用的传图识字小程序有“传图识字”。

活动三　编辑文本

【说明】请使用常见的软件(如 Word 和 WPS 等)进行文本编辑。你可以使用多种输入法进行输入，并把你对文本的认识写在下面的方框中，与同学共享交流，也可以写一封感恩信，感恩父母、感恩教师、感恩朋友等。

活动四　实践活动——课件制作

【说明】演示文稿，指的是把静态文件制作成动态文件浏览，把复杂的问题变得通俗易懂，使之成为生动、能给人留下深刻印象的幻灯片。常见的演示文稿制作软件有 PPT、Prezi、PPT 美化大师、斧子演示以及 Focusky 等。请运用 PPT 完成图 4-3 中单页演示文稿的制作。

图 4-3　PPT 演示文稿

简要说明：

①插入背景图片；

②制作渐变形状遮罩层；

③添加文本框输入所需文字；

④设置文字字体样式为“方正粗黑宋简体”，字体大小合适即可。

练习：

通过任务一的学习，你学到了什么？有什么困惑？请写在下面的方框中。

任务二
创建图形图像素材

活动一 认识图形图像素材

【说明】认真观察图 4-4 和 4-5，思考：图片放大前后发生了什么变化？为什么会有这样的变化？请与同桌讨论，并将讨论结果写在下页的方框中。

图 4-4 位图和放大 4 倍后的位图比较

图 4-5　矢量图和放大 4 倍后的矢量图比较

【说明】请使用百度图片功能，分别查找黑白图像、灰度图像、彩色图像，各选取一个图像，观察这三种图像类别和变化。请以小组(4～5 人)为单位进行讨论，并将讨论结果简要写在下面的方框中。

【知识链接】

记录光阴足迹——图像

图像不仅可以表达思想，还可以反映图形界面外观。在课堂上，恰当地使用图像，可以以真实的场景、人物、很强的表现力与感染力，合理地表现课件中比较抽象、学生难以理解的知识内容，增强多媒体课件的教学效果。

多媒体课件中使用的图像一般是计算机中存储和加工的静态图像。图像有位图和矢量图两种类型。严格地说，位图被称为图像，矢量图被称为图形。它们之间最大的区别就是位图放大到一定比例后会变得模糊，而矢量图不会。图像常用的格式有 BMP 格式、GIF 格式、TGA 格式、PSD 格式、PNG 格式、JPG (JPEG) 格式及 CDR 格式等。

图像模式有三种，分别是：①黑白图像，二值图，每个像素点由 1 位二进制数据表示；②灰度图像，每个像素点由 8 位二进制数据表示；③彩色图像，每个像素点由

24 位二进制数据表示，RGB 色彩模式。

活动二　采集图形图像素材

【说明】生活中，我们经常会遇到下列情况：“聚餐了，留个影纪念”“毕业了，大家在一起拍摄毕业照”“看电影时，看到优美的风景或美好的画面，想要留住这个画面”“学校里要交相关荣誉证件的扫描件”“拍下照片了，由于光线太暗，画面暗淡无光”等。遇到类似的情况时，你会怎么办？结合下面的“知识链接”，请你和同学讨论交流，将结果写在下面的方框中。（学习建议：头脑风暴）

【知识链接】

“拍下照片了，由于光线太暗，画面暗淡无光”，遇到这种情况，我们可以使用 Photoshop 软件进行处理。

一、认识 Photoshop CS6

Photoshop CS6 的操作界面主要由菜单栏、选项栏、工具箱、图像窗口、状态栏、控制面板等组成，如图 4-6 所示。

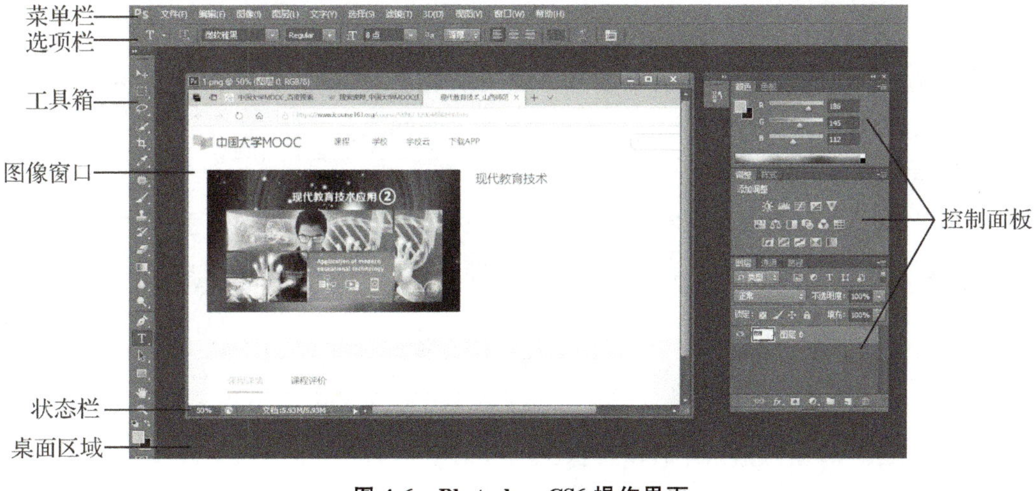

图 4-6　Photoshop CS6 操作界面

二、基本操作

（一）新建图像文件

要新建图像文件，可选择“文件”>“新建”菜单，或按“Ctrl＋N”组合键，在打开的“新建”对话框中设置相关参数，单击“确定”按钮即可，如图 4-7 所示。

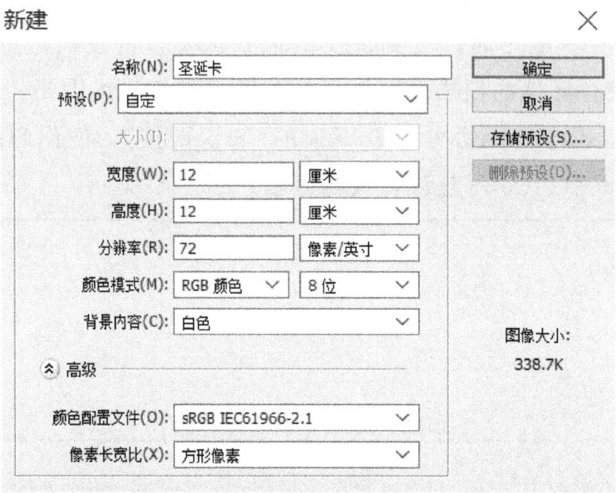

图 4-7　新建图像文件

（二）打开素材图像

打开图像的方法有多种，常用如下几种。

①选择“文件”>“打开”菜单，或按“Ctrl＋O”组合键打开“打开”对话框，在其中选择文件，单击“打开”按钮即可。

②双击软件桌面空白区域。

③在图片所在的文件夹中选中图片，然后将图片直接拖拽到 Photoshop CS6 中，在窗口内释放鼠标按钮即可。

（三）存储图像文件

保存图像时，选择“文件”>“存储”菜单，或按“Ctrl＋S”组合键，打开 “存储为”对话框，在其中设置相关参数，单击“保存”按钮即可。

（四）关闭图像文件

要关闭图像文件，可采用以下 4 种方法。

①选择“文件”>“关闭”菜单。

②按“Ctrl＋W”或“Ctrl＋F4”组合键。

③单击图像窗口右上角的关闭按钮。

④选择“窗口”>“文档”>“关闭全部”菜单，可关闭打开的所有图像。

三、实例应用

调整色阶，让暗淡的照片变得色彩鲜艳，如图 4-8 所示。

图 4-8　处理前后对比图

“色阶”命令是调整图像色调时使用频率非常高的命令之一。它可以通过调整图像的暗调、中间调和高光的强度级别来校正图像。

第一步：打开本书配套素材“24-11 门.jpg”文件。

第二步：选择“图像”>“调整”>“色阶”菜单，或按“Ctrl+L”组合键，打开“色阶”对话框，输入数值 29，1.6，169，这样就使得图像有了最暗和最亮的像素，色调就基本正常了。

活动三　运用手机 APP 进行图像后期处理

【说明】图像后期处理主要包括影调(亮度、对比度、高光、氛围)、色彩(色调、饱和度)及矫正(裁剪、旋转、XY 方向矫正)。在本活动中，我们将使用手机 APP 对人像图片进行后期处理，如图 4-9 所示。

图 4-9　人像照片后期处理前后对比图

详细步骤：

①了解后期修图软件。Snapseed 是一款免费使用的修图软件，有 29 种工具和滤镜，包括修复、画笔、结构、HDR(高动态光照渲染)和透视等功能。用户用指尖轻触手机屏幕即可对照片加以美化，是日常处理照片使用率较高的一款软件。

②发现原图问题。图 4-9 原图中人物面部较暗、图片整体色调偏暗，主体与背景区分不够明显。

③用软件修图。我们将照片导入 Snapseed 软件。选择“工具”菜单，如图 4-10 所示，点击局部功能。在人物面部处按一个点，滑动两边手指，将红色范围覆盖人物整个面部，如图 4-11 所示。

图 4-10 “工具”菜单

图 4-11 选中调整区域

我们可对选中的局部进行亮度、对比度、饱和度及结构调整，如图 4-12 所示。指尖右滑增加人物亮度，左滑结构完成面部磨皮，接着选择突出细节，柔化背景，如图 4-13 所示，然后点击保存。

图 4-12　对局部进行调整

图 4-13　柔化背景

我们可将处理后的照片导入美图秀秀软件，为人像增加滤镜。我们可用 MH3 滤镜，如图 4-14 所示，提亮背景色，将对比度降低，制造画面朦胧感。最后调整裁剪，完成后期处理。

图 4-14　用美图秀秀进一步调整

活动四　制作个人简历封面

【说明】请同学们搜索有关个人简历的案例，总结制作个人简历应注意哪些事项，并制作出自己的个人简历。认真阅读“知识链接”，利用办公软件制作个人简历，写在下面的方框中。

【知识链接】

怎样撰写个人简历

简历是记录并说明自己学历、专业资格和工作经历的文件。它是用人单位的参考资料，也是同事们相互了解的信息载体。简历不仅反映个人的过去和现在，又随人的一生发展而变化。在你要申请一份新工作或更换职位的时候，简历就显得更加重要了。简历必须准确、简洁和清楚。

常见的简历下载平台有锤子简历、Wondercv、智简历、ResumeBuilder 以及简历链等。

简历的核心部分包括个人信息、教育背景、证书、项目经验、工作经历、主要荣誉、个人兴趣爱好七个方面的内容。

①个信信息包括姓名、性别、年龄、地址、电话、邮箱和求职意向等。

②教育背景主要包括就读学校及所学专业。

③获得的各级各类证书。

④项目经验包括参与的项目名称及负责内容。推荐大家以数据的形式来描述产出成果，充分展示自己的能力和特长。

⑤工作经历要写明工作单位名称、主要负责内容。

⑥主要荣誉包括获得的国家级、省级、市级与校级的相关荣誉。

⑦个人兴趣爱好，能够间接反映出一个人的特点与性格。(如图 4-15 所示)

【作品欣赏】

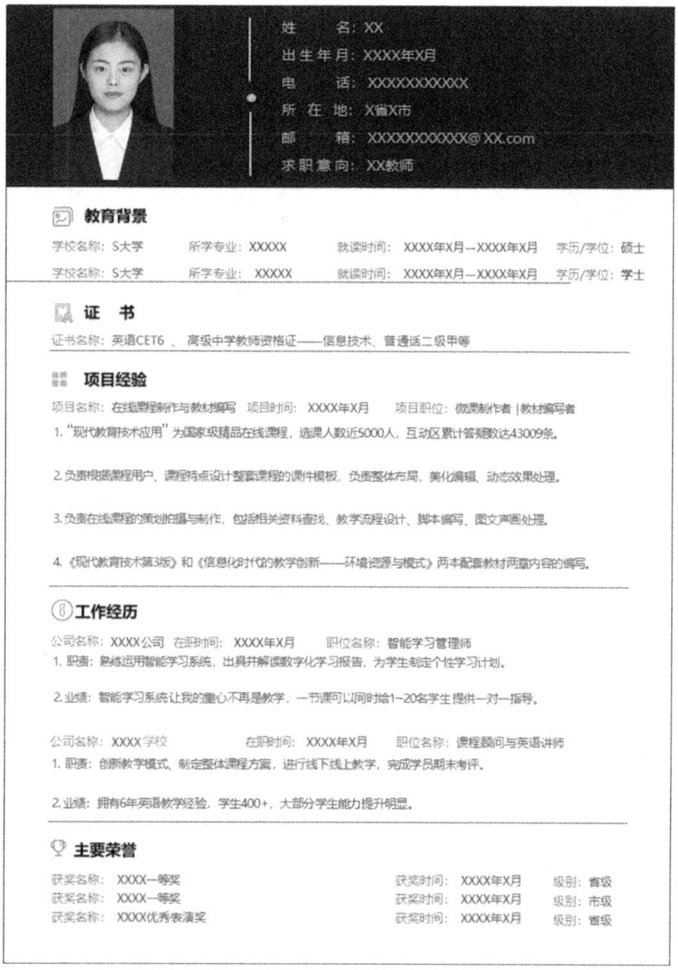

姓　　名：XX
出生年月：XXXX年X月
电　　话：XXXXXXXXXXX
所 在 地：X省X市
邮　　箱：XXXXXXXXXXX@XX.com
求职意向：XX教师

教育背景

学校名称：S大学　所学专业：XXXXX　就读时间：XXXX年X月--XXXX年X月　学历/学位：硕士
学校名称：S大学　所学专业：XXXXX　就读时间：XXXX年X月--XXXX年X月　学历/学位：学士

证　书

证书名称：英语CET6、高级中学教师资格证——信息技术、普通话二级甲等

项目经验

项目名称：在线课程制作与教材编写　项目时间：XXXX年X月　项目职位：微课制作者|教材编写者

1. “现代教育技术应用”为国家级精品在线课程，选课人数近5000人，互动区累计答疑数达43009条。
2. 负责根据课程用户、课程特点设计整套课程的课件模板，负责整体布局，美化编辑、动态效果处理。
3. 负责在线课程的策划拍摄与制作，包括相关资料查找、教学流程设计、脚本编写、图文声画处理。
4. 《现代教育技术第3版》和《信息化时代的教学创新——环境资源与模式》两本配套教材两章内容的编写。

工作经历

公司名称：XXXX公司　在职时间：XXXX年X月　职位名称：智能学习管理师

1. 职责：熟练运用智能学习系统，出具并解读数字化学习报告，为学生制定个性学习计划。
2. 业绩：智能学习系统让我的重心不再是教学，一节课可以同时给1~20名学生提供一对一指导。

公司名称：XXXX学校　在职时间：XXXX年X月　职位名称：课程顾问与英语讲师

1. 职责：创新教学模式、制定整体课程方案，进行线下线上教学，完成学员期末考评。
2. 业绩：拥有6年英语教学经验，学生400+，大部分学生能力提升明显。

主要荣誉

获奖名称：XXXX一等奖　获奖时间：XXXX年X月　级别：省级
获奖名称：XXXX一等奖　获奖时间：XXXX年X月　级别：市级
获奖名称：XXXX优秀表演奖　获奖时间：XXXX年X月　级别：省级

图 4-15　求职型个人简历

练习：

学生A要制作一份升学简历，他/她可以将哪些内容放在简历页面上呢？请你帮他/她好好设计一下。请将你的设计写在下面的方框中。

任务三
创建声音素材

活动一　声音是从哪里来的？

【说明】小组（4～5 人）协作：请同学们互相讨论，在日常生活和学习中，声音是从哪里来的、声音是由哪些要素构成的、声音的类型有哪些。认真阅读“知识链接”，回答以上问题。请将答案写在下面的方框中。

【知识链接】

一、声音的分类、要素与常用文件格式①

（一）声音的分类

声音一般分为语音、音乐和声响三种类型。语音是指口头语言，即说话的声音，在多媒体课件中一般称为解说声音。音乐是指歌声、乐曲声，在多媒体课件中一般作为背景声，有时用于渲染环境气氛。声响包括自然界中存在的各种声音，如风吹、雨打、雷鸣、虎啸、虫吟、鸟鸣声，还包括人类社会中存在的吼叫声、哭声、笑声、喧闹声、机器声等。在多媒体课件中声响一般作为使环境更逼真的音响效果使用。

（二）声音的要素

音色、响度和音调构成了声音的三要素，它们可以用来描述具有振幅、频率和相位三个物理量的任何复杂的声音。

音色由声音波形的谐波频谱和包络决定。声音波形的基频所产生的听得最清楚的音称为基音，各次谐波的微小振动所产生的声音称为泛音。

① 李志河：《现代教育技术应用》，34～35 页，北京，北京交通大学出版社，2009。

响度，又称音量，它表示的是声音能量的强弱程度，主要取决于声波振幅的大小。

声音的响度一般用声压来计量，声压的单位为帕(Pa)，它与基准声压比值的对数值称为声压级，单位是分贝(dB)。

音调也称音高，表示人耳对声音调子高低的主观感受。人耳对响度的感觉有一个从闻阈到痛阈的范围，人耳对频率的感觉同样有一个从最低可听频率 20 Hz 到最高可听频率 20 kHz 的范围。

(三)常用的声音文件格式

常用的声音文件格式有 MID(MIDI)格式、WAV 格式、MP3 格式、RA 格式，除这些常用文件格式外，声音文件格式还有 VOC，RMI，AIF，CDA，MOD 等。利用声音处理和编辑软件可进行声音文件各种格式的转换。

二、声音素材的采集

声音素材的采集须考虑采样频率、量化位数和通道数量三个要素。

采样频率是指声音采集设置每秒钟对声波幅度值样本采样的次数，是描述声音文件的音质、音调，衡量声卡、声音文件的质量标准，计量单位为 Hz(赫兹)。采样通常采用三种频率：11.025 kHz(语音效果，称为电话音质)、22.05 kHz(音乐效果，称为广播音质)、44.1 kHz(高保真效果，CD 唱盘)。

采样得到的样本需要量化，所谓的量化位数也称“量化精度”，是描述每个采样点样本值的二进制位数。常用的量化位数为 8 位、12 位、16 位。量化级大小决定了声音的动态范围，即被记录和重放的声音最高与最低之间的差值。量化位数越高音质越好，数据量也越大。

声音通道的个数称为声道数，是指一次采样所记录产生的声音波形的个数。记录声音时，如果每次生成一个声波数据，称为单声道；每次生成两个声波数据，称为双声道(立体声)。

小贴士

常见的音频制作和转换工具有 Goldwave、Audio Editor、SoundForge、Cool Edit-Pro、Cakewalk 等。图 4-16 为 Audio Editor 音频编辑软件界面。通常，计算机在处理音乐与处理声音时会用到不同的编辑软件。处理、美化声音时通常使用 Cool Edit Pro、Creative WaveStudio、Goldwave 等软件；处理音乐、谱曲、作曲和编曲时通常使用 Cakewalk、Encore、Overturn 等软件。

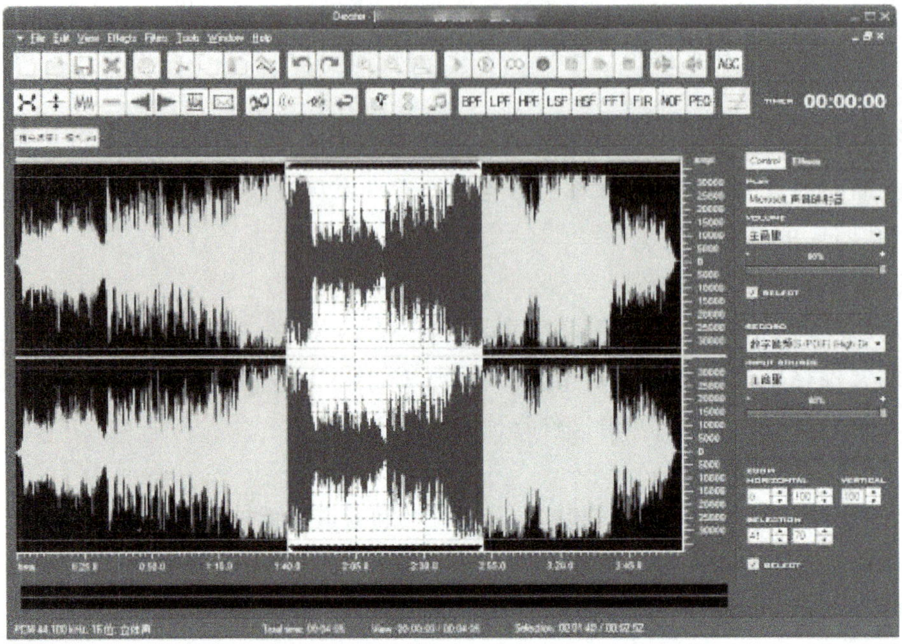

图 4-16　Audio Editor 音频编辑软件界面

活动二　配音

【说明】有声读物、广播 APP，都是我们常用的内容产品。一些游戏配音演员、电视剧配音演员纷纷走到台前，并被观众熟知。在湖南卫视《声临其境》第一季，王凯一段《曹雪芹》的配音打动了无数观众。请你运用我们刚学过的知识，选一段经典影视配音，将文字记录在下面的方框中，并将自己的配音与原有影视进行合成。

小贴士

可使用的软件工具有数码大师、会声会影、爱剪辑、Edius 和 Adobe Premiere 等。

任务四
创建动画素材

活动一　何为动画素材

【说明】认真阅读下面的材料 1、材料 2，小组(4～5 人)讨论对动画的理解：在看新闻和广告时，你是否看到过动画？除此之外，你还可以在什么地方看到动画，它们分别属于哪种类型的动画？请将小组讨论的结果记录在下面的方框中。

材料 1：动画素材最明显的特征体现在“动”上，在课件中引用动画素材效果显著，可以极大地调动学习者的兴趣和积极性。

材料 2：计算机动画的类型可以从多方面进行划分，从动画的生成机制考虑，可以将动画划分为实时生成动画和逐帧动画两种类型。

①实时生成动画。

实时生成动画是一种矢量型的动画，它由计算机实时生成并演播。在制作过程中，它对画面中的每一个活动对象[也称为角色(Actor)](包括场景)分别进行设计，赋予每个对象一些特征(如形状、大小、颜色等)，然后分别对这些对象进行时序状态设计，即对这些对象的位置、形态与时间的对应关系进行设计，最后演播这些对象时，可以在设计要求下实现实时变换，并实时组成完整的画面，从而实时生成视觉动画。

例如，图 4-17 就是一个实时生成的电脑动画的示例，其中人物的腿、胳膊、躯干以及街景都设计为独立的角色对象。制作者分别对这些对象的位置、角度、形态进行时序状态设计，在播放时，它们实时生成一个人在大街上走路的动作。

图 4-17　实时生成动画示例

②逐帧动画。

逐帧动画是一幅幅连续的画面组成的图像或图形序列，接近于视频的播放机制，这是产生各种动画的基本方法。一些动画，特别是三维真实感动画由于计算量太大，只能先生成连续的帧图形画面序列。这类动画有明显的生成和播放过程，播放时仅调用该图像序列演播即可。图 4-18 为逐帧动画示例。

图 4-18　逐帧动画示例

活动二　一起来观看《单摆运动》短片

【说明】让我们一起进入动画的奇妙世界，来观看一下它是如何制作的。大家各抒己见，把自己的想法写在下面的方框中。(建议：观看《单摆运动》短片后，利用 Flash 软件将其制作出来。)

效果图如图 4-19 所示。

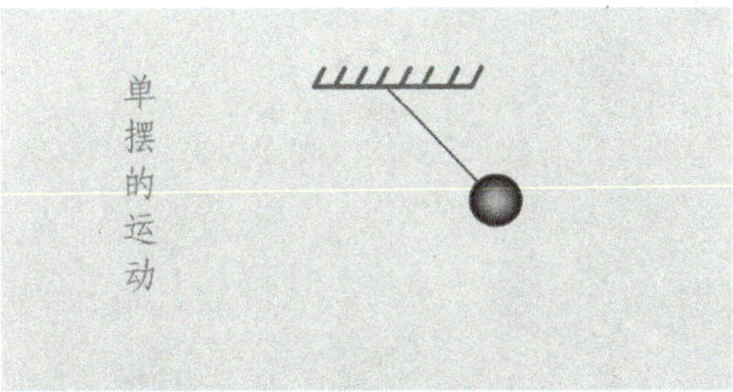

图 4-19　单摆的运动效果图

任务五
创建视频素材

活动一　认识视频素材

【说明】小组(4～5 人)协作：请同学们认真观察图 4-20 和图 4-21，这两张图片是在观看视频时截图得到的。请同学们互相讨论，我们在观看视频时除了画面不清晰外，还会遇到哪些问题，你是如何解决的，把你遇到的情况以及解决的方法写在后面的方框中。

图 4-20　标清播放画面截图

图 4-21　高清播放画面截图

【知识链接】

视频文件本身就集合了文本、图形图像、声音等媒体素材，是一种表现力很强的素材。视频文件的来源：一是可以从现有的资源中获得，如教学录像带、光盘和网络上的素材等；二是可以利用摄像机进行现场拍摄。

视频文件是由一组连续播放的图像(Video)和一段随连续图像同时播放的伴音共同组成的多媒体文件。其中的每一幅图像称为一帧(Frame)，随视频同时播放的数字伴音简称为“伴音”。

活动二　制作小短片

【说明】在日常生活中，视频越来越不可或缺，已经成为一种直接、形象的展示方式。常见的视频采集设备包括手机、平板电脑和摄像机等，一些社交软件和平台成为大众青睐的视频制作方式。请同学们小组(4～5 人)协作编制一个 5～10 分钟的小视频，主题自拟，要求贴近生活，具有完整性、科学性和趣味性。请大家互相讨论，你们为什么要选取这一主题来制作视频，它告诉了我们一个什么故事，或传达了一种什么精神。请把你们的想法写在下页的方框中。

制作工具：

你可以使用下面任意一种方式进行制作。

①手机拍摄；

②屏幕录制；

③摄像机录制；

④社交软件和平台。

活动三 制作微电影

【说明】请同学们小组（4～5 人）合作完成一个微电影作品，主题自选，题材不限，要求思想健康、向上，充满青春气息，有一定的思想性。请大家讨论并归纳微电影的制作流程，以文字或图表方式展示在下面的方框中。

小贴士

制作微电影的软件：爱剪辑、Adobe Premiere 软件。

活动四 互动交流

【说明】在不同的情景和需求下，我们可以选择简单便捷、实用有效和自身感兴趣的设备（计算机、手机等）或软件制作短视频。请同学们互相交流，在活动二和三的制作中，自己选择了何种制作方式，为什么选择这种方式，在制作过程中，遇到了哪些问题，你是如何解决的。请将交流的主要内容写在下页的方框中。

活动五　展现成果

【说明】我们应该从哪些方面评价短视频？请大家小组（4～5 人）协作在下面的方框中设计短视频评价核查表，并评选出哪个组制作的短片是最棒的、最受欢迎的。请说说为什么。大家可参考表 4-1 的短视频评价核查表。

表 4-1　评价核查表

评价维度	具体内容	得分
切题性	主题明确，贴近生活，内容健康向上，能科学、完整地表达一个主题思想，体现出大学生良好的精神风貌和文化修养，或者反映当下社会关注的焦点问题，具有一定的生活趣味（30 分）	
艺术性	能准确、流畅地运用形象、色彩、空间、动画、音效等视觉、听觉语言表达内容和思想，具有一定的审美意识和水平；角色形象生动、活泼、有个性，内容丰富，情节富有想象力；音效与主题风格一致，具有艺术表现力；前后意思连贯，构图完整，画面美观，色彩和谐（40 分）	
技术性	制作工具的运用和表现技巧恰当；技术运用恰当、简洁；画面播放流畅，视听效果好（30 分）	

任务六
制作一个多媒体课件

活动一　探讨“什么是多媒体课件”

【说明】在平时的课堂中，我们已经对多媒体有了一些了解。本环节中，我们将进一步了解多媒体课件，通过阅读“知识链接”的内容，与你的同伴一起讨论多媒体课件包含了哪些内容。请你将讨论结果写在下面的方框中。

【知识链接】

一、多媒体课件的概念及特点①

多媒体课件是以计算机为中心的，利用数字处理技术和视听技术，按照教师的教学设计，将文字、语音、图像等多种媒体信息集成在一起，实现对教学材料的存储、加工、传递、转换和检索的计算机应用软件或者系统。多媒体课件具有以下四个特点。

①丰富的表现力。多媒体课件具有呈现客观事物的时间顺序、空间结构和运动特征的功能。它可将一些抽象的概念、复杂的变化过程和运动形式，以内容生动、图像逼真、声音动听的信息呈现方式展现在学生面前。

②交互性强。多媒体课件可以根据学生输入的信息，理解学生的意图，并运用适当的教学策略，指导学生有针对性地学习。它利用学生的反馈信息，及时调整教学的深度和广度，保证学生获得知识的可靠性与完整性；给学生以自主权，学生通过反馈信息进行自我调整。

③共享性好。随着高速信息网的不断延伸，多媒体课件所包含的教学内容可以通过连接在网络上的计算机进行传递，网络上的信息资源可以实现共享。以网络为载体

① 李志河：《现代教育技术》，2版，77页，北京，清华大学出版社，2015。

的多媒体课件，使知识的传播不再受时间、地点的限制，单位、家庭及社会都可以成为学习的场所，学习的时间可以根据个人情况加以选择。

④有利于知识的同化。教师采用多媒体教学，可以强化信息传播的强度，各种媒体相互补充，使知识的表达更加充分，更容易理解。

练习：

请查询相关资料，分析一下课件和积件有何关系。

二、多媒体课件的类型

根据多媒体课件的内容与作用以及在教学中应用方式的不同，多媒体课件可以分为以下几种类型。

(一)课堂教学型

课堂教学型多媒体课件一般是针对学科教学开发的，主要用来解决学科教学中的重点、难点问题。它注重对学生的启发、提示，反映问题解决的过程，主要用于在课堂上进行教学演示。课堂教学型多媒体课件要求教学内容精练、屏幕主题突出、文字图形以较大的方式显示，能按照教学过程逐步深入地展开。这类多媒体课件在实际教学中应用最为广泛。其开发工具一般是 Flash、PPT 和几何画板等软件。图 4-22(a)所示为利用 Flash 软件制作的多媒体课件，图 4-22(b)所示为利用 PPT 设计和制作的多媒体课件。

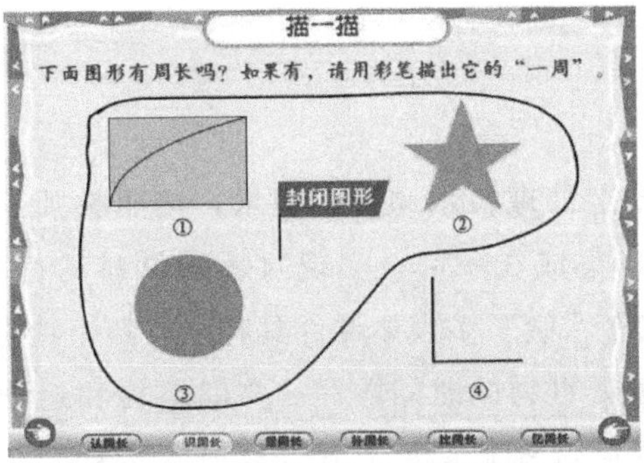

(a)利用Flash软件制作的多媒体课件

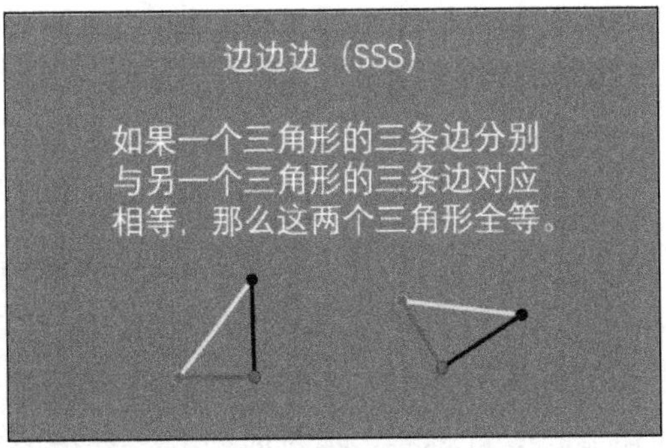

(b)利用PPT设计和制作的多媒体课件

图 4-22　课堂教学型课件示例

(二)个别化学习型

个别化学习型多媒体课件是针对学生利用课件进行个别化学习的情况而设计并制作的。它一般具有完整的知识结构、一定的教学过程，能体现教师的教学思想和教学策略，通过设计友好的人机界面，让学生进行交互式学习，并提供相应的形成性练习供学生在学习过程中进行自测。图 4-23 为《认识几何图形》个别化学习型多媒体课件示例。

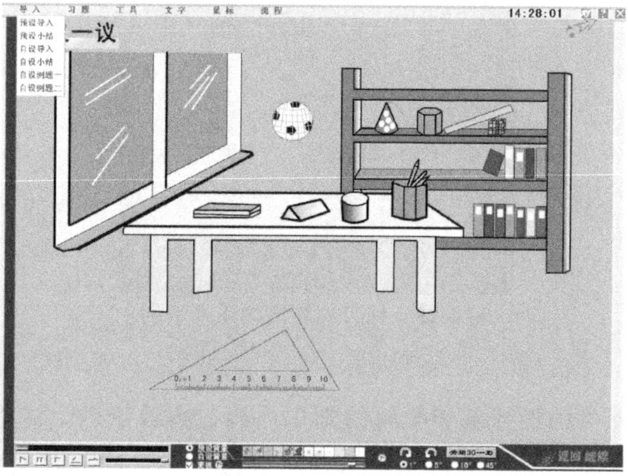

图 4-23　《认识几何图形》个别化学习型多媒体课件示例

(三)模拟仿真型

模拟仿真型多媒体课件借助计算机图形技术和模拟仿真技术，提供可更改的参数项，当学生输入不同的参数时，能随时真实模拟对象的状态和特征，供学生进行模拟实验或探究发现学习使用。图 4-24(a)所示为《模拟钢琴键盘》课件界面，图 4-24(b)所示为《中国新年》英语课件情景模拟。

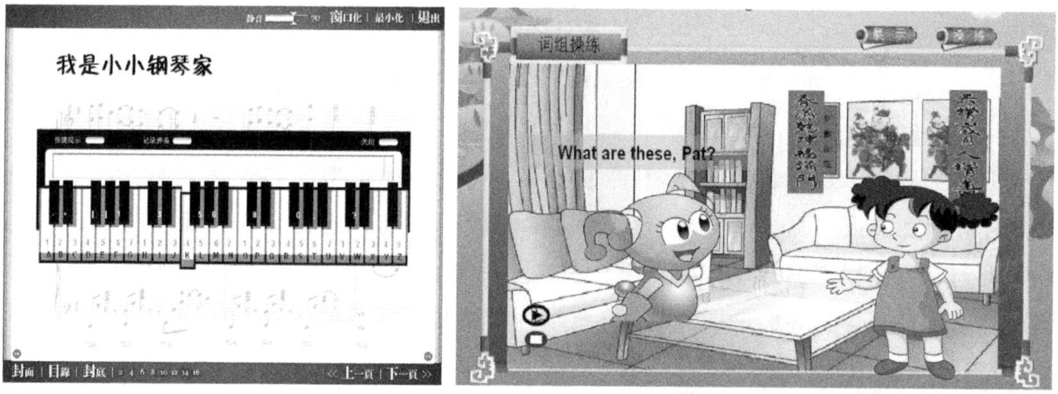

(a)《模拟钢琴键盘》课件界面　　(b)《中国新年》英语课件情景模拟

图 4-24　模拟仿真型多媒体课件示例

(四)练习型

练习型多媒体课件主要是通过问题的形式训练强化学生某方面的知识和能力。该类课件在设计时要具有一定比例的知识点覆盖率，以便全面地训练和考核学生的能力水平。此外，考核目标还要分为不同等级，逐级上升，根据每级目标设计题目的难易程度。图 4-25 为练习型多媒体课件示例。

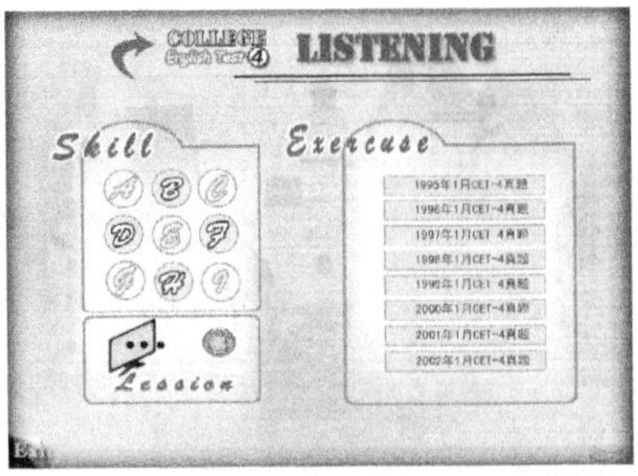

图 4-25　练习型多媒体课件示例

（五）游戏型

游戏型多媒体课件的设计基于学科的知识内容，寓教于乐。课件通过游戏的形式，使学生掌握学科知识，并引导学生对学习产生兴趣。设计时要注意增强趣味性并使游戏规则尽量简单。图 4-26 所示为幼儿《圣诞节快乐》互动游戏型多媒体课件界面。

图 4-26　幼儿《圣诞节快乐》互动游戏型多媒体课件界面

（六）资料工具型

资料工具型多媒体课件有工具书、电子字典及各种类型的多媒体素材库等，仅提供某种教学功能或某类教学资料，并无具体的教学内容。这类多媒体课件在设计时通常要用到有关数据库的知识，要求设计者具有一定的程序设计能力。图 4-27(a)所示为国家基础教育资源网界面，图 4-27(b)所示为动画积件库界面。

(a) 国家基础教育资源网界面　　(b) 动画积件库界面

图 4-27　资料工具型多媒体课件示例

活动二 制作教师课件

【说明】在对多媒体课件有了一定的了解后，设想你是一名已经走上教学岗位的教师，在教学过程中应用多媒体演示文稿更好地传递教学信息，帮助学习者更好地获取并消化、吸收这些信息。请制作你的演示文稿，并为演示文稿搜集和制作生动的多种媒体素材。

表 4-2 是一个可以帮助你寻找素材用以丰富演示文稿的工具，你可以借助它帮助自己目的明确地寻找可用的素材资源。

表 4-2 需要通过网络查找的素材

素材类型	应用在哪个教学环节/支持哪个教学环节	目的
文字		
图片		
音频		
视频		
动画		

活动三 PPT 成果展示

【说明】把班上的同学分成 3～5 个组，每组有一位同学为演示者，其他同学为评委。(学习建议：角色扮演)

演示者：给大家演示 PPT 课件，说明它是什么类型，讲了什么，为什么要这么讲，将这些内容写在下面的方框中。

评　委：应该从哪些方面来评价多媒体课件？在下面的方框中设计出多媒体课件评价核查表，评选出最棒的课件。

表 4-3 的多媒体课件评价核查表供同学们参考。

表 4-3　多媒体课件评价核查表

评价维度	具体要求	情况
内容	①符合相关学科领域的课程标准，符合该年龄阶段学生的思维特点	
	②围绕学习目标，能够体现出是为完成某一学习活动或学习任务而制作的	
	③不仅体现出对知识的诠释，而且展现知识的探索过程	
	④思路清晰、表达清楚，具有一定的典型性，能够让不同学习者灵活调整	
技术	①在课件中能够体现信息技术与课程的融合	
	②恰当选择技术手段，符合内容需要，突出主题	
	③媒体形式多样，灵活使用文本、图片、声音、视频等素材，具有一定的创新性	
整体	①布局合理，搭配协调，主题突出	
	②课件展示流畅，富有创意和创新	

【学习资源】

①PPT 制作资源：

A. 51PPT 模板网。

B. 演界网。

C. 阿里巴巴矢量图标库。

②简历制作资源：

个人简历模板网。

③人像后期处理教程：

王者的人像摄影后期课程。

④书本配套资源“单摆运动 . mp4”。

【拓展练习】

①如何实现 PDF 与 DOC 文件之间的相互转换？一般需要哪些软件？一个 500 kB 的 DOC 文件到底是多大？请用实例说明。

②处理“文字、图像、声音、动画、视频”等多媒体素材的常用软件有哪些？应用现代教育技术手段，说明快速掌握使用这些软件的学习方案。

③多媒体课件的评价标准是什么？

项目五

体验现代教育技术应用环境

业精于勤，荒于嬉；行成于思，毁于随。

——韩愈

学习目标

①了解多媒体教室的基本构成和功能，并能熟练利用多媒体教室进行教学。

②了解数字校园网的基本结构和功能，并学会利用校园网获取和发布相关的信息。

③认识虚拟仿真环境，理解虚拟仿真环境在人们学习、工作、生活中的意义。

④了解增强现实技术，理解增强现实技术的原理。

⑤认识智慧教室，理解智慧教室的用途。

⑥了解创客空间，理解创客空间的用途。

学习任务

任务一　体验多媒体教室
任务二　体验数字校园网
任务三　体验虚拟仿真环境
任务四　体验增强现实
任务五　体验智慧教室
任务六　体验创客空间

任务一
体验多媒体教室

活动一　多媒体教室大搜索

【说明】请和你的同伴一起交流自己曾经在什么样的多媒体教室环境下学习过，并请各小组在交流的基础上推荐 3 个你们认为是典型的多媒体教室，并在表 5-1 中给出你们推荐的理由。

学习建议：大家可以在课前参观所在学校的多媒体教室，在参观过程中大家可以拍照，上课的时候与其他同学分享；也可以上网查阅相关资料，整理出来与同学交流。

表 5-1　典型的多媒体教室

序号	名称	推荐的理由

活动二　揭开多媒体教室的神秘面纱

【说明】在对各典型多媒体教室交流的基础上，请你阅读“知识链接”的内容，并认真观察图 5-1 至图 5-4，与同伴一起讨论：多媒体教室主要由哪些设备构成？如果让你来设计一节在多媒体教室讲授的课，你会用到哪些多媒体设备？请将你们的答案写在下面的方框中。

图 5-1　多媒体网络教室

图 5-2　传统的多媒体教室

图 5-3　会议式多媒体教室

图 5-4　交互式多媒体教室

【知识链接】

一、多媒体教室概述①

多媒体教室是根据现代教育教学的需要，将多媒体计算机、投影、录音录像等现代教学媒体结合在一起而建立起来的综合教学系统。它能方便、灵活地应用多种媒体及各种教学软件实施多媒体组合教学。相比于普通教室教学，它使教学过程更科学有效，更符合人们对事物的认识规律，更有助于人们对知识的理解和记忆。一般来说，多种媒体应包括传统媒体，如黑板(白板)、书本、挂图、模型和标本等，还包括各类电教媒体，如幻灯、投影、扩音、录音、电视、计算机等。

二、多媒体教室的基本构成

多媒体教室依据其规格大小、设置、配置、教学功能的不同，可分为简易型多媒体教室、普通型多媒体教室和网络型多媒体教室。

(一)简易型多媒体教室

简易型多媒体教室是在普通教室的基础上，配有幻灯机、投影仪、展示台、录音

① 李志河：《现代教育技术》，3 版，116～119 页，北京，清华大学出版社，2019。

机、电视机、VGA 转换器和计算机等。教师利用简易型多媒体教室可以进行录音、投影教学和计算机辅助教学。这些电教媒体可在讲台附近单独放置或组合在讲台内，以便教师操作与控制。该类型的多媒体综合教室基本能满足开展多媒体组合教学的要求。常见的简易型多媒体教室如图 5-5 所示。

图 5-5　常见的简易型多媒体教室示例

（二）普通型多媒体教室

1. 普通型多媒体教室的设备配置与教学功能

普通型多媒体教室是将多媒体计算机与常规的电教设备相结合而成的，一般要求具备以下功能。

①能播放文本、动画、视频、音频等多种媒体信息。

②通过视频展示台可将图片经大屏幕展示出来。

③配置音响系统和控制银幕、窗帘、照明等相关辅助设备。

④可与校园网、互联网、卫星电视网等相连。

2. 普通型多媒体教室的设备及作用

①播放教学用资料的设备，用来播放和放大音频信号的设备。

②视频展示台，又称实物展示台，是一种图像采集设备，能将胶片上的内容和各种实物投到屏幕上。图 5-6 为视频展示台。它已取代传统的胶片投影仪和幻灯机的大部分功能。

图 5-6 视频展示台

③计算机配有声卡、显卡以及应用软件，形成多媒体软件运行环境，并将计算机输出的画面由投影机放大投射到银幕上。

④中央控制系统。中央控制系统是结合计算机技术、网络技术，将所有设备的操作集中在一个界面上的集成控制系统。它一般由音频 VGA 切换模板、设备控制模块、电源控制模块、控制面板等组成。图 5-7 是多媒体教室中央控制系统连接示意图。

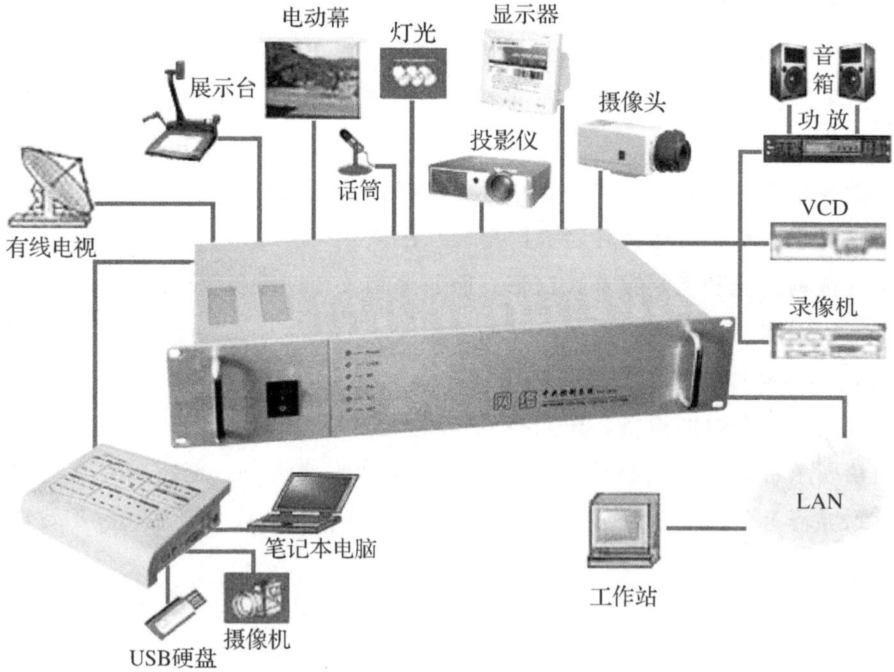

图 5-7 多媒体教室中央控制系统连接示意图

⑤音频系统。音频系统的主要作用是让教室里的每位学生都能听清楚教师讲课的声音。音频系统包括功率放大器、音箱、有线话筒、无线话筒、调音台和反馈抑制器等。

⑥激光笔和激光教鞭。激光教鞭的出现，解决了以往教师在课堂上使用鼠标不方便的难题，实现了“走到哪里，讲到哪里；讲到哪里，指到哪里”。因此，激光笔或激光教鞭成为多媒体教室必不可少的教具。图5-8为激光笔。

⑦投影仪。投影仪是多媒体教室中计算机、视频展示台的视频再现设备。投影仪从技术角度上分为阴极射线管投影仪(CRT)、液晶显示投影仪(LCD)和数字光路投影仪(DLP)。图5-9为投影仪。

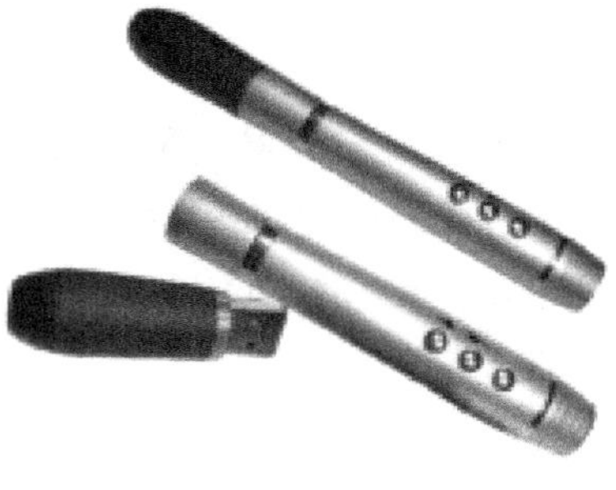

图5-8　激光笔

图5-9　投影仪

(三)网络型多媒体教室

网络型多媒体教室是由计算机网络设备、操作系统以及交互式教学软件平台形成的一个由数据网络和视频网络等组成的综合多媒体教室。网络系统主要用于实现虚拟仿真教学系统、网络考试系统、课件制作系统、课件点播系统等教学功能。

三、多媒体教室的教学应用

(一)以教师为中心的多媒体教室的功能

①便于教师利用多种媒体辅助教学活动。

②便于教师利用多种媒体组合，优化教学过程，突破教学重点、难点，提高教学质量与效率。

③便于教师开展观摩示范教学，扩大教学规模。

④能用于开展新型教学模式的教学实验与研究，还能用于专题讲座、学术报告等活动。

(二)以学生为中心的多媒体教室的功能

①为学生营造一个优良的自主学习环境，为学生进行个别化学习和小组学习提供多种媒体的良好学习条件。

②便于开展学生个别化自主学习的教学实验与研究。

③有利于学生参与，同时有利于他们学习积极性与主动性的发挥。

任务二
体验数字校园网

活动一　认识数字校园网

【说明】请阅读“知识链接”中的内容，了解校园网的相关知识。在阅读的基础上与你的同学一起讨论：数字校园网包含哪些内容，数字校园网络和其他计算机网络相比有什么不同？组建数字校园网络的目的是什么？请你将讨论结果写在下面的方框中。

【知识链接】

数字校园网络①

一、数字校园网络概述

所谓数字校园网络，就是为了满足学校教育教学的需要，将分布在校园不同地点的独立计算机，通过通信线路和网络协议连接起来，以实现资源共享和相互通信的计算机集合。数字校园网络简称校园网。构建校园网的目的是在传统校园的基础上构建一个数字空间，以拓展校园的时间和空间维度，扩展传统校园的功能，实现教育过程的全面信息化，从而提高教学、科研和办公管理工作的水平和效率。

二、数字校园网络的构成

为了便于深入研究数字校园网络，我们通常用结构化的方法对其进行研究。人们按照不同的研究目的，可以将校园网划分成不同的结构。为了研究校园网的功能，此处将校园网分为基础设施层、支撑服务层、应用层和信息服务层，如图 5-10 所示。

① 李志河：《现代教育技术》，3 版，129～132 页，北京，清华大学出版社，2019。

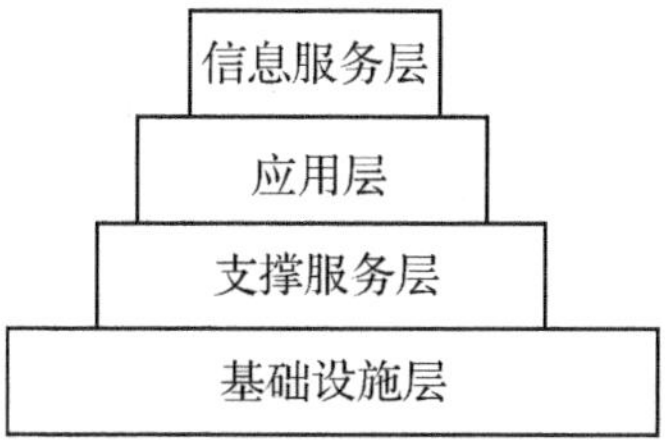

图 5-10　校园网功能层级图

①基础设施层是校园网的基础设施。它是校园数字信息传输、存储的硬件基础。其主要包括双绞线和光纤等校园网络的传输介质、各种服务器和客户机。

②支撑服务层是数字信息流动的软件基础。它提供信息传输和处理的基础服务，支撑网络应用系统的功能实现。其主要包括电子邮件、文件传输、信息发布、域名服务、统一身份认证、工作流等基础服务。

③应用层包括各种应用系统。它提供了满足校内外各个不同用户需求的应用服务，为各类用户(如校园网络管理用户、师生用户等)提供数字化的信息服务。其主要包括办公自动化系统、教务管理系统、科研管理、网络教学系统、图书资源与管理系统等。图 5-11 所示为北京大学实验室与设备管理部网站主页截图。

图 5-11　北京大学实验室与设备管理部网站主页截图

④信息服务层将各个应用系统的功能和信息有效地集成在一起，为校园网用户提供各类服务，并通过对数据信息的挖掘与分析，为学校决策层提供信息支持。

三、数字校园网络的功能

校园网的功能建立在计算机网络数据通信和资源共享两个基本功能之上，进而实现学习资源的发布和共享、师生信息交流、网络办公等。

(一)学习资源的发布与共享

校园网具有开放性、传递信息及时、快捷等特点。我们可以利用校园网的这些特点将学习资源发布到校园网上，供师生使用。另外，我们可以在校园网上建立专门的学习平台，在这个平台上以网页、FTP、视频点播、BBS、教学资源库、电子图书、博客等形式发布丰富的学习资源。教师还可以建立专门的学习网站，学生登录以后可以通过计算机教学软件完成学习任务。图 5-12 所示为山西师范大学校园网主页截图。

图 5-12　山西师范大学校园网主页截图

(二)提供师生信息交流平台

教学是师生间的一种交互行为。为了使师生能够在校园网这个平台上进行交流，校园网必须给师生提供各种网络交流系统。校园网上的师生交流系统主要有聊天室、BBS、博客、电子邮件、网络电话等。图 5-13 所示为南京大学小百合站 BBS 页面截图。

(三)网络办公管理

通过校园网在学校内建立一个多任务、多功能的综合性自动化办公系统，学校可以实现办公自动化、文档一体化和校务工作信息化。其主要功能包括信息(文字、图片、视频)的发布和管理、文件传递与批阅、公文流转与分发、学生成绩管理和发布、学校人事管理和教职工工资管理等。

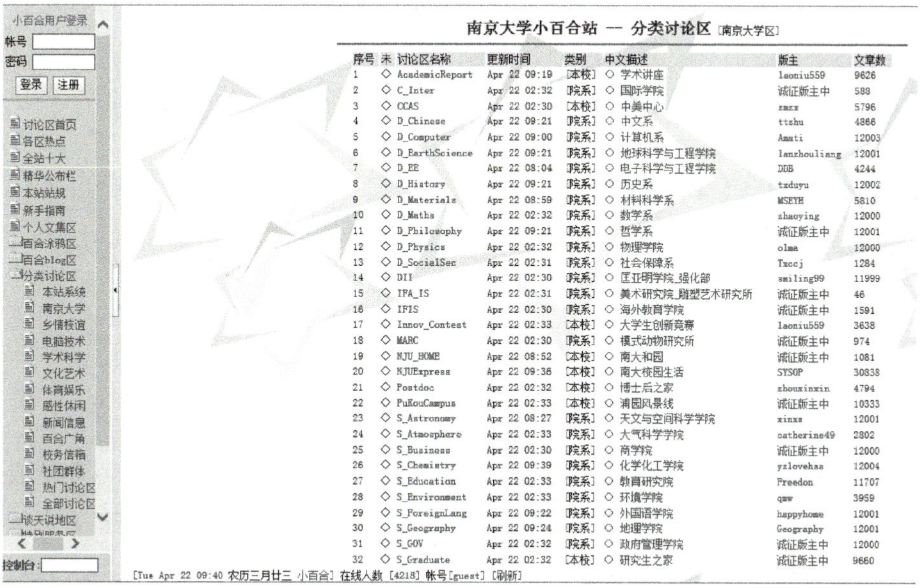

小百合用户登录
帐号
密码
登录 注册
讨论区首页
各区热点
全站十大
精华公布栏
本站站规
新手指南
个人文集区
百合涂鸦区
百合blog区
分类讨论区
本站系统
南京大学
乡情校谊
电脑技术
学术科学
文化艺术
体育娱乐
感性休闲
新闻信息
百合广角
校务信箱
社团群体
热门讨论区
全部讨论区
谈天说地区
控制台：

南京大学小百合站 —— 分类讨论区 [南京大学区]

序号	未	讨论区名称	更新时间	类别	中文描述	版主	文章数
1	◇	AcademicReport	Apr 22 09:19	[本校]	○ 学术讲座	laoniu559	9626
2	◇	C_Inter	Apr 22 02:32	[院系]	○ 国际学院	诚征版主中	588
3	◇	CCAS	Apr 22 02:30	[本校]	○ 中美中心	zmzx	5796
4	◇	D_Chinese	Apr 22 09:21	[院系]	○ 中文系	ttzhu	4866
5	◇	D_Computer	Apr 22 09:00	[院系]	○ 计算机系	Amati	12003
6	◇	D_EarthScience	Apr 22 09:21	[院系]	○ 地球科学与工程学院	lanzhouliang	12001
7	◇	D_EE	Apr 22 08:04	[院系]	○ 电子科学与工程学院	DDB	4244
8	◇	D_History	Apr 22 09:21	[院系]	○ 历史系	txduyu	12002
9	◇	D_Materials	Apr 22 08:59	[院系]	○ 材料科学系	MSETH	5810
10	◇	D_Maths	Apr 22 02:32	[院系]	○ 数学系	zhaoying	12000
11	◇	D_Philosophy	Apr 22 09:21	[院系]	○ 哲学系	诚征版主中	12001
12	◇	D_Physics	Apr 22 02:32	[院系]	○ 物理学院	olma	12000
13	◇	D_SocialSec	Apr 22 02:31	[院系]	○ 社会保障系	Tzccj	1284
14	◇	DII	Apr 22 02:30	[院系]	○ 匡亚明学院_强化部	smiling99	11999
15	◇	IFA_IS	Apr 22 02:31	[院系]	○ 美术研究院_雕塑艺术研究所	诚征版主中	46
16	◇	IFIS	Apr 22 02:30	[院系]	○ 海外教育学院	诚征版主中	1591
17	◇	Innov_Contest	Apr 22 02:33	[本校]	○ 大学生创新竞赛	laoniu559	3638
18	◇	MARC	Apr 22 02:30	[院系]	○ 模式动物研究所	诚征版主中	974
19	◇	NJU_HOME	Apr 22 08:52	[本校]	○ 南大和园	诚征版主中	1081
20	◇	NJUExpress	Apr 22 09:36	[本校]	○ 南大校园生活	SYSOP	30838
21	◇	Postdoc	Apr 22 02:32	[本校]	○ 博士后之家	zhouxinxin	4794
22	◇	PuKouCampus	Apr 22 02:33	[本校]	○ 浦园风景线	诚征版主中	10333
23	◇	S_Astronomy	Apr 22 08:27	[院系]	○ 天文与空间科学学院	xinxs	12001
24	◇	S_Atmosphere	Apr 22 02:33	[院系]	○ 大气科学学院	catherine49	2802
25	◇	S_Business	Apr 22 02:30	[院系]	○ 商学院	诚征版主中	12000
26	◇	S_Chemistry	Apr 22 09:39	[院系]	○ 化学化工学院	yzlovehss	12004
27	◇	S_Education	Apr 22 02:33	[院系]	○ 教育研究院	Freedon	11707
28	◇	S_Environment	Apr 22 02:33	[院系]	○ 环境学院	qmw	3959
29	◇	S_ForeignLang	Apr 22 09:22	[院系]	○ 外国语学院	happyhome	12001
30	◇	S_Geography	Apr 22 09:24	[院系]	○ 地理学院	Geography	12001
31	◇	S_GOV	Apr 22 02:32	[院系]	○ 政府管理学院	诚征版主中	12000
32	◇	S_Graduate	Apr 22 02:32	[本校]	○ 研究生之家	诚征版主中	9660

[Tue Apr 22 09:40 农历三月廿三 小百合] 在线人数 [4218] 帐号[guest] [刷新]

图 5-13　南京大学小百合站 BBS 页面截图

活动二　体验数字校园网

【说明】列举你所在学校校园网的服务功能，尝试利用学校的校园网获取对自己有用的信息，与同学一起分享交流，并说出这些服务给你的学习带来了哪些益处。针对你校校园网的功能，你认为哪些功能需要改进？请写在下面的方框中。

任务三
体验虚拟仿真环境

活动一　走近虚拟仿真环境

【说明】请阅读本部分的“知识链接”，然后讨论：常见的虚拟仿真学习环境有哪些？在学习过程中你使用过哪种虚拟仿真学习环境？它们为我们的学习带来了哪些便利？请将你的答案写在下面的方框中。

【学习资源】

同学们常用的实验空间的页面如图 5-14 所示。

图 5-14　实验空间网页界面

【知识链接】

虚拟仿真学习环境①

一、网络学习平台

网络学习平台是一个包括网上教学和教学辅导、网上自学、网上师生交流、网上作业、网上测试以及质量评估等多种服务在内的综合教学服务支持系统。它能为学生提供实时和非实时的教学辅导服务，旨在帮助系统管理者与教师掌控各种教学活动与记录学生的学习情况及进度。我们常用的网络学习平台主要有 Blackboard、LearningSpace、慕课（MOOC）、学银在线等。图 5-15 所示为 edx China 清华大学主页。

图 5-15　edX China 清华大学主页

二、虚拟现实学习环境

虚拟现实学习环境是指主要以三维虚拟技术为基础，通过系统建模、场景设置、问题任务、角色扮演、沉浸体验以及虚拟漫游等方式进行一种虚拟仿真式的体验的学习环境。我们常见的有虚拟博物馆、虚拟科技馆、虚拟仿真实验、虚拟教育游戏等网络虚拟学习平台。图 5-16 所示为故宫博物院网站主页，图 5-17 所示为心肺听诊、腹部触诊虚拟仿真实验教学系统应用场景。

---

① 李志河：《现代教育技术》，3 版，132～138 页，北京，清华大学出版社，2019。

图 5-16　故宫博物院网站主页

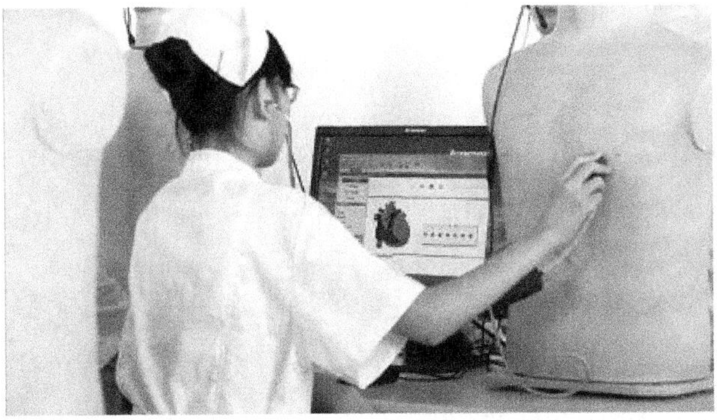

图 5-17　心肺听诊、腹部触诊虚拟仿真实验教学系统应用场景

三、视频会议系统

视频会议系统，又称会议电视系统，是指两个或两个以上不同地方的个人或群体，通过传输线路及多媒体设备，将声音、影像及文件资料互传，实现即时互动，以实现会议目的的系统设备。视频会议系统的使用与电话类似，所不同的是除了能同与你通话的人进行语言交流外，还能看到他们的表情和动作，使处于不同地方的人就像在同一房间内沟通。图 5-18 所示为视频会议系统应用实景图。

图 5-18　视频会议系统应用实景图

四、移动学习平台环境

移动学习平台是运行于无线网络环境下，用于支持移动学习和活动的管理系统。一般的移动学习平台包括三部分：移动教育网、移动学习服务器和移动学习终端设备。移动学习终端设备的发展建立在电子信息技术、无线移动网络技术等的基础上，经历了从无到有，由模拟到数字，再到智能化的发展过程。移动学习终端设备包括智能手机、平板电脑、便携式电脑、MP3/MP4 等。除了上面常见的几种移动学习终端设备外，还有早期的收音机，现在的可穿戴计算机、电视手机、移动电视、移动 DVD 播放器、学生电脑、点读机、USB 移动学习笔、学习机、网络学习机、GPS 设备、TI 图形计算器、电子词典等。图 5-19 所示为学生使用移动学习客户端学习。

图 5-19　学生使用移动学习客户端学习

五、数字图书馆

数字图书馆是用数字技术处理和存储各种图文并茂的文献的图书馆，实质上是一种用多媒体技术制作的分布式信息系统。它把各种不同载体、不同地理位置的信息资源用数字技术存储，以便于跨越区域、面向对象的网络查询和传播。它涉及信息资源加工、存储、检索、传输和利用的全过程。图 5-20 所示为中国国家图书馆网站主页截图。

图 5-20　中国国家图书馆网站主页截图

活动二　体验数字博物馆

【说明】请欣赏图 5-21 中的图片，搜索“学习资源”中的博物馆的网站，欣赏不同类型的数字博物馆。与你的同学讨论交流，数字博物馆给我们的学习带来了哪些深刻的影响。请将你们的讨论结果写在下面的方框中。

【学习资源】

为方便学生随时随地利用数字博物馆资源开展学习活动，现推荐一些数字博物馆（见表 5-2），大家自行上网搜索相关网址，欣赏不同类型的数字博物馆。

图 5-21　数字博物馆系统图组

表 5-2　部分数字博物馆

博物馆分类	博物馆名称
历史类博物馆	首都博物馆
	德国历史博物馆
	美国历史博物馆
艺术类博物馆	大都会艺术博物馆
	纽约现代艺术博物馆
	英国国家美术馆
综合类博物馆	故宫博物院
	台北故宫博物院
	大英博物馆

任务四
体验增强现实

活动一　了解增强现实

【说明】请仔细观察图 5-22 至图 5-25 的图片，认真思考，这些图片有什么变化，使用了什么技术实现图片中的效果，原理是什么。查阅相关资料，与同伴一起交流讨论，请把讨论的结果写在下面的方框中。

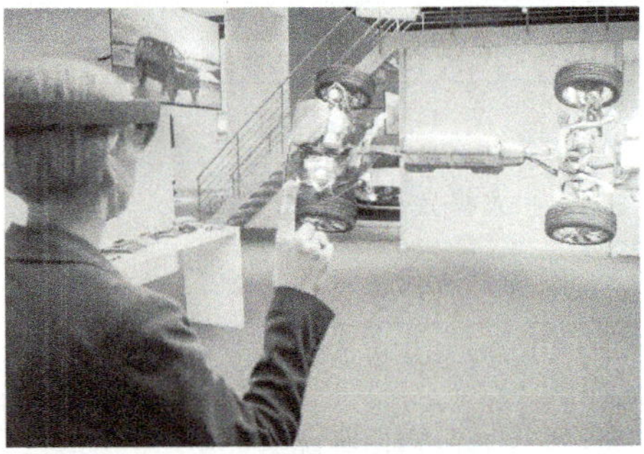

图 5-22　增强现实技术：定义汽车

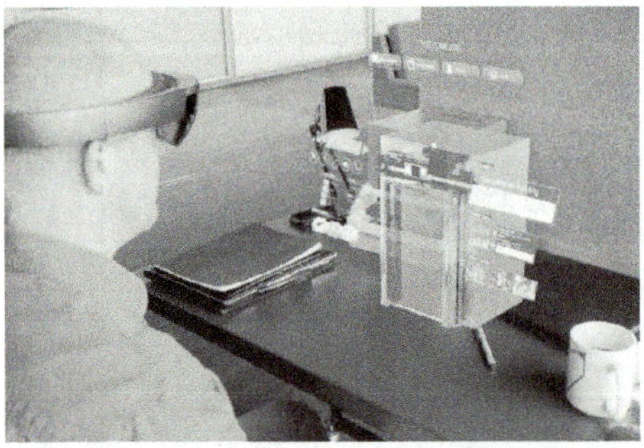

图 5-23　增强现实技术：智能交互

图 5-24　增强现实技术：文物修复

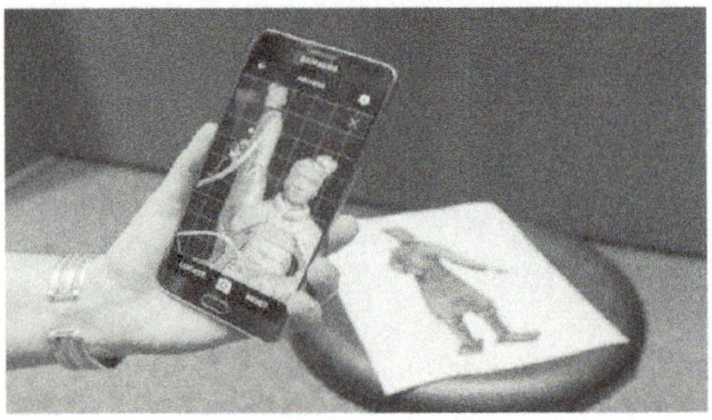

图 5-25　增强现实技术：文物游戏

【知识链接】

绘动海洋——打造增强现实魔法乐园①

科技推动时代进步，20年后的今天和20年前相比，发生了翻天覆地的变化。不断翻新的高新科技，给大人们的学习、生活、娱乐方式带来了巨大的革新。但与之不平衡的是孩子们的学习、娱乐方式却难有较大突破，且家长的参与度极低，多半是安静地旁观。

科技企业利用AR技术的仿真性，通过扫描、投递、传输、互动影像等技术将趣味性放大，针对儿童兴趣点、学习意识特点，结合注意力时间曲线，打造出专属于儿童的海洋世界——绘动海洋，帮助孩子完成自己的童话梦(如图5-26所示)。

图5-26　绘画的孩子们

活动二　应用领域大发现

【说明】通过以上学习，大家对增强现实技术已经有了一定的了解。请思考：增强现实主要应用在哪些领域？查阅相关资料，与你的同伴讨论，并说出它给你的学习带来了哪些益处。请将讨论结果写在下页的方框中。

① 《绘动海洋：越泰科技打造增强现实魔法乐园》，http://www.ln.chinanews.com/html/2016-07-19/1374397.html?99-pf-to=pc99.c2c。引用日期：2021-03-23。收入本书时有改动。

任务五
体验智慧教室

活动一　走近智慧教室

【说明】大家通过阅读“知识链接”中的《智慧教室》，了解多媒体的相关知识。在阅读的基础上，请大家参观自己所在学校的智慧教室，查阅相关资料并思考以下问题：构建智慧教室需要哪些设备？你需要完成一份智慧教室设计方案。请你把设计方案写在下面的方框中。

【知识链接】

智慧教室①

一、智慧教室的提出

智慧教室是指在传感技术、网络技术、富媒体技术及人工智能技术充分发展的信息时代，教室环境应是一种“能优化教学内容呈现，便于学习资源获取，促进课堂交互开展，具有情境感知和环境管理功能的新型教室”。智慧教室是数字教室和未来教室的一种形式。智慧教室下的教育是一种新型的教育形式，有别于传统授听课方式：课前学生提前预习，课中学生分组讨论，随时测试，教师能快速掌握每位学生

① 黄荣杯、胡永斌、杨俊峰：《智慧教室的概念与特征》，载《开放教育研究》，2012，18(2)。

的学习情况，并进行针对性指导；智慧教室运用现代化手段切入整个教学过程，让课堂变得简单、高效、智能，有助于开发学生自主思考与学习能力。智慧教室通过合理的空间设计与规划，带动课程发展，引领教学创新，丰富学习模式，促进行政革新，拓展社区关系。

二、智慧教室的“SMART”概念模型

“SMART”中每个字母代表一个维度，分别是内容呈现(Showing)、环境管理(Manageable)、资源获取(Accessible)、及时互动(Real-time Interactive)、情境感知(Testing)五个维度。①内容呈现。内容呈现主要表现为智慧教室的教学信息呈现能力，不仅要求呈现的内容清晰可见，而且要求内容呈现方式适合学习者的认知特点，有助于增强学习者对学习材料的理解和加工。②环境管理。它主要表现为智慧教室的布局多样性和管理便利性。智慧教室的所有设备、系统资源都应具备较强的可管理性，包括教室布局管理、设备管理、物理环境管理、电气安全管理、网络管理五个方面。③资源获取。它主要表现为智慧教室中资源获取能力和设备接入的便利程度，涉及资源选择、内容分发和访问速度三个方面。④及时互动。它主要表现为智慧教室支持教学互动及人机互动的能力，涉及便利操作、流畅互动和互动跟踪三个方面。⑤情境感知。它主要表现为智慧教室对物理环境和学习行为的感知能力。空气、温度、光线、声音、颜色、气味等是环境的物理因素，这些因素直接影响教师和学生的身心活动。

三、三种典型的智慧教室

从内容呈现、资源获取、及时互动三个维度来增强教室的设计，可把教室建成高清晰型、深体验型和强交互型三种典型的智慧教室，其特征见表 5-3。

表 5-3　三种类型的智慧教室的比较

类型	教学模式	教室布局	内容呈现	资源获取	及时互动
高清晰型	传递—接受	“秧苗式”为主	双屏显示 无线投影	支持讲授的资源和工具	以师生互动为主
深体验型	探究性	多种布局均可	学生终端	丰富的资源和教学工具；全面支持各种终端接入	以生机交互为主
强交互型	小组协作	“圆形”为主	小组终端	支持小组协作的资源和工具	以终端支持的生生交互为主

(一)高清晰型智慧教室的课堂形态

高清晰型智慧教室主要支持以讲授为主的课堂教学。学生座位布局以“秧苗式”固定座位为主，听课人数为 45 人左右。它支持以无线投影技术呈现教学内容，教师应根据教室空间大小配置屏幕尺寸及个数。双屏显示应成为教室的标准配置，也可以根据分组情况设置多屏。师生可将计算机的画面投射到教室内的任意屏幕上。课堂中利用HiTeach软件及后台支持系统，师生可以利用无线网络的方式获取学习资源，在线储存学习记录，进行师生交互。学生还可通过平板电脑等设备以电子投票、问题反馈的方式给予反馈。

（二）深体验型智慧教室的课堂形态

深体验型智慧教室支持以个人探究为主的教学模式。座位布局相对灵活，“秧苗式”“圆形”“马蹄形”等布局均可。它要求学生每人配备一台平板电脑，内容呈现以学生的平板电脑为主，教室内的屏幕呈现为辅。学生可利用平板电脑记录笔记或反馈信息，并可将其画面投射到大屏幕上。在丰富的资源和教学工具的支持下，学生可以便利地获取和应用虚拟实验、仿真教学等在线资源和学习分析工具进行学习。交互方式以生机交互为主，以师生交互、生生交互为辅。

（三）强交互型智慧教室的课堂形态

强交互型智慧教室支持以小组协作为主的课堂教学。座位以“圆形”布局为主，学生无固定座位，每个小组应至少配备一台平板电脑。它支持小组使用平板电脑讨论问题、绘制思维导图等，其内容呈现以小组终端为主。教室中也可配备双屏或多屏，以呈现教学内容，装备至少一个具有触控功能的屏幕（或交互式电子白板），供教师或学生向全班学生展示使用。无线网络支持小组协作的资源和工具的传输，并可将讨论结果以无线投影的方式投射到大屏幕上。

四、智慧教室的典型案例

案例1：

①室内教学整体化解决方案，如图5-27所示。

图5-27　室内教学方案设计

电子黑板：实现教师实时演示、板书功能。

教师终端：满足室内、室外教师课堂教学管理、与学生实时交互等需求。

学生终端：满足学生课堂及课后学习、与教师实时交互等需求。

云端服务：满足教学监督管理、课后作业布置、与学生和家长沟通、教学资源管理的需求。

充电推车和校园服务器：安全地解决教学过程中的一些意外问题。

②室外教学整体化解决方案(如图 5-28 所示)。

师生使用教师终端、学生终端可以轻松地实现室外教学。

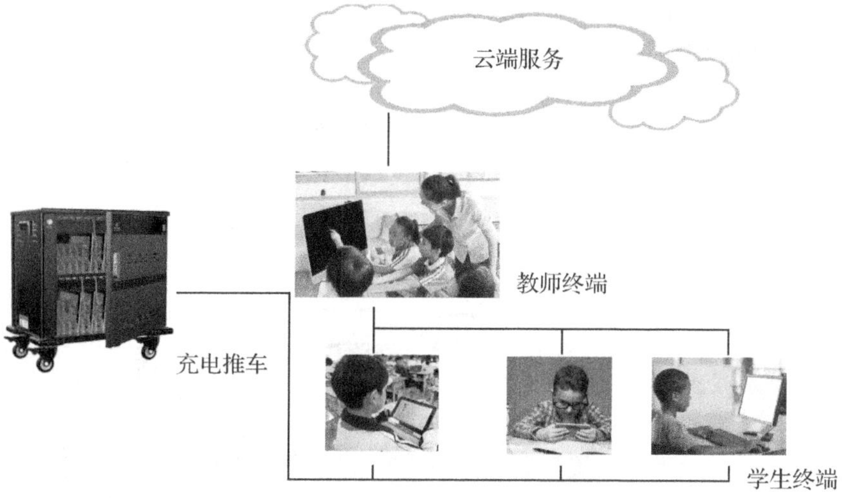

图 5-28　室外教学方案设计

③利旧改造教学整体化解决方案，如图 5-29 所示。

如果学校已有电子白板和班级计算机，可通过补充解决方案，购买教师终端、学生终端、充电推车、云端服务，发挥现有设备的作用。

案例 2：

班级智慧教室需在班级内配置计算机、多媒体系统、交互式电子白板(或大型触摸屏)等多媒体教室相关设备。同时，学生端配置人手一机的学习辅具(IRS 即时反馈系统)，如图 5-30 所示。

图 5-29 利旧改造教学方案设计

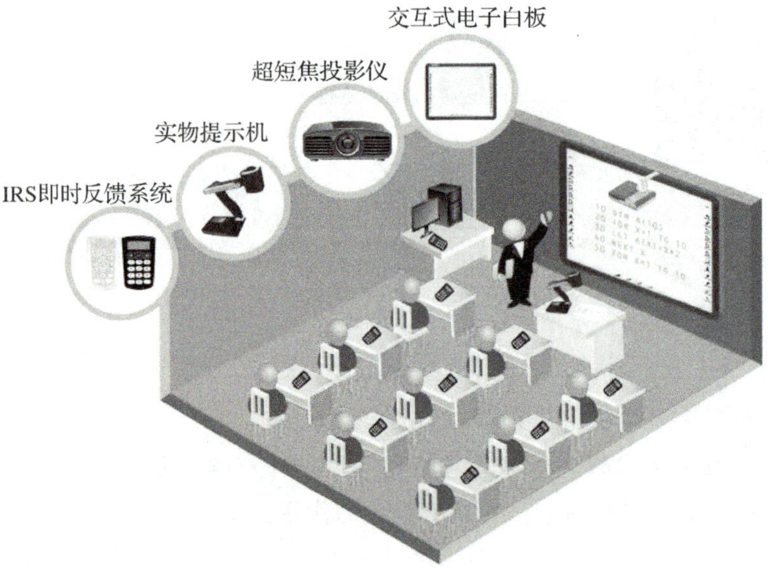

图 5-30 班级智慧教室示意图

班级智慧教室所需设备，请参考表 5-4。

表 5-4 班级智慧教室设备参考

设备与项目	说明
教师计算机	1 台，安装 HiTeach 软件，整合各项设备
HiTeach 互动教学系统	1 套，提供硬件整合的各项应用工具
超短焦投影仪	1 台，将计算机画面投影至电子白板

（续）

设备与项目	说明
交互式电子白板	1套，教师教学多媒体触控平台
实物提示机	1台，将实体教学素材/学生作品，实时电子化呈现
IRS即时反馈系统	1套，包含若干个学生遥控器(依照班级的学生人数而定，每人一个)、接收器等，实时取得学生意见反馈
整合建置施工	计算机、交互式电子白板、投影仪等设备安装等

活动二　智慧教室展览会

【说明】假设让你讲授一节课，要求根据授课内容、教学组织形式、教室空间、多媒体设备、学生人数、桌椅摆放方式等因素设计一堂课，你将如何设计？请以小组协作的方式完成，并将要点记录在下面的方框中。

表5-5列举了五种智慧教室及其简介，请同学们进行学习。

表5-5　五种智慧教室及其简介

智慧教室类型	简要介绍
 图5-31　互动讨论教室	教室规模小，便于讨论； 学生总数以20人左右为宜，便于针对某个问题或知识点进行开放式讨论

（续）

智慧教室类型	简要介绍
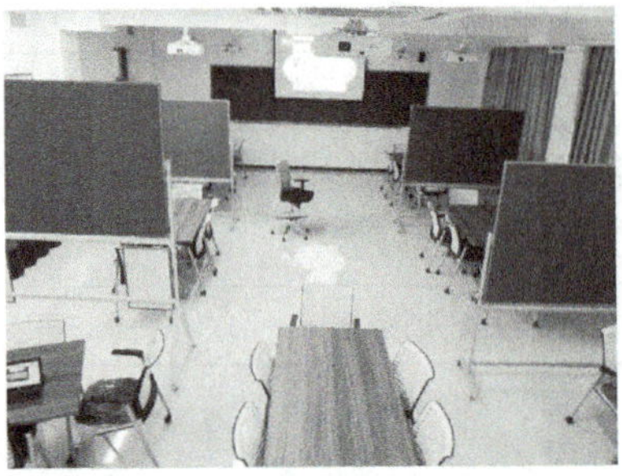 图 5-32　分组互动学习教室	互动教学； 创建多组独立学习空间； 合作学习； 基于互动与探究的学习模式
 图 5-33　国际远程协助教室	远程互动视频教学（国内、国际）； 高清课程录制； 课程直播
 图 5-34　互动型案例教学教室	基于互动设备针对案例教学进行讲授与问题解答； 对案例教学进行记录，对课程进行研讨及学术分析； 基于问题的学习
 图 5-35　移动学习教室	学生可自行配备智能手机、平板电脑、笔记本电脑等移动设备，完成课程学习，学会利用碎片化时间学习； 学生在学校随身携带手机、笔记本电脑完成课堂学习，课后可以利用固定的电脑在网上回顾课程内容，实现课后复习、思考

活动三　请你来参与

【说明】请你和你的同学一起来展示你们的成果，选取教学设计片段，在智慧教室开展教学活动。大家交流讨论，继续完善设计的课堂教学，并将其写在下面的方框中。

任务六
体验创客空间

活动一　创客空间知多少

【说明】参观你身边的创客空间，与大家一起集中阅读下面“知识链接”中的《细说“创客空间”》一文。在阅读的过程中，请思考下面的问题：“创客空间”是什么？它的运行模式与表现形态有哪些？请将讨论结果记录在下面的方框中。

【知识链接】

细说“创客空间”

一、创客的概念

“创客”一词来源于英文单词 hacker 或者 maker，指的是一类不以营利为目标，努力把创意转变为现实的人。创客们的主要特质是坚守创新，不断实践，乐于分享，追求美好。在互联网的背景下，创客有了新的定义，他们可以利用开源硬件和互联网，把创意转变为产品。

二、创客空间的概念

“创客空间”的英文名称很多，常用的有 hackerspace、hackspace、hacklab、makerspace、makerlab、creative space 等。“创客空间”的提出及概念出自著名的《创客杂志》：“它是一个真实存在的物理场所，一个具有加工车间、工作室功能的开放交流的实验室、工作室、机械加工室。”创客空间经常会嵌入大学、社区中心、成人教育等机构中，有的干脆直接建在工厂的厂房里。创客空间里的人们有着各自不同的经验和背景，因为在科学、技术、数码或电子艺术等领域具有相同的兴趣而聚集到一起，他们在创客空间里共享资源和知识，合作进行创造，将自己的创意变为现实。也有人认为创客空间指的是社区化运营的工作空间，在这里，有共同兴趣(通常是对电脑、机械、技术、科学、数字艺术或电子技术)的人们可以聚会、社交、展开合作。图 5-36 是对“创客空间”概念的分析。

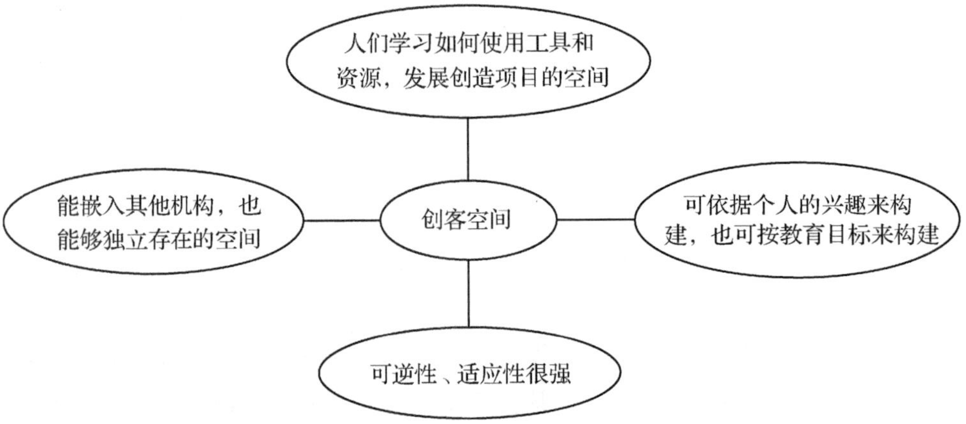

图 5-36 “创客空间”的概念

由此可见，“创客空间”的概念包含三个层面。①环境层面：一种能共享所有资源，具备分享特质的氛围。②精神层面：并非资源和空间本身，而是一种协作、分享、创造的人生理念。③功能层面：促进技能学习和人类知识创新。[①]

三、创客空间的表现形态

目前创客空间有以下几种典型形态。

(一) 社区型创客空间

位于美国马萨诸塞州的 Artisan's Asylum 是美国东岸较大的创客空间，也是典型的社区型创客空间。Artisan's Asylum 由一个信封工厂改建而成。创始人成立此创客空

---

① 陶蕾：《图书馆创客空间建设研究》，载《图书情报工作》，2013，57(14)。

间的目的是寻找志同道合的朋友一起制作机器人。直至配备了各种原型机器与基本制作工具的创客空间开幕时，他才发现他的爱好并非小众。经过建设，这个开放空间里有各种令人眼花缭乱的设备，如同一个巨型的车间。创客空间按照不同的“工种”分为机器人、焊接、电子、玻璃及珠宝设计、自行车、木工、5D 打印等不同的工作区域，甚至还有一个啤酒工坊可以让人们自己酿酒。人们可以以每月几百美元的价格租用联合办公(co-working) 空间或是成为会员租用设备或参加课程与工作坊的活动。

（二）微观装备实验室

微观装备实验室(Fabrication Laboratory，缩写为 Fab Lab)，专注于使用数字化技术实现个人制造(personal fabrication)。Fab Lab 诞生于麻省理工学院，灵感来源于该校媒体实验室比特与原子中心主任尼尔·格申非尔德教授的一门课“如何制造(几乎) 所有的东西”(How to make almost everything) 。该课程为学生提供工具和机器，让学生通过动手实践探索和学习科学知识。①

温州大学建设的 1＋X 分布式创客空间(如图 5-37 所示)，一学院一空间，已成为支撑专业教育与创新创业教育融合的学习环境。

图 5-37　温州大学 1＋X 分布式创客空间建设组图

① 徐思彦、李正风：《公众参与创新的社会网络：创客运动与创客空间》，载《科学学研究》，2014，32(12)。

活动二　创客空间在何方

【说明】团队(4～5 人)协作：大家已经对创客空间有了一定的了解，如果你是创客空间的组织者，你想选择哪个方面进行创业，如何来设计、安排你的创客空间？小组讨论交流，将你们的方案写在下面的方框中。

【学习资源】

①国家教育资源公共服务平台。

②中国大学 MOOC。

③朱京曦．多媒体教学策略[M]．北京：北京师范大学出版社，2010。

【拓展练习】

①如果让你设计一节在多媒体教室讲授的课，你将用到哪些多媒体设备？选取教学设计片段，在多媒体教室开展教学活动。

②列举你使用过的网络学习平台，举例说明这些网络学习平台给你的学习带来了哪些便利。

③增强现实技术的原理是什么？在生活中都有哪些应用？

项目六

理解信息化教学设计

一切伟大的行动和思想，都有一个微不足道的开始。

——[法]阿尔贝·加缪

学习目标

①理解什么是信息化教学设计以及信息化教学设计的层次。

②掌握信息化教学设计的三种类型。

③知道信息化教学设计中几种工具的学习适用场景，并能利用其进行导向学习。

④熟悉信息化教学设计中几种活动的基本步骤，并能较好地组织相关主题活动。

⑤设计信息化教学设计方案。

学习任务

任务一　了解信息化教学设计的层次

任务二　掌握信息化教学设计的类型

任务三　构建信息化教学设计的主要模式

任务四　熟悉信息化教学设计的主要工具

任务五　体验信息化教学设计的主要活动

任务一
了解信息化教学设计的层次

活动一　在教学中需要设计的活动

【说明】以小组(4～5 人)为单位讨论：在教学中需要设计的活动有哪些？请将讨论的结果写在下面的方框中。

活动二　给教学中的设计分层次

【说明】通过以上讨论我们可以得出，在教学过程中很多教学活动会涉及设计环节。我们能否把它们归为几类呢？请小组成员充分发挥自己的聪明才智，把教学设计分为不同的层次，并将结果写在下面的方框中。

活动三　进一步给教学中的设计分层次

【说明】请观察表 6-1 的三组图片，思考：这三组图片的教学设计之间有何不同？小组成员再一次对教学设计分层次，试着用简洁的术语概述，并将结果写在下页的方框中。

表 6-1　教学设计层次图例

组别	图　例		
第一组	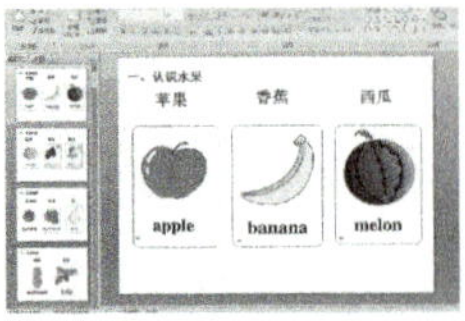 多媒体课件	 学习机	中国大学MOOC 在线课程
第二组	 课堂提问	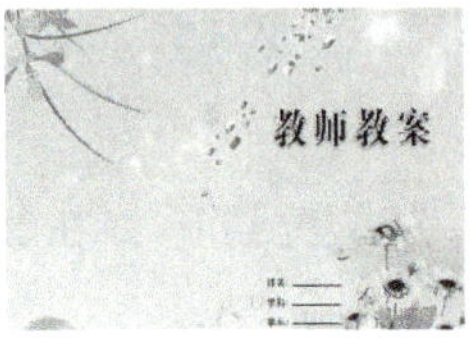 教案设计	 课堂讨论
第三组	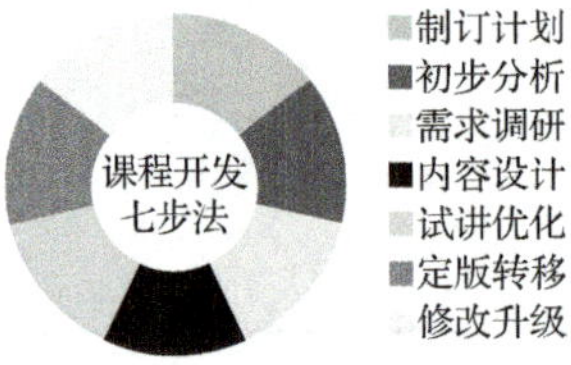 课程开发	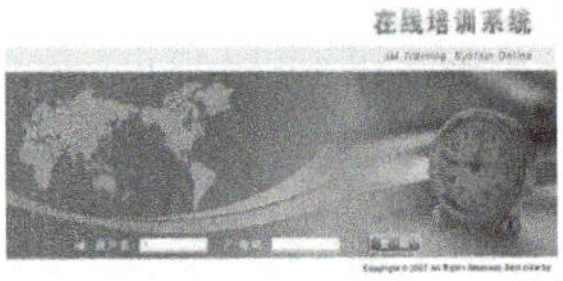 在线培训	 远程学习

【知识链接】

教学设计的层次①

教学设计是一个问题求解的过程，根据教学问题的范围和大小的不同，教学设计也相应地具有不同的层次，即教学设计的基本理论与方法可用于设计不同层次的教学。教学设计一般可分为以下三个层次。

一、以“产品”为中心的层次——教学产品设计

教学设计最初是从以“产品”为中心的层次开始的。它把教学中需要使用的媒体、材料、教学包等当作产品进行设计。教学产品的类型、内容和教学功能常常由教学设

① 李志河：《现代教育技术》，3 版，143～144 页，北京，清华大学出版社，2019。

计人员、教师、学科专家等共同确定，有时还吸收媒体专家以及媒体技术人员，对产品进行设计开发、测试评价。教学产品包括网络课程、多媒体课件、教学媒体、材料、教学环境以及其他教具、学具等。

二、以“课堂”为中心的层次——教学过程设计

以“课堂”为中心的教学设计是对一门课程或一个知识单元，甚至一节课的教学过程进行设计。对一门课程或一个知识单元的教学设计称为课程教学设计，对一节课或一个知识点的教学设计称为课堂教学设计，对某个知识单元(学习任务)的探究型、研究型学习的教学设计称为自主学习教学设计。这一层次的设计一般由专门的教研机构组织教学设计人员、学科专家、教师和学生学习小组共同完成。

三、以“系统”为中心的层次——教学系统设计

相对于“产品”和“课堂”来说，这里的“系统”是指较综合的教学系统。例如：一所学校或一个新专业的课程设置、某行业职业教育中的职工培训方案等。这一层次的设计通常包括系统目标的确定及实现目标的方案的建立、试行、评价和修改等，涉及内容多，设计难度较大，而且系统设计一旦完成就要大范围使用和推广。因此，这一层次的设计需要由教学系统设计人员、学科专家、教师、行政管理人员以及学生等共同完成。

教学设计与信息化教学设计①

教学设计是20世纪60年代以来逐渐形成与发展起来的一门实践性很强的新兴学科，是教育技术学领域中的一个重要分支。作为教育技术学科体系中的核心课程，教学设计以解决教学问题、优化学习为目的，其理论研究与教学实践吸收了多个学科领域的内容，如心理学、教育学和系统科学等优秀研究成果，它是一个跨学科的研究领域。那么究竟什么是教学设计？什么又是信息化教学设计呢？

教学设计是指以教学理论、学习理论和传播理论为基础，运用系统方法分析和研究学习需求，设计出解决教学问题的方法和步骤，形成教学方案，并对方案实施后的效果做出价值判断的规划过程和操作程序。其目的是优化教学过程，提高教学效果。信息化教学设计强调以学为中心，充分利用现代信息技术和信息资源，以实现教学过程的优化。信息化教学设计能力是教师信息技术应用能力的重要部分。2019年4月，教育部发布了《关于实施全国中小学教师信息技术应用能力提升工程2.0的意见》，旨在提升教师在互联网、人工智能、大数据等技术蓬勃发展的数字化时代的信息技术应用能力，推动教师主动适应信息化、人工智能等技术变革，积极有效地开展信息化教育教学。

信息化教学是与传统教学相对而言的现代教学的一种表现形式，它以信息技术的

---

① 李志河：《现代教育技术》，2版，136～139页，北京，清华大学出版社，2015。

支撑为显著特征。此外，信息化教学还涉及现代教学理念的指导和现代教学方法的应用。信息化教学设计是在先进教育理念指导下，根据时代的新特点，以多媒体和网络为基本媒介，以设计“问题”情境以及促进学生问题解决能力发展的教学策略为核心的教学准备与规划的系统化过程。

信息化教学设计的目的是激励学生在信息化教学环境下，利用现代信息技术进行自主探究、合作学习、实践、思考、综合运用、问题解决等高级思维活动，从而培养创新精神和实践能力。有助于创新型人才的培养是其突出的特点。

信息化教学设计不局限于课堂教学形式和学科知识系统，而是将教学目标组合成新的教学活动单元，以任务驱动、问题解决作为学习与研究的主线，以学为中心，注重培养学生的信息能力、批判性思维能力和问题解决与创新能力。教师的教学设计和教学任务要基于学生学习的水平，对教学目标、课程标准、教学资源、活动过程、评价量规、个别指导等进行设计和组织实施。

练习：

试比较传统教学设计与信息化教学设计在教学理念、教学方式等方面有哪些不同。

任务二
掌握信息化教学设计的类型

活动一　教学设计的理论基础

【说明】回忆前几章我们已经学习过的理论知识，试着列举教学设计的理论基础有哪些。与小组成员讨论并将结果写在下面的方框中。

【知识链接】

教学设计的理论基础①

一、系统理论

系统理论作为一种科学的方法论对教学设计有着举足轻重的影响。任何系统都包括五个要素：人、物、过程、外部限制因素和可用资源。这五个要素间有三种联系形式：①过程的时间顺序，②各因素间数据或信息流程，③从一个系统中输入或输出的原材料(人或物)。

二、传播理论

信息传播是由信息源、信息内容、信息渠道与信息接受者为主要成分的系统。进行信息传播，必须对信息进行编码，考虑信息的结构与顺序是否符合信息接受者的思维与心理顺序。信息不能“超载”，过于密集的信息直接影响传递效果，增加接受者负担。不同信息的注意获得特性不同，有些材料宜以视觉方式呈现，有些则宜以听觉方式呈现。教师可以运用多种暗示技巧来增强这种注意获得特性，同时要考虑信息接受者的特性(年龄、性别、偏好等)，以激发其内在学习动机等。

三、学习理论

行为主义理论与教学设计。概括地说，行为主义观点在教学设计中的基本应用是把可观察行为作为教学基础，提出用可观察行为动词界定各类教学目标(包括价值观与态度)并依此进行知识传递与教学评价。

认知理论与教学设计。认知理论探讨学习者内部的认知活动，其中主要是信息加工学习理论和认知建构学习理论。信息加工学习理论把人类的学习过程看成一系列信息加工的转换过程，如加涅的信息加工的学习与记忆的8个阶段的学习模型。认知建构学习理论是在皮亚杰和维果茨基的学说基础上发展起来的。

建构主义学习理论对教学设计的指导意义是，建构过程要引导学生发现原有知识结构与新知识之间的不协调性，然后主动去改变原有知识结构。学习的认知建构发生在具体的情境中。在具体的情境中，教学设计要能够使学生感受到知识的意义。

人本主义学习理论与教学设计。人本主义学习理论对教学设计的意义大部分体现在观念上，例如，如何发挥人的潜能问题等。

四、教学理论

教学理论的概念模式是教学设计的基础理论。教学的概念模式分为三类：时间中心模式、任务中心模式与学习者中心模式。

时间中心模式的代表是卡罗尔模式。卡罗尔模式用理解教学的能力、能力倾向、

---

① 黄令侃：《零起点水平汉语教学设计初探：以在华国际学校中学零起点班第一学年为例》，硕士学位论文，华东师范大学，2011。收入本书时有改动。

教学的质量决定教学所需时间，用毅力与学习机会决定学生实用时间，与学习程度一起组成一个公式：学习程度＝f(提供给学生的学习时间/学生学习所需时间)。

任务中心模式关注学习的过程，例如，加涅模式与布鲁纳模式。布鲁纳认为知识的获得与储存取决于知识的结构方式，提倡编制学科中心的结构化教材，通过学生的自我探究来把握、理解学科结构。加涅模式源于他对认知学习的信息加工观点。他把学习结果(学习领域)分为动作技能、言语信息、智力技能、认知策略与态度五类，形成系统的教学任务分析观和九个事件的教学过程等。

学习者中心模式把有效教学建立在对学习者个体差异的分析上。它的目的不在于要求每个学生接受所有学科规定的内容，而在于强调每个学习者都能得到个体的充分自由发展。其依据一般采用皮亚杰对儿童认知发展的研究理论。

活动二　给信息化教学设计分类

【说明】通过对“活动一”的学习探讨，我们已经知道教学设计的理论基础，请你思考：根据不同的学习理论、教学理论等，在进行不同学科课程的教学设计时教学理念一样吗？如果相同，请说明理由；如果不同，依据教学过程中的主导者，可以分为哪几类？与小组成员讨论，并举例说明，将结果写在下面的方框中。

活动三　教学活动设计

【说明】请选择一种你喜欢的信息化教学方式，简述该信息化教学设计在进行设计时的要点有哪些，写在下面的方框中。

【知识链接】

信息化教学设计的类型
- 以教为中心的信息化教学设计
- 以学为中心的信息化教学设计
- 学教结合的信息化教学设计

任务三
构建信息化教学设计的主要模式

活动一　掌握探究式学习

步骤一　初步认识探究式学习

【说明】请仔细阅读下面“知识链接”中关于探究式学习的相关内容，与小组成员讨论该学习模式有何特点，并将结果写在下面的方框中。

【知识链接】

探究式学习①

一、探究式学习的概念

探究式学习是指教学过程是在教师的启发引导下，以学生独立自主学习和合作讨论为前提，以现行教材为基本探究内容，以学生周围世界和生活实际为参照对象，为学生提供充分自由表达、质疑、探究、讨论问题的机会，让学生通过个人、小组、集体等多种疑难解释活动，将自己所学知识应用于解决实际问题的一种学习模式。探究式学习模式概括起来即整体感知—合作探究—反思拓展。

① 李志河：《现代教育技术》，3 版，182～184 页，北京，清华大学出版社，2019。收入本书时有改动。

二、探究式学习的特点

（一）把培养学生的探索精神作为立足点

探究式学习的实施有利于培养学生的探索精神和分析问题、解决问题的能力，能够促进学生智力的发展，激发学生的学习兴趣和热情，使学生以积极的态度探索、揭开知识的奥秘。在问题情境设计、引导学生探讨问题的过程中，教师只有立足培养学生的探索精神，才能使教学充满活力，使课堂充满生机。

（二）把基本问题作为学生思考的出发点

教师应当认真备课，深入研究教材，恰当地提出适合于学生认知水平的基本问题，创设相应的问题情境。这样做不仅可以激发学生的兴趣和思考，更为下一步的学习、探索指明了方向。

（三）把提高课堂教学效率作为终结点

在探究式学习过程中，学生运用已掌握的知识，结合新课讲授的知识尝试解决相关问题，使思维保持兴奋状态，受到很好的训练。教师应抓住重点讲解，学生通过示例学习和尝试学习，高效率地掌握分析、解决问题的策略，把握解题思路和方法，提高解题能力，从而提升课堂教学效率。

三、探究式学习的模式

按照主题、任务和资源利用方式的不同，探究式学习可以分为“情境—探究”“资源利用—主题探索—合作学习”“小组合作—远程协商”“专题探索—网站开发”以及“WebQuest”5 种模式。下面简要介绍几种模式。

（一）“情境—探究”模式

这类模式适用于课堂讲授型教学，可用图 6-1 表示。

该模式可分为如下步骤。

①利用数字化的共享资源，创设探究学习情境。

②指导初步观察情境，提出思考问题，借助信息表达工具（如 Word、BBS 等）形成意见并予以发表。

③针对数字化资源展示的学习情境，指导学生进行深入观察和探索性的操作实践，从中发现事物的特征、关系和规律。

④借助信息加工工具（如 PowerPoint、FrontPage 等）进行意义建构。

⑤借助测评工具，进行自我学习评价，及时发现问题，获取反馈信息。

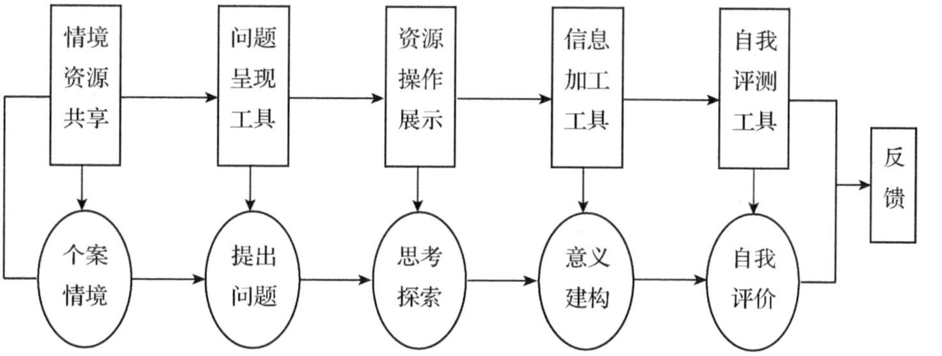

图 6-1 “情境—探究”模式

（二）“小组合作—远程协商”模式

这类模式适用于因特网环境下的教学，可用图 6-2 表示。

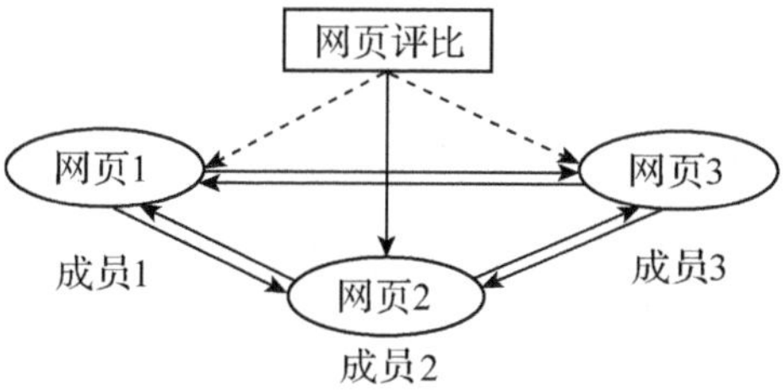

图 6-2 基于因特网的“小组合作—远程协商”模式

该模式可分为如下步骤。

①在不同国度、地区或城市，各自选择几所学校作为实验学校。

②在各地区实验学校内，各自组成若干个合作学习小组。

③各合作学习小组内部分工，分别进行问题探索。

④围绕同一主题，不同地区的实验学校，通过上网，寻找与主题相关的网页并通过资源下载获取相关信息。

⑤利用所得资料，进行素材加工，同学分工合作，建立小组网页。

⑥各合作学习小组定期浏览其他合作学校的网页并进行讨论。

⑦通过网络通信工具，对其他合作学校的网页发表意见，互相交流。

⑧经过一段时间后，组织学生进行学习总结，对综合课程知识的掌握情况和学习能力进行自我评价。

⑨组织各地区教育工作者、学生对各地区实验学校的网页进行评比，鼓励先进。

(三)“WebQuest”模式

“WebQuest”模式由美国圣地亚哥州立大学教育技术系伯尼·道格(Bernie Dodge)和汤姆·马奇(Tom March)于 1995 年创立。“WebQuest”是一种以探究为取向的学习活动。教师给学生设计一个特定的情境任务，然后利用网页为学生提供大量的网络资源，要求学生通过对信息资源的分析与综合得出创造性的解决方案。

小贴士

“Web”是“网络”的意思，“Quest”是“寻求”“探索”的意思，而“WebQuest”在汉语中没有一个与之相匹配的词语。在这类活动中，部分或所有与学习者互相作用的信息均来自互联网。根据这一意思，我们可以把它译为“网络专题探究”。

“WebQuest”模式一般由导言、任务、过程、资源、评价和结论 6 个模块组成。

①导言：其主要目的是创设一个问题情境，介绍主题内容及其背景，让学生知道将学习的是什么，激发学生研究的兴趣。

②任务：让学习者把注意力集中于他们将要进行的活动上，特别是那些推动所有学习活动顺利开展的最终表现或成果。成果可以是研究论文、调查报告、研究笔记、口头报告、模型、展板、主题演讲、作品、网页或活动设计方案。

③过程：教师简述学习者将如何完成学习任务，可以把任务的过程分解成循序渐进的若干步骤，以及就每个步骤向学习者提出建议或策略。在这个过程中，教师扮演 4 种角色：信息海洋的导航者、情境观察的指导者、协作学习问题的设计者、协作学习过程的辅导者。

④资源：它包括完成任务所必需的信息导航资源，避免学习者漫无目的地浏览。这些资源包括书籍、文献、网页、网站、光盘和录像等。

⑤评价：教师罗列出与完成任务相符合的评价标准，并为学习者描述他们的行为将受到何种评价。评价人员既可以是教师，也可以是家长或同学。

⑥结论：本模块用来对活动进行总结，总结学习者通过完成这项活动或课程将有哪些收获，同时鼓励他们对问题进行深入思考。教师通过提出一些引导性问题，促进学生把这种探究的经验迁移到其他领域。

【知识链接】

MiniQuest 是由教师设计的在线教学模块。MiniQuest 为真实问题的研究提供了框架，该框架引导学生带着特定的目的，通过专门的网络资源，回答有意义的问题，从而提升学习者驾驭高度未组织环境的能力。这类模式的教学大多为 2 课时，短小灵活。

练习：

请对 MiniQuest 与 WebQuest 进行比较。

步骤二 观摩案例

【说明】请你查找探究式学习教学案例，阅读本环节“知识链接”中探究式学习的基本步骤。以小组为单位，任意选择一种探究式学习模式，小组成员讨论并组织一次探究式学习，自选主题，突出探究结果的创新性，将成果写在下面的方框中并与大家分享。

【知识链接】

探究式学习的基本步骤①

一、设置合适的探究主题

探究主题本身应以教学改革及教学模式创新为基点，在整体框架上尊重课程体系及教学规律，其内容及授课顺序与课堂教学同步。

二、组织学习小组，拟订活动计划

在调查、分析学生原有认知水平、能力水平的基础上，积极探索以课程为单元的教学组织方式，打破以往按专业、年级组班教学的模式，让学生在指导教师和任课教师的辅助下自主选择探究主题，将知识背景、兴趣爱好、所选内容相近的学生组成 3～5 人为一组的学习小组，采取组长负责制。在组建小组时，教师应根据每个学生的个性特点、综合能力、知识水平情况进行优化组合，协调平衡。学习小组的主要功能应有以下几点：阅读交流——解疑、存疑；合作研究——调查分工、合作研讨、形成结论、汇报答辩；学会合作，培养团队精神；促进竞争。

学习小组确定之后，各小组要根据探究主题的主要内容，认真讨论，共同设计整个探究活动的规划，形成具体完整的实施方案。如确定课题名称和所要达到的目标，组员任务的分工，课题成果展示与答辩，具体实施步骤等。整个过程以小组为单位，由学生独立自主地完成。

三、创设探究情境，促进探究过程有效展开

创设情境时，教师根据教学内容和要求，结合学生的实际水平，在指导学生选择探究主题的基础上，以有待解决的问题为载体，创设适应的学习氛围和特定的探究情境，提供丰富的探究性学习信息资源和媒体支持，激发学生的学习兴趣，使之产生为

① 李志河：《现代教育技术》，3 版，186 页，北京，清华大学出版社，2019。收入本书时有改动。

达目标而迫切学习的心理倾向和动力，使学生在自主探究、交流沟通、协商讨论的过程中加深对问题与知识的认识和理解，使新旧知识相协调，实现认知结构的重构。具体来说，创设情境包括以下内容。

首先要积极创设问题探究情境。在探究主题提出之后，学生往往不知如何着手进行探究式学习。这就需要教师为学生提供若干坐标，指导学生弄清课题中存在哪些问题，可运用哪些书本知识进行分析，并提出解决方案。在此基础上，教师与学生一同建构一个与学习者水平相当的问题情境，引导学生提出问题主动探究。

其次要促进探究过程有效展开。整个探究过程大致分为两步：一是各组成员按照探究学习的工作框架(包括想法、事实、学习主题与行动方案等)进行讨论，对问题进行分析，确定好行动计划，并明确分工，让每一个学习者独立地完成任务。二是形成阶段性结论后，各组成员重新聚集起来，交流各自完成所承担任务的情况与所查找的资料，对问题进行重新研究，查看是否解决了问题，如果没有，还需解决哪些问题，查找哪些新的资料，重新设计新的行动方案，并分配任务。在此过程中，教师要及时了解并检查各组工作的进展情况，必要时给予适当的点拨与提示。

四、主动形成解释、展示成果、评价结论、总结与反思

(一)主动形成解释并展示成果

学习者根据采集到的各种实证，通过一系列的交流与沟通，不断修改并完善解决方案，形成对探究问题的解释，最后形成结论。各组代表可利用计算机投影等设备，以演示电子文稿的方式，向全班报告本组专题的基本内容与完成情况。其余各组同学根据报告内容自由提问，汇报组的组员对提问进行答辩。汇报组的记录员要记录全班同学所提问题与本组的应答，以便课后进行反思总结。评委们根据各组专题完成情况与学生的临场表现进行评分。这样可以准确地检测学习的效果，便于教师对共性问题通过面授集中讲评，对学习目标完成情况进行小结，使其成为学生自我评价、自我发现和主动改正的参考。

(二)评价结论

对探究学习的考核与评价应采取以过程评价为重点，过程评价与结果评价相结合的原则。评价目标优劣不在于结论的正确与否，而在于活动过程中学生的能力是否得到有效提高。教师除根据探究课题设计书的情况、阶段性考评情况以及最终结果展示答辩情况进行评价之外，还应将每个人分担的任务轻重、执行情况，小组成员互相合作的表现，探究目标的完成情况，是否有所创新，等等，都作为考评的依据。

(三)总结与反思

各组学生根据报告中出现的问题，在课外进行研究讨论，整理有关本组专题的知识，重新修改并完善各小组的产品。各组组员要对本次学习的效果与过程进行反思，重新审视探究过程：讨论从何开始？问题清楚地界定了吗？能否从该案例中得出可普

遍推广应用的结论？哪些概念、理论方法和技巧有助于对本案例的理解与分析？某个看似可行的方案在分析后被否决了吗？原因是什么？

练习：

探究性学习对于培养学生核心素养有哪些重要意义？

活动二　项目学习

步骤一　认识"项目学习"

【说明】仔细阅读本环节"知识链接"中有关项目教学的相关内容，与小组成员讨论该学习模式有何特点，并将结果写在下面的方框中。

【知识链接】

项目学习

项目学习对于参与学生而言是一个长期的学习任务，这种学习方式要求学生扮演现实世界中的角色，通过对问题进行研究，最终得出结论。在解决问题的过程中，学生接触不同学科领域的知识，同伴之间进行交流协作，运用现代信息技术手段进行研究、分析、协作和通信。在项目学习中，所有的项目都是真实的，每一个项目都是独立的，都由项目确立、实施、结束和结果评估等阶段构成。

国外关于基于项目的学习的研究成果丰富，理论已经基本成熟，实践的例子也很多，尤其值得关注的是他们在应用方面取得的进步。如PBL＋MM项目(基于多媒体的基于项目的学习)，协助教师开展基于项目的学习的支持工具。在我国还有支持学生学习的学习工具，如开源硬件的学习工具等。下面列举几个实例。

一、布鲁斯·坎贝尔的学习中心①

布鲁斯·坎贝尔在华盛顿州设立了一个学习中心，以具有特殊智力天赋的人来命名，其名称每年更换一次。学生在每年开学之初就投入较大的精力研究这些"智力专家"。

在学习中心，学生的学习都是围绕项目进行的。在学年之初，学生罗列出他们想要学习的主题，教师对学生筛选出的主题进行分析，并根据学区的特点和可利用的资

① 夏惠贤：《多元智力理论与个性化教学》，92～94页，上海，上海科技教育出版社，2003。

源情况，再选择符合学生兴趣的主题。主题单元通常要跨越4～6周的时间，涵盖的主题包括“世界各地的艺术”“太空的事物”“我们的星球”“古代的文明”等。上午开始是一个简短的讲座，随后对活动中所涉及的主题进行讨论，然后分组活动。每个小组大约为4人，主题活动持续时间为20～30分钟，了解当天的主题涉及的知识、技能以及各种能力的要求。

教师的任务是为学生提供各种介绍性的材料，然后将这些材料放到各个小组中，以便让每个学生在参与各个项目时探索、发现学习任务中所蕴含的内容，并与教师所提供的材料进行积极的互动。在结束学习任务时，全班同学可以聚到一起，分享在学习中心学到的知识、技能或制作出的产品。学生在学习中心的学习动力来自教师为他们设定的学习任务。他们必须自己学会发现问题、提出观点、正确使用研究的材料，并运用自己所提出的观点构建新的知识。

二、萨莉·伯曼设计的项目学习

萨莉·伯曼以多元智能理论为指导，开发了课堂教学中的项目学习。她设计出许多项目，并根据主题领域和学习者的年龄阶段描述项目的各个方面，项目在整个过程中主要引导学生解决问题。这些项目涵盖了从小学到中学的各个不同层次，包括社会研究、科学研究、视觉与语言研究等项目。这些项目一般与学生的日常生活相联系，重视学生的学习兴趣和经验，能促使学生产生出色地完成项目或制造出产品的情感体验，使学生逐渐成为终身学习者。①

步骤二　观摩案例

【说明】请大家仔细观摩案例《我眼中的教育技术》，以小组为单位组织成员进行学习。请将你的收获写在下面的方框中，并与小组成员分享。

【案例展示】

我眼中的教育技术

一、学习目标

该项目的整体目标是让学生完成项目，同时对三个阶段分别给出了具体目标。“说教育技术”的目标为：其一，调查和了解我国教育技术发展相关资料，增强学生的技术

① [美]伯曼：《多元智能与项目学习：活动设计指导》，夏惠贤等译，北京，中国轻工业出版社，2004。

存在感，激发学生的求知欲，培养学生“技术促进教育”的思想观念；其二，增强学生搜集信息、处理信息的能力。

二、活动流程

根据学校公共课程的实际开设情况，活动采用与班会活动结合的形式。本项目分成3个课时(不包括学生图书资料查阅与作品制作的课余时间)完成，主线明晰，是以完成对教育技术的认识为项目目标而展开的学习。采用的流程如图6-3所示。

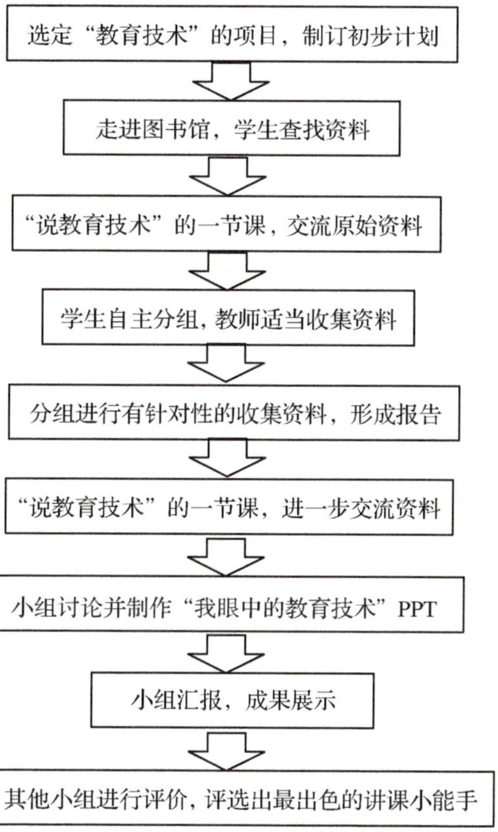

图6-3　《我眼中的教育技术》基于项目的学习案例

活动三　混合式学习

【说明】自主阅读“知识拓展”中混合式学习的相关内容，与小组成员一起讨论以下两个问题。

①混合式学习中“混合”指的是什么？与传统学习有何不同？试着将其列举出来，并将结果写在下页的方框中。

②请查阅相关资料，收集优秀的混合式教学案例，小组成员之间分享案例，探讨混合式教学的特点，并将结果写在下面的方框中。

【知识链接】

混合式学习

混合式学习是基于互联网教育理念发展起来的，慕课平台的发展壮大，加速了混合式学习的系统设计与建设速度。随着信息技术的进步，人类的学习方式和思维方式也随之发生改变，混合式学习将成为未来主要的学习方式之一。

混合式学习中的“混合”主要包括如下五个方面。

①学习理论的混合：混合式学习的教学策略需要多种学习理论的指导，以适应不同的学习者、不同类型的学习目标、不同学习环境和不同学习资源的要求。

②学习资源的混合：混合式学习的资源来自不同的媒介，可以来源于印刷品、光盘、磁带、手机、互联网等。通过混合这些资源，学习者可以完成不同的学习任务。

③学习环境的混合：混合式学习混合了传统面对面的教学和数字化学习(E-learning)，因此学习者不但可以在真实的教室、图书馆等传统环境中进行学习，也可以在各种网络环境下进行学习。

④学习方式的混合：学习者在学习过程中，可以采取多种方式进行学习，可以是上课听教师讲解，也可以是自主学习、探究学习、协作学习等。

⑤学习风格的混合：学习者在学习过程中要调动多重感官参与学习活动，通过多种活动形式获得各种学习体验，最终达到预期的学习目标。

其中，从学习方式“混合”的维度考量，混合式学习主要分为混合在线学习与离线学习、混合自定步调学习与协作学习、混合结构化学习与非结构化学习、混合特定的学习材料与灵活的学习材料、混合“工作”与“学习”等。

任务四
熟悉信息化教学设计的主要工具

活动一　创建信息化教学设计活动方案

步骤一　认识教案

【说明】表 6-2 是人民教育出版社 2017 版二年级《语文》上册《曹冲称象》教学设计活动方案的一部分，请你仔细观察，找出编写教案过程中的关键要素，并将结果填在下面的方框中。

表 6-2　《曹冲称象》教学设计方案①

一、教材内容
选自人民教育出版社 2017 版九年义务教育六年制小学二年级《语文》上册《曹冲称象》。具体内容如下。 曹操的儿子曹冲才 7 岁，他站出来，说："我有个办法，把大象赶到一艘大船上……"
二、学习者特征分析
①学生是××小学二年级学生。 ②学生当前仍以形象性思维为主，对抽象问题难以理解，因此难以直接通过文字去理解曹冲称象的具体方法。 ……
三、教学目标、内容与学习水平的分析与确定
(一)知识点的划分与学习水平的确定

① 王云、李志河：《现代教育技术应用》，179～181 页，北京，北京交通大学出版社，2007。

（续）

课目名称	知识点		学习水平			
			识记	理解	应用	分析综合
曹冲称象	1	字：沉、线、止、然、量	√			
	2	词：下沉、然后、一艘船、船舷、沿着、果然	√	√	√	
	……	……	……	……	……	……

（二）学习水平的具体描述

知识点	学习水平	描述语句	行为动词
①	识记	读准字音、认清字形	读准、认清
		正确辨形、正确编码	辨形、编码
……	……	……	……
⑥	分析综合	归纳文章的思想内容（向曹冲学习什么）	归纳

（三）分析教学的重点和难点

①形难字：然（左上角不要写成“夕”，右上角是“犬”不是“大”）。

②第四节讲曹冲提出称象的办法，这节是课文的重点，也是难点。

四、教学媒体的选择与运用

……

【知识链接】

什么是教案？

一、定义

教案是教师依据学生的学情、教科书以及教学大纲，以课时或课题为单位，对教学内容、方法、过程等进行具体设计与安排的一种实用性教学文书。编写教案是教师在备课工作中进行的最后一个环节。教案通常包括教材简析、学生分析、教学目的、教学重难点、教学过程等。

二、编写教案遵循的原则

优质的教案是教育者智慧、思想、动机、经验、个性及艺术性的综合体现。教师在编写教案时，应当遵循以下原则。

（一）科学性

科学性是编写教案要遵循的首要原则。教案中的思想观点、知识内容以及知识传授方法等都应当是科学严谨的。在编写教案时，教师要认真贯彻课标精神，钻研教材内容，结合学生实际情况以及教材内容间的内在规律，确定教学目标及重难点等。

（二）实用性

教学是一项具有创造性的工作。教师的教案不仅要结合本地区的特点，还应考虑学生的具体学情以及教师个人的实际状况。对于新手教师而言，详尽的教案可以帮助教师减少课堂上的失误；而对于经验丰富的教师而言，教案可略写。因此，教案的编写应繁简得当，从实际需要出发。

（三）创新性

教无定法，为达到教学的目标，教师可采取多种合理的教学方法。教师可参考优秀、成功的教学案例，但应做到因材施教。随着社会的发展，教师应结合学生的实际需求、时代的发展变化、科技的不断迭代对教案进行创新和完善。

（四）艺术性

教案的艺术性指的是教师在设计教案时应做到构思巧妙。例如，教师可通过创设情境等方法导入新课，在教学过程中，可通过有层次的设问，层层递进，由简到繁，步步引导，从而实现教学目标。

（五）灵活性

学生是学习的主体。面对思维活跃、学情不一的学生，教师应当灵活地使用教案。在教学过程中，教师不能一味地以教案为准，而应结合课堂上的具体情境，依据实际情况改变教学计划和方法，启发学生的思维，调动学生的学习积极性，以达到最优的教学效果。这就要求教案要具有灵活性，能够满足教学需求。

步骤二　一起来设计信息化教学设计方案

【说明】请参考表 6-2《曹冲称象》案例，选择你熟悉的一个知识点设计一个信息化教学设计方案（见表 6-3）。

表 6-3　信息化教学设计方案

学校		课程名称		课时		日期	
一、教学目标与内容							
（一）教学目标							

（续）

(二)教学内容
二、学习者特征分析
三、学习环境选择与学习资源设计
四、课堂教学过程设计
五、学习评价

步骤三　互评

【说明】请小组成员互相对所设计的教案进行点评，将教案的优点与不足以及需要改进的地方写在下面的方框中。

活动二　学习支架

步骤一　认识学习支架

【说明】阅读“知识链接”中关于学习支架的相关内容，了解什么是学习支架以及学习支架在学习中的作用，并将结果写在下页的方框中。

【知识链接】

学习支架①

"支架"(Scaffold)原是建筑行业的术语，又译作"脚手架"，是建筑楼房时施予的暂时性支持，当楼房建好后，这种支持就撤掉了。根据这个建筑隐喻，伍德(Wood)最先借用这个术语来描述同行、成人或有成就的人在另外一个人的学习过程中所施予的有效支持。苏联著名心理学家维果茨基的"最近发展区"理论，为教师如何以助学者的身份参与学习提供了指导，也对"学习支架"提出了意义明晰的需求说明。维果茨基将学生的实际发展水平与潜在发展水平之间的区域称为"最近发展区"。这个发展区存在于学生已知与未知、能够胜任和不能胜任之间，是学生需要"支架"才能够完成任务的区域。

学习支架的作用在于帮助学生顺利穿越"最近发展区"以获得进一步的发展。常见的学习支架形式有范例、问题、建议、图表(思维导图、时间线等)、向导等。除了这些可设计的支架外，支架还有更为随机的表现形式，如解释、对话、合作等。

步骤二　观摩学习支架案例

【说明】请大家观摩教学案例"'制作电子报刊'教学设计"，思考该案例中的教师在教学过程中为学生提供了哪些支架以及它的表现形式，并说明理由，将结果写在下面的方框中。

【案例展示】

"制作电子报刊"教学设计

一、教材分析

本教材是人教课标版高中信息技术《多媒体技术应用》分册，本课时是第二章"获取与加工文本"中第二节"编辑加工文本"中的内容之一。本课时的主要内容包括报刊的基

① 闫寒冰：《信息化教学的学习支架研究》，载《中国电化教育》，2003(11)。收入本书时有改动。

本要素、版面布局、制作的一般过程和运用自选图形及文本框设计版面。本课时是Word软件的综合应用课，要求学生在学习之后将收集到的信息进行合理呈现。

二、学情分析

本课时的教学对象为高中一年级学生。在经过之前几个课程的学习以后，他们已经基本掌握了Word软件的使用。本节课将引导他们制作电子报刊，从而让他们经历使用Word软件制作报刊的完整过程，并对之前学过的知识进行综合应用。

三、教学目标

①知识与技能：明确使用Word软件制作电子报刊的流程；使用Word软件制作完整的电子报刊。

②过程与方法：采用分组合作的方式明确制作电子报刊的过程；独立完成个人的电子报刊作品。

③情感、态度与价值观：培养学生的多媒体应用能力，激发其创新精神。

四、教学资源及教具

纸质报刊、教师制作的电子报刊、相关的微课资源、图片素材等。

五、教学过程(主要教学活动)

①纸质报刊及教师电子报刊作品展示。

②播放相关微课资源并向学生发放资源。

③教师演示相关操作要领，如运用自选图形进行版面设计等。

④自由组成合作小组(4人一组)，确定报刊主题。

⑤学生收集资料，分工合作，制作作品。

⑥小组作品展示，组间互评，教师点评及总结。

任务五
体验信息化教学设计的主要活动

活动一　进行头脑风暴

步骤一　认识头脑风暴

【说明】你以前或许听说过“头脑风暴”这个词，但是到底什么是头脑风暴呢，它适用的场合有哪些呢？为了解决这些问题，请你仔细阅读下面的“知识链接”，并将答案写在下面的方框中。

【知识链接】

头脑风暴

头脑风暴是指在规定的时间内，众多人围绕事先确定的主题或问题，在不对别人的见解有任何批评和指责的前提下，共同展开创造性讨论，从而产生新的观点，寻求问题解决办法的策略。这种教学策略有助于培养学习者的创新思维以及发散思维。一般而言，头脑风暴包括以下几个环节：确定议题、会前准备、确定人选、明确分工、规定纪律和掌握时间。

在信息化教学活动中，实施头脑风暴，系统应当具备的功能包括计时、演讲和交互。组织者宣布开始时，计时开始，当规定的时间结束以后，不允许学习者再发言。在实际进行头脑风暴时，首先应当明确讨论的主题，讨论的问题最好是学生无法立即解决、需要在探讨中逐渐得出结论的难题。组织者应当鼓励所有参与讨论者各抒己见，发表见解，在讨论过程中要求参与者不得对他人的发言做出批评和评价。在进行头脑风暴时，要注重想法的量的积累，参与者在彼此间的思想碰撞中产生大量的具有创造性的想法。

步骤二　展开头脑风暴：传统教学与信息化教学之特征比较

【说明】通过对前几个项目的学习，我们已初步了解了信息化环境下教学设计的一些特征，请你结合传统教学的特点与小组成员展开讨论交流，比较传统教学与信息化教学的差别，并填写在表 6-4 中。

表 6-4　传统教学与信息化教学的区别

教学设计要素	传统教学	信息化教学
教学媒体		
教学策略		
讲授方式		
学习内容		
作业方式		
教师角色		
分组方式		
评价方式		

活动二　合作学习

步骤一　正确认识合作学习

【说明】请大家阅读本环节“知识链接”中的相关内容。在阅读的过程中，请思考：“知识链接”中的内容，与你理解的“小组合作”是否一样？提炼出小组合作学习的关键词，将结果写在下面的方框中。

【知识链接】

小组合作①

小组合作，即小组合作学习(又称合作学习)，于20世纪70年代率先兴起于美国，现已被广泛应用于中小学教学实践。它的产生除了得益于美国独特的社会文化背景之外，还出于克服传统教学存在的弊端，以及改革课堂教学提高教学效率的需要。它将社会心理学的合作原理引入教学之中，强调人际交往对于认知发展的促进作用。基本做法是将全班学生依其学业水平、能力倾向、个性特征、性别等方面的差异组成若干个异质学习小组。

小组合作开展研究性学习的实施方式灵活多样。合作学习小组一般由研究兴趣相近的学生自愿组成，每组3～6人。在组建小组时，教师可视情况进行协调，给予帮助。例如：帮助个别因为某些原因自己未能进入任何小组的学生加入合适的课题小组。

各合作小组开展研究性学习，选择题目并据以建组的方式，可以取开放式、半开放式和集中式三种。

一、开放式

基本式：全年级或班级不设统一的研究主题，小组研究题目由学生提出。学生自愿组成合作研究小组，各小组研究的课题互不重复。这类组织方式的特点是：各小组研究题目完全由学生根据兴趣爱好自主选择决定，选题领域不受限制，对于学生兴趣与特长的发展比较适合；小组研究课题互不重复，其成果丰富多样，经展示交流，能够拓宽学生的视野；选题领域广泛，学生同社会的联系面比较宽。

---

① 张文周：《小组合作：研究性学习的基本组织形式》，载《上海教育科研》，2000(1)。收入本书时有改动。

变式：与基本式有一点不同，即每一个研究题目至少有两个小组各自独立地开展研究。变式基本保持了基本式的优点，同时又便于形成“组间竞争，组内合作”的良性机制。

二、半开放式

基本式：全年级或者全班确定一个共同的内涵丰富的研究学习主题(如“人与自然”“科技与社会”等)，在该主题范围下，学生可提出一个自己感兴趣的研究题目，将这些题目交全班讨论并予以调整(如合并相近题目，删减不适当的题目等)，确定一批可供开展合作研究的题目。研究兴趣相近的学生自愿组成课题研究合作学习小组实施研究。各小组研究的主题相同但具体题目互不相同。半开放式的特点是，学生必须在统一的主题范围内，自主选择研究题目。设定统一主题有利于将关注目光引向当今同人类生活密切相关的领域，引导他们研究、探索科学与社会发展的热点问题。

变式：与基本式的区别在于小组研究的题目可以重复，每个题目都有两个或两个以上的小组独立开展合作研究，易于达到“组内合作，组间竞争”的效果，促进研究水平的提高。

三、集中式

基本式：全体学生讨论或师生共同交流确定一个能引起广泛兴趣的研究题目，作为唯一的研究题目，各合作学习小组独立开展研究。这种组织方式的研究题目非常集中，但各合作小组就同一个题目独立地开展研究，其研究的视角、方法、过程乃至结果各不相同，差异性大，所以学习活动仍然具有开放性特点。但是“组间竞争”可能比较激烈，相应地引发组内学习伙伴间较强烈的合作动机；在小组合作学习的基础上可以组织全班(或全年级)就同一问题开展讨论与交流。这种组织方式不仅适用于综合性活动型研究性学习，而且适用于学科教学。例如：政治课上就“科索沃问题”开展小组合作学习，各小组课余收集大量的有关资料，开展合作研究之后，各小组在课堂上展开讨论，交流研究结果。

步骤二 小组合作进行微课制作

【说明】请大家以小组合作的形式完成包含某一个知识点的微课小视频制作，并从微课主题、制作步骤、录制中的困难及收获等方面在课堂上分享交流。请你将分享内容写在下面的方框中。

活动三　体验微格教学

步骤一　认识“微格教学”

【说明】通过阅读“知识链接”中的内容，请你思考：什么是微格教学？它可以用来做什么？与小组成员讨论，并将结果写在下面的方框中。

【知识链接】

微格教学①

微格教学的英文为 Microteaching，在我国又被译为“微型教学”“微观教学”“小型教学”等，国内用得较多的译法是“微格教学”。

微格教学是一种利用现代化教学技术手段培训师范生和在职教师教学技能的系统方法。图 6-4 和图 6-5 所示分别为微格教学主控室和微格教室。

图 6-4　微格教学主控室

图 6-5　微格教室

微格教学一般以 3～4 名新手教师为一组，选取短小精悍的教学片段，每人实施 5～10 分钟的教学，并将教学实况录像。它并不意味着教学内容或者教学活动的简化和不生动。微格教学结束后，指导者与新手教师一起对教学进行总结，反复观看教学录像并对教学情况做出评价，以提升新手教师的教学能力。

① 李志河：《现代教育技术》，2 版，120～123 页，北京，清华大学出版社，2015。

步骤二　体验微格教学

【说明】请你参照步骤一中微格教学实施的流程，在教师的带领下进入微格教室参观并进行微格模拟教学。同学之间交流感受，思考微格教学的优点和不足，填入表6-5中。

表6-5　微格教学的优点与不足

项目	优点	不足
微格教学		

【学习资源】

①李志河．现代教育技术[M]. 3版．北京：清华大学出版社，2019.

②夏惠贤．多元智力理论与个性化教学[M]. 上海：上海科技教育出版社，2003.

③萨莉·伯曼．多元智能与项目学习：活动设计指导[M]. 夏惠贤，等译. 北京：中国轻工业出版社，2004.

④闫寒冰．师范生教育技术：信息化教学设计[M]. 上海：华东师范大学出版社，2014.

⑤余胜泉，吴娟．信息技术与课程整合：网络时代的教学模式与方法[M]. 上海：上海教育出版社，2005.

【拓展练习】

①有人认为如果每堂课都用教学设计的模式进行设计，太浪费时间，也没有必要，你怎么看待这个问题？

②结合自己的专业，举例说明教学媒体在教育教学过程中的应用，并说明教学媒体在教学过程中的重要作用。

③作为信息时代的教师，在教学中我们应该注意做好哪些方面的工作，以适应角色的变化？

④结合实际举例说明，在教学活动中每种类型的教学设计还包括哪些学习方式。

项目七

设计信息化教学活动

光勤劳是不够的，蚂蚁也是勤劳的。要看你为什么而勤劳。

——[美]亨利·戴维·梭罗

学习目标

①掌握以教为主的教学过程设计的一般模式。

②掌握以学为主的教学过程设计的一般模式。

③“以教为主”与“以学为主”的比较。

④掌握翻转课堂中的教学设计。

学习任务

任务一　掌握以教为主的信息化教学设计

任务二　掌握以学为主的信息化教学设计

任务三　“以教为主”与“以学为主”的比较

任务四　“翻转课堂”翻转了什么

任务一
掌握以教为主的信息化教学设计

活动一　头脑风暴

【说明】通过前面的学习我们已经知道信息化教学设计的含义以及类型，请你思考：不同类型的教学设计在设计过程中相同吗？在实际进行以教为主的信息化教学设计时到底要设计什么？在该过程中需要考虑哪些因素？请你与小组成员一起展开讨论，并将结果写在下面的方框中。

活动二　案例分析

【说明】图 7-1 是关于小学语文《曹冲称象》的课堂教学过程设计流程，请你仔细观察，回答下面的问题。

①在该课堂教学设计过程中，教师采用的教学形式是什么？教师扮演的角色是什么？请将你的答案写在下面的方框中。

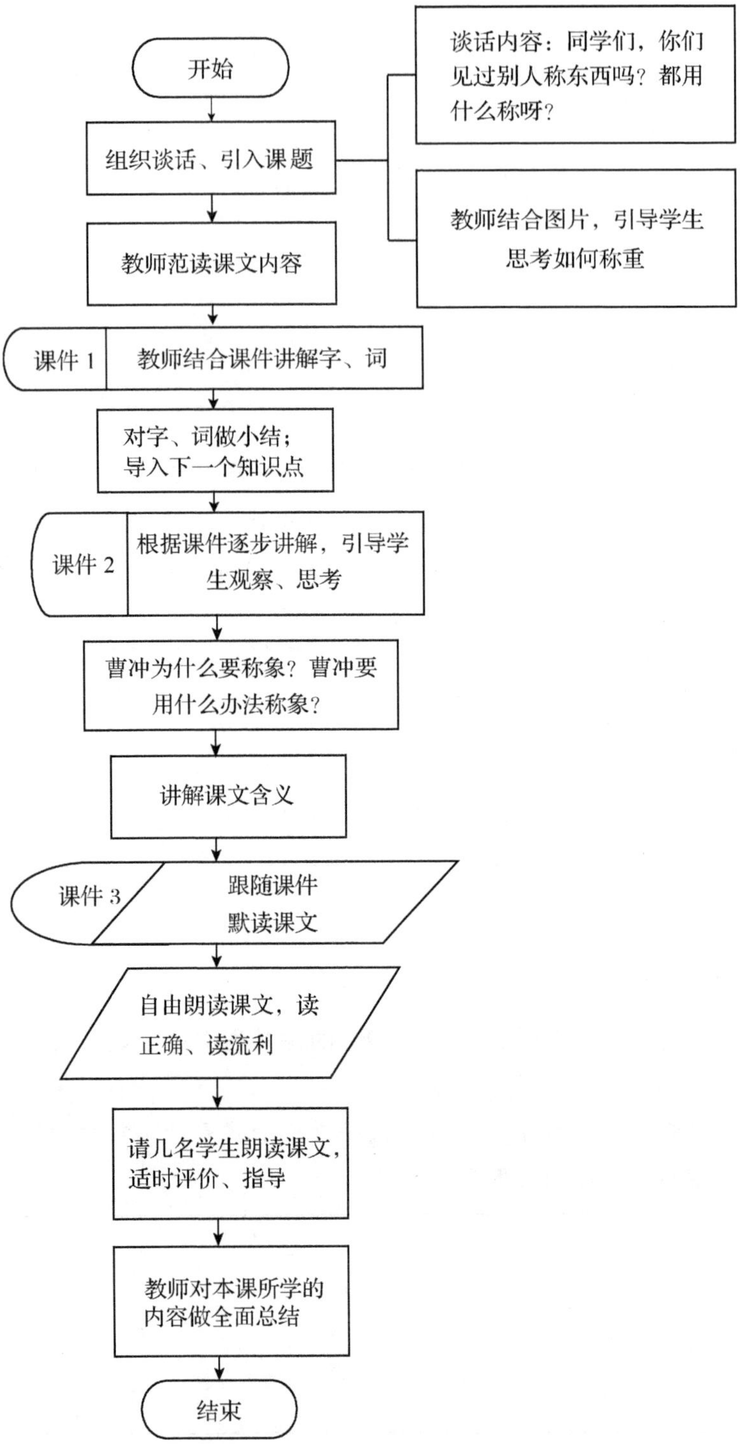

图 7-1　以教为主的课堂教学过程设计流程①

① 李志河：《现代教育技术》，2 版，148～150 页，北京，清华大学出版社，2015。

②结合本活动中的“知识链接”，你能找出图 7-1 中涉及哪些教学设计要素吗？与小组成员讨论如何对各个教学设计要素进行分析，并将结果写在下面的方框中。

③以小组为单位，讨论以教为主的教学的优点与不足，将结果填写在下面的方框中。

④表 7-1 是关于本案例中不同的教学媒体的选择与运用，对于不同的知识点所选择的教学媒体不同。你能说出它的分类依据吗？请举例说明。

表 7-1　教学媒体的选择与运用

知识点	学习水平	多媒体网络资源、工具的形式、来源	多媒体网络资源、工具的主要内容	使用时间	多媒体网络资源、工具及课件的作用	使用方式或教学策略
(1)	识记 理解	自编计算机课件 1	生字的音、形、义、扩词	8 分钟	创设情境	教师演示 传递—接受
(2)	理解	自编计算机课件 2	课文录音、专家解说	8 分钟	提供资源	教师演示 传递—接受
(3)	理解	自编计算机课件 3	课文录音	3 分钟	提供资源	示范—模拟

【知识链接】

以教为主的教学设计要素分析①

以教为主的教学过程设计包括学习需要分析、教学内容分析、学习者分析、教学目标的阐明、教学模式与策略的制定、教学媒体的选择与利用以及教学设计成果评价七个要素。

---

① 李志河：《现代教育技术》，3 版，140～147 页，北京，清华大学出版社，2019。收入本书时有改动。

一、学习需要分析

教学设计是一个问题求解的过程，只有发现了问题，认清问题的本质，才能更好地解决问题。对问题的鉴别与分析通常也称学习需要分析。

(一)学习需要的含义

学习需要是指在某一特定的情境下，学习者学习方面目前的状态与期望达到的状态(或应该达到的状态)之间的差距，如图 7-2 所示。目前的状态是指学习者群体在能力素质方面已达到的水平，期望的状态(或应该达到的状态)是学习者应当具备的能力、素质。

期望达到的状态 — 目前的状态 = 差距（学习需要）

图 7-2　学习需要

(二)学习需要分析的内容

学习需要分析是指经过系统化的调查研究，发现教学中存在的问题，通过分析问题产生的原因，从而确定问题的性质，并论证解决该问题的必要性和可行性。即学习需要分析是找差距、发现问题，而不是寻求解决问题的方法。

(三)学习需要分析的方法

学习需要分析就是采取适当的分析方法，找出“是什么”和“应该是什么”之间的差距。根据参照系的不同，分析学习需要的方法一般包括内部参照需要分析法和外部参照需要分析法两种。

1. 内部参照需要分析法

内部参照需要分析法是由学习者所在的组织机构内部，用已经确定的教学目标(期望的状态)与学习者的当前学习状态做比较，找出两者之间存在的差距，从而鉴别出学习需要的一种分析方法。

小贴士

采用内部分析法确定学习需要一般有以下几种方法。

① 设计测试题、问卷等让学生回答，通过对结果的统计、分析获取期望的信息。

② 查阅学生近期的学业成绩和表现记录等材料。

③ 对与学生有密切关系的人员进行访问、座谈。

2. 外部参照需要分析法

外部参照需要分析法是指根据教育机构外，即社会的要求(或职业要求)来确定对学习者的期望值，以此为标准衡量学习者的学习现状，找出差距，从而确定学习需要的一种分析方法。

小贴士

采用外部分析法确定学习需要一般有以下几种方法。

①对毕业生进行跟踪访谈、问卷调查，获取毕业生在实际工作中感受到的需求，以及他们对学校工作的意见和建议，从而获得社会需求和学习者现状的信息。

②进行专家访谈，了解当今社会及未来发展对人才在知识、技能和素质方面的要求，以获得社会的需求信息。

③查阅毕业生所在单位的记录，了解用人单位对毕业生的评价，从而获取社会的需求信息。

④现场调研，深入工作第一线，获取对人才能力素质要求的第一手信息。

在实际分析时，可采取内外结合的方法，如图 7-3 所示。根据外部社会需求调整修改已有的教学目标，并以修改后的目标所提出的期望值与学习者的现状相比较找出差距。

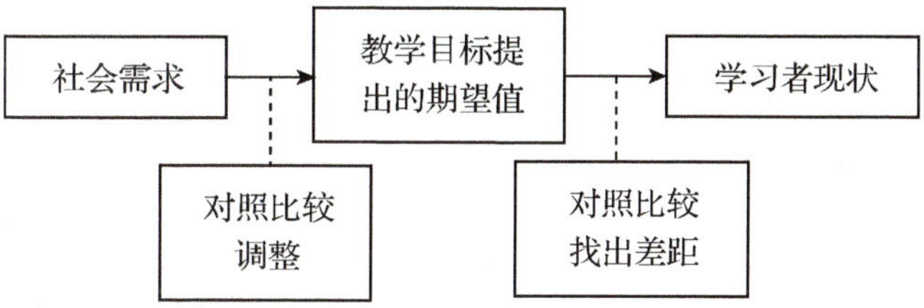

图 7-3　内外结合学习需要分析法

二、教学内容分析

通过学习需要分析，我们已揭示出教学中存在的问题及其主要原因，紧接着需要考虑的问题是用什么东西填补这个差距，也就是用什么样的教学内容促进学生能力的发展变化，这就是教学内容分析。

(一)教学内容分析的含义

教学内容是指为实现教学目标，要求学习者系统学习的知识、技能和态度的总和。教学内容的分析是以教学目标为依据，进而规定学习内容的范围、深度和揭示学习内容各部分之间的联系。

(二)教学内容分析的方法

1. 归类分析法

归类分析法主要是研究对有关信息进行分类的方法，旨在鉴别为实现教学目标所需要学习的知识点，它比较适合于言语信息类教学内容的分析。确定分类方法后，或用图示，或列提纲，把实现教学目标所需学习的知识归纳成若干方面，从而确定教学内容的范围。

2. 图解分析法

图解分析法是一种用直观形式揭示教学内容要素及其相互联系的内容分析方法，常用于对认知教学内容的分析。图解分析的结果是简明扼要、提纲挈领地从内容和逻辑上高度概括教学内容的一套图表或符号。这种方法的优点是，使分析者容易觉察内容的残缺或多余部分以及相互联系中的割裂现象。

3. 层级分析法

层级分析法是用来揭示为了达到总教学目标所要求掌握的从属目标(技能)的一种内容分析方法。它是一个逆向分析的过程，即从已确定的教学目标开始考虑：学习者为了获得教学目标规定的能力，他们必须具有哪些次一级的从属能力？而要培养这些次一级的从属能力，又需具备哪些再次一级的从属能力？依次类推……

4. 信息加工分析法

信息加工分析法由美国心理学家加涅提出。这是一种将教学目标要求的学习者心理操作过程揭示出来的方法。即分析要完成特定的教学目标时，学习者要经历怎样的心理活动程序或过程。这种方法揭示出学习者在学习或解决问题时所进行的思维活动过程，这一步步的心理过程就构成了要学习的内容。

三、学习者分析

教学设计的目的是促进学习者的学习，而学习者作为学习活动的主体，他们所具有的认知和情感等特征都将对学习产生影响。教学方案是否与学习者的特点相匹配，是决定教学成功与否的关键因素。因此分析学习者特征是教学设计工作中非常重要的环节。学习者分析包括一般特征分析、个性差异分析和初始能力分析。

(一)一般特征

学习者的一般特征是指学习者具有的在遗传因素和环境相互作用下形成的，对学生产生影响的生理、心理以及社会等方面的特点。它涉及学习者的年龄、性别、心理发展水平、学习动机、人格因素、生活经验以及社会背景等诸多方面，了解这些内容对教学设计是有帮助的。对学习者一般特征的分析方法主要有观察法、调查法、查阅文献法等。

(二)个性差异

个性也称为人格，是一个人心理特征的总和。这些特征决定着人的外显行为和内隐行为，从而使其与别人的行为有稳定的区别。对学习有重大影响的个性特征有动机与兴趣、智力与认知方式、性格与气质等。

(三)初始能力

学习者初始能力是学习者在学习特定的学科内容之前，已经具备的相关知识和技能，以及对相关内容的认识与态度等。学习者初始能力分析一般采用预测法，包括对预备技能的分析、对目标技能的分析和对学习态度的分析。

四、教学目标的阐明

教学目标的分析与阐明决定着教学的方向、教学内容的确定、教与学活动的设计、教学策略和模式的选择与设计、学习环境的设计、学习评价的设计等。教学目标的阐明是教学设计中的一个重要环节。

(一)教学目标的分类

布卢姆将教学活动所要实现的整体目标分为认知、情感、动作技能三大领域，并从实现各个领域的最终目标出发，确定了一系列目标序列。其中认知领域的目标分为识记、领会、运用、分析、综合和评价六个层次；动作技能学习领域目标分为感知、准备、有指导的反应、机械动作、复杂的外显反应、适应、创新七级；情感学习领域目标分为接受或注意、反应、评价、组织以及价值与价值体系的性格化五级。

在我国，新课程标准强调，无论哪一门学科，都要在课程的总体目标上落实“知识与技能、过程与方法、情感态度与价值观”的三维目标。三维目标是当代知识观在教育中的体现，是知识的本质和价值在课程知识观中的体现。三维目标在具体的教学活动中是不可分割的，是统一的整体，为当前教学目标的编写提供了依据。

(二)教学目标的编写

教育心理学家一致认为，教学目标的重点应说明学习者行为或能力的变化，而且能反映学习者在完成学习之后具有了什么新的能力。教学目标是从学习者的学习过程中提取出来的而不是设计者或教育者施加给学习过程的。因此，教学目标必须是特定而具体的，必须反映学习者的学习行为。一般采用以下两种方法。

1. ABCD 法

一个规范的教学目标包括行为、条件、标准、教学对象四个要素。为了便于记忆，把编写教学目标的方法简称为 ABCD 法。

A——对象(Audience)，就是要指明特定的教学对象，如果教学对象已经明确，可以将其从目标中省去。

B——行为(Behavior)，是教学目标中必不可少的要素，它表明学生经过学习以后能做什么和应该达到的能力水平。一般情况下，使用一个动宾结构的短语来描述行为，其中动词是一个行为动词，它表明学习的类型，而宾语则说明具体的教学内容。

C——条件(Condition)，说明了上述行为是在什么样的条件下产生的。所以，在评价学生的学习结果时，也应以这个条件来衡量。

条件一般包括下列因素：环境、设备、时间、信息以及同学或教师等有关人的因素。例如，“在 30 秒内完成 10 个仰卧起坐”就规定了完成仰卧起坐的具体时间；再如，“查字典，翻译下面的英语短文”就考虑了信息方面的因素。

D——标准(Degree)，表明了行为合格的最低要求。

小贴士

ABCD 法示例

“初中二年级上学期的学生(教学对象)，能在 5 分钟内(条件)，完成 10 道因式分解题(行为)，准确率达 95%(标准)。”

采用 ABCD 法，并不要求 4 个要素必须一应俱全。其中只有行为要素不能省略，而其他 3 个要素都可以根据具体情况适当省略。

2. 内外结合法

行为目标虽然避免了传统目标中陈述含糊的不足，但它本身也存在缺陷。它在很大程度上忽视了学习者内在的认知和情感变化。这样，用内部过程和外显行为相结合的教学目标阐明方法便应运而生。

用内外结合法陈述的教学目标由两部分构成：第一部分为一般教学目标，用一个动词来描述学生通过教学所产生的内部变化，如记忆、知觉、理解、创造、欣赏等；第二部分为具体教学目标，列出具体行为样例，即学生通过教学所产生的能反映内在心理变化的外显行为。

小贴士

内外结合法示例

教学目标是“培养学生关心班集体的态度”。态度本身是无法观察的，但是通过列举学生的一些具体行为变化，反映他们的态度是否已经改变，也就能够观察出学习结果。上面这个教学目标可以这样来描述。

内部心理描述：具有关心班集体的态度。

列举行为样例：

①认真做值日；

②主动做对班集体有益的事情；

③积极参加班集体组织的各项活动；

④在年级或全校的各项比赛中，积极为自己的班级争取好成绩。

五、教学模式与策略的制定

在构建了教学目标后，接下来就要考虑“如何教”“如何学”的问题，这就涉及制定教学模式与策略的问题。

(一)教学模式的制定

教学模式是在一定的教学理论和学习理论指导下，为完成特定的教学目标和内容而围绕某一主题形成的比较稳定的简明教学结构理论框架及其具体可操作的教学活动方式。

在以教为主的教学模式中，比较有代表性的、对我国教育教学有较大影响的教学模式主要有先行组织者教学模式、五环节教学模式、情境—陶冶教学模式、示范—模仿教学模式等。

先行组织者教学模式是奥苏贝尔的有意义学习理论的一个重要组成部分。提供先行组织者的目的，在于用先前学过的材料解释、整合和联系当前学习任务中的材料。该模式的教学过程主要由三个阶段构成，具体如图 7-4 所示。

图 7-4　先行组织者教学模式

五环节教学模式源于赫尔巴特学派的“五段教学法”，后来经过苏联及国内教育学家改造而成。该模式的教学过程如图 7-5 所示。

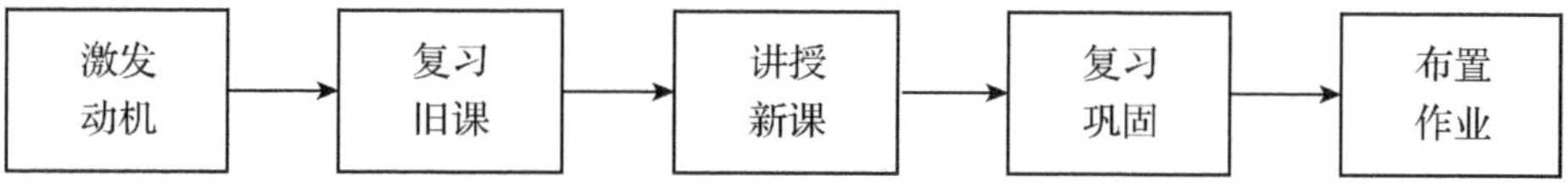

图 7-5　五环节教学模式

情境—陶冶教学模式有时也称暗示教学模式，由保加利亚心理学家洛扎诺夫首创，主要通过创设某种与现实生活类似的情境，让学生在思想高度集中但精神完全放松的情境下进行学习。学生通过与他人的充分交流和合作，提高合作精神和自主能力，以达到陶冶情操和培养人格的目的。这是一种主要用于实现情感领域教学目标的教学模式。该模式的教学过程如图 7-6 所示。

图 7-6　情境—陶冶教学模式

示范—模仿教学模式是一种主要用于动作技能领域的教学模式，该模式的教学过程如图 7-7 所示。

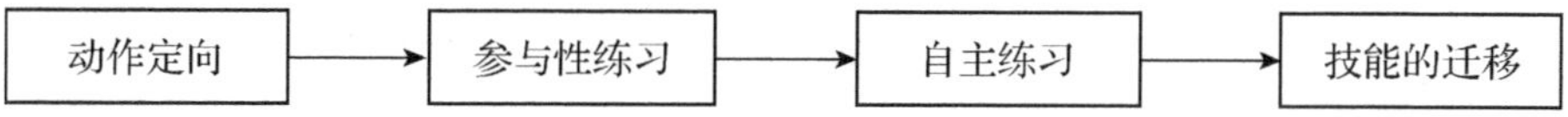

图 7-7　示范—模仿教学模式

（二）教学策略的选择

教学策略是指为了完成特定的教学目标而采用的灵活多样的教学方式，主要包括教学方法、教学组织形式的选择等一些具体的教学问题。

1. 教学方法的选择

教学方法是教师和学生为了达到教学目标，完成教学任务，由教学原则作为指导，借助一定的教学手段(工具、媒体或设备)，而进行的师生相互作用的活动。在教学过程中，教师和学生都必须采用一定的方法，运用特定的形式和利用恰当的媒体，才能顺利完成教学。

根据教学方法的外部形态以及教师在课堂教学中使用的手段进行分类，主要有以下五种。

① 以语言教授为主的方法：讲授法、谈话法、讨论法等。

② 以直接感知为主的方法：演示法、参观法等。

③ 以实际训练为主的方法：练习法、实验法、实习作业法等。

④ 以欣赏活动为主的方法：欣赏法等。

⑤ 以引导探究为主的方法：发现法等。

由于教学学科、教学内容、学习目标，尤其是教学对象的不同，一般来说，教师所选用的教学方法也应该不同。通常，选择教学方法主要依据教学目标、学科的特点、教学内容、学生的实际情况以及教师本身的素养条件。从实践结果来看，讲授法、谈话法对学生记忆类的学习有帮助，而讨论法、练习法、实验法对学生在学习过程中发现概念或原理有较好的帮助。如果从学科的角度归纳，在文科类的教学中，使用讲授法、谈话法、讨论法所取得的效果较好，而在理科类的教学中，演示法、练习法、实验法所取得的效果较为理想。

2. 教学组织形式的选择

教学组织形式是指在教学过程中，师生的共同活动在人员、程序、时空关系上的组合形式。当前教学组织形式主要有班级授课、个别化学习和小组学习三种类型。

三种教学组织形式各有其适用的方面，为了达到优化教学效果的目的，在制定教学策略的时候，必须进行综合考虑，取长补短，逐渐减少教师的集体授课时间，更多地安排个别化学习和小组学习形式的学习，使学生能积极、主动地参与到教学过程中来，提高他们各方面的素质和能力。

六、教学媒体的选择与利用

(一)选择教学媒体的依据

选择教学媒体须要考虑教学目标、教学内容、教学对象和教学条件等因素。媒体在教学中的使用目标可以分别表述为展示事实、创设情境、提供示范、呈现过程、设疑思辨等。

(二)选择教学媒体的方法

确定教学媒体的使用目标：依据知识点的学习目标，认真分析教学内容，确定教学媒体的使用目标，即确定在完成该学习目标时媒体在教学中的作用。由于教学过程是复杂的、动态的，随着教学内容、教学对象、教学方法的不同，教学媒体所起的作用不是固定不变的，而且，同一种媒体随着使用方式的不同，对实现教学目标的作用也是不同的。

选择教学媒体的类型：依据教学媒体的使用目标和教学对象的特点，按照教学媒体层次的划分，选择合适的媒体类型。

确定教学媒体的内容：媒体类型确定后，可查阅资料目录，确定所选媒体的具体内容。如果现有媒体内容合适，则可在教学中使用。否则可通过选编、修改，甚至重新制作等措施确定适合的教学媒体内容。

此外，在选择媒体时也可以依据媒体选择最小代价原则，采用流程图选择法、矩阵选择法、问卷选择法等来进行选择。

七、教学评价

教学评价是教学设计的重要因素之一，无论是对教学设计过程中涉及的多种因素的评价，还是对教学设计结果的肯定或否定、修改及完善等，评价活动始终给予教学设计价值体现，引导教学设计活动朝着实现预定目标的方向前进。

【说明】通过阅读以上“知识链接”中的内容，现在你知道在进行“以教为主”的教学设计过程中我们需要设计哪些要素了吗？将整理的结果以图文的形式填写在下面的方框中。

活动三　教案设计

【说明】请你结合“项目六任务四”中“创建信息化教学设计活动方案”的相关知识以及本任务“知识链接”中“以教为主的教学设计要素分析”的内容，设计一个以教为主的教学方案，写在下面的方框中，请以小组为单位讨论，并将成果在全班展示。

任务二
掌握以学为主的信息化教学设计

活动一　头脑风暴

【说明】回忆关于信息化教学设计的含义以及类型，思考在进行“以学为主”的信息化教学设计时要设计什么，在该过程中须考虑哪些因素。请你与小组成员一起展开讨论，并将结果写在下面的方框中。

活动二　案例分析

【说明】活动节选自高中语文必修一第四单元第十课《短新闻两篇》之《别了，“不列颠尼亚”》。根据图 7-8 的教学设计，请你仔细观察思考，回答问题。

①在该教学设计过程中，教师扮演的角色是什么？讨论并将结果写在下面的方框中。

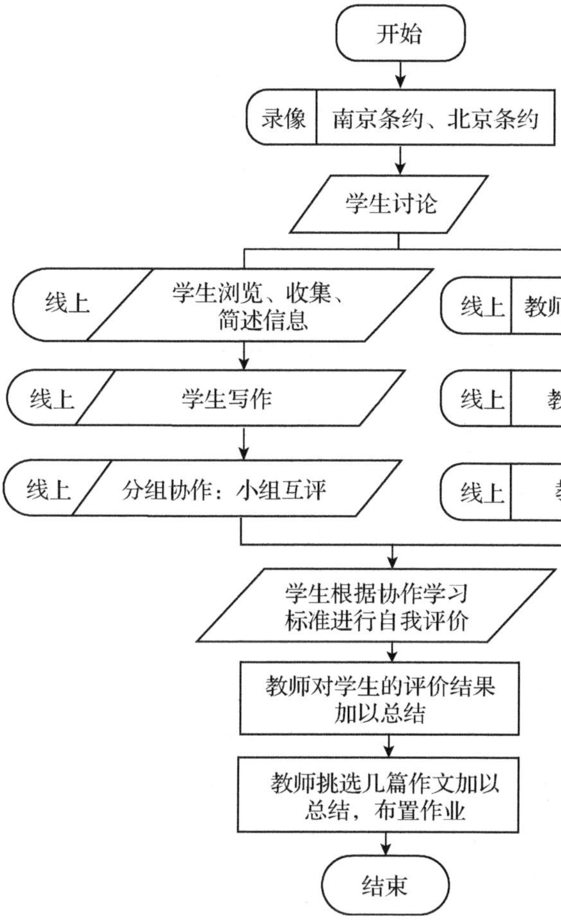

图 7-8　以学为主的教学过程设计流程

②结合本活动中的“知识链接”，你能找出图 7-8 所示的流程中涉及哪些教学设计要素吗？与小组成员讨论对各个教学设计要素如何进行分析，将结果写在下面的方框中。

③以小组为单位，讨论以学为主的教学的优点与不足，将结果写在下面的方框中。

【知识链接】

以学为主的教学设计要素分析①

以学为主的信息化教学设计包括分析单元学习目标、分析学习对象与确定学习主题、创设学习情境、设计与提供信息资源、自主学习设计、协作学习设计和形成性评价设计七个要素。

一、分析单元学习目标

以学为主的信息化教学设计是依据知识单元的学习任务而确定教学目标的。它反映了通过该单元的学习后，学习者应该掌握的基本知识、基本技能，以及情感的变化和解决问题能力的提高等。

学习目标的表述不是基于单一知识点，而是基于知识单元，因此具有整体性的特点。具体学习目标的表述仍然采用内外结合的方式，但在描述外在行为变化的同时，要更加注意内在情感的变化和能力的形成。通常采用较宽泛的行为动词(如了解、掌握、学会、树立等)来描述，具有一定的弹性。

二、分析学习对象与确定学习主题

因为信息化教学设计要体现以学习者为中心，因此，教师要全面分析学习对象。除了前面提到的分析学习者的一般特征、个性差异和初始能力外，还有一个重要的因素，那就是学习者的信息素养。信息素养高的学习者在基于资源的学习过程中能够更好地学习，并能达到好的学习效果；否则，将无法适应基于资源的学习。学习者的信息素养制约着基于资源的学习过程。

小贴士

信息素养包括关于信息和信息技术的基本知识和基本技能，运用信息技术进行学习、合作、交流和解决问题的能力，以及信息的意识和社会伦理道德问题。教师深入了解、分析学习者的信息素养状况，对采用相应的学习策略和设计学习活动过程结构具有重要意义。

学习主题的确定是信息化教学设计的核心。教师在认真分析单元学习目标、学习内容、学习对象的基础上，提出为达到学习目标需要解决的关键问题。这个问题的解决过程，就是完成该知识单元学习的过程。

教师确定学习主题要考虑两方面因素。一是要依据认知弹性理论，设计适合高级领域学习的问题。即这里所设计的问题不应是简单的、轻而易举可以找到答案的，而应该有一定的难度、涵盖了该知识单元的学习任务，并和现实情境有密切联系的、需要学习者付出努力才能找到解决方法的实际问题。二是要依据“最近发展区”理论设计

① 李志河：《现代教育技术》，2版，152～154页，北京，清华大学出版社，2015。

学习主题，主题要恰当，适合学生探究。

三、创设学习情境

建构主义者认为，学生的学习总是与一定的社会文化背景即“情境”相联系的，创设与当前学习主题相关的、尽可能真实的情境，有利于唤醒长时记忆中有关的知识、经验或表象，从而使学习者能利用自己原有的认知结构中的有关知识与经验同化当前学习的新知识，或者对原有认知结构进行重组与改造。

要利用以多媒体技术与网络技术为核心的现代信息技术尽量创设生动、有趣的学习情境，引导学生多角度、多方位地对情境内容进行分析、比较与综合。

四、设计与提供信息资源

信息资源是指支持学习者进行自主学习的各种必要条件。在现代信息技术条件下，学习资源包括各种 CAI 课件、网络课程、教学平台、信息资源库等。丰富的信息资源是建构主义学习必不可少的条件。信息资源的设计，是指确定学习本主题所需信息资源的种类以及每种资源所起的作用。在进行信息资源设计时，教师必须详细考虑学生解决问题时需要查阅哪些资料，需要了解哪方面的知识。

五、自主学习设计

自主学习的核心是激发学生的积极性和主动性，充分体现学生的主体地位，是学生意义建构的基础。自主学习策略的具体形式较多，但无论什么形式都要求学生自主探索、自主发现。常见的自主学习策略主要有支架式、抛锚式、启发式、探究式、学徒式、随机进入式等。在选择自主学习策略时，教师须考虑主客观条件。主观条件指学习者的智力因素和非智力因素；客观条件指知识内容的特征。

六、协作学习设计

协作学习是在个人自主学习的基础上，通过小组讨论、协商，进一步完善和深化对主题的意义建构。整个协作学习过程均由教师组织引导，讨论的问题皆由教师提出。

七、形成性评价设计

以学为主的信息化教学设计的评价不仅重视学习结果的评价，更重视学习过程的评价。在评价方法上多采用案例、量规和档案袋等形式。

【说明】通过阅读以上“知识链接”中的内容，现在你知道在进行以学为主的教学设计过程中我们需要设计哪些要素了吗？将整理结果写在下面的方框中。

活动三　教案设计

【说明】请你结合“项目六任务四”中“创建信息化教学设计活动方案”的相关知识以及本任务“知识链接”中“以学为主的教学设计要素分析”的内容，设计一个以学为主的教学方案，写在下面的方框中。请以小组为单位讨论，并将成果在全班展示。

任务三
“以教为主”与“以学为主”的比较

活动一　头脑风暴

【说明】请对比图 7-9 以教为主的信息化教学设计与 7-10 以学为主的信息化教学设计的一般模式，说一说它们各自的优势是什么，在教学实践中如何选择。为提高教学效果，能否将两种教学设计模式整合起来进行考虑？请将你的答案写在下面的方框中。

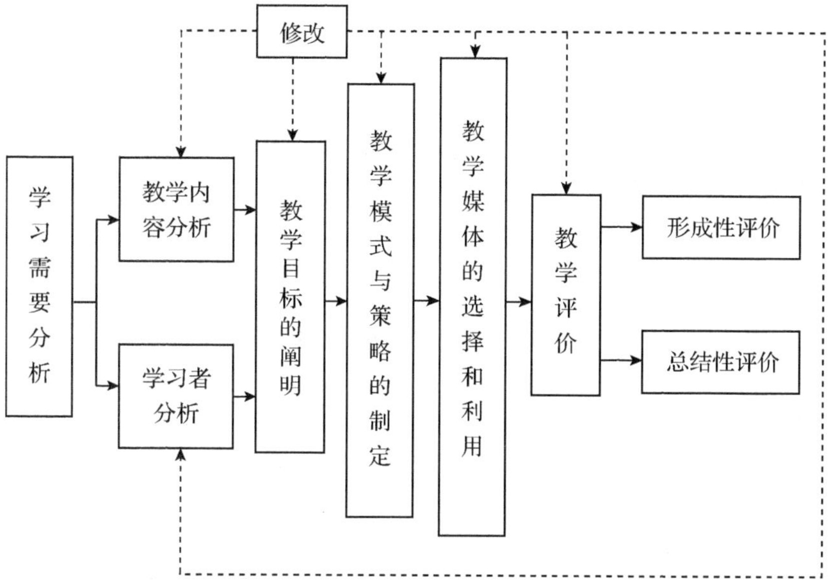

图 7-9　以教为主的信息化教学设计的一般模式①

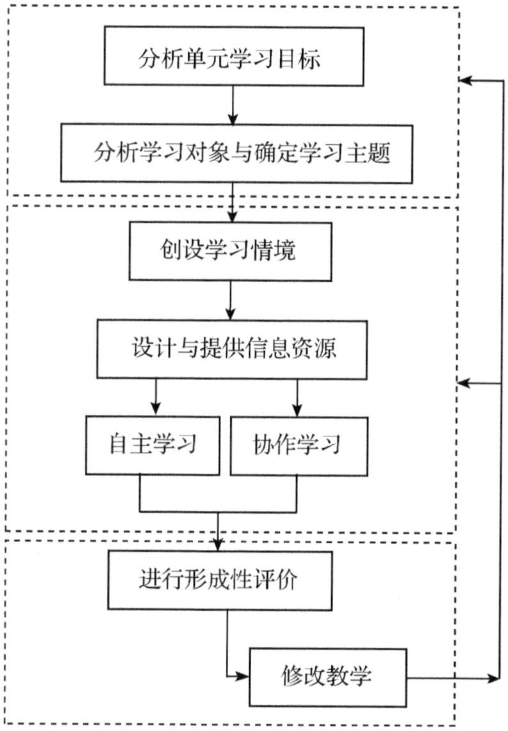

图 7-10　以学为主的信息化教学设计的一般模式②

① 李志河:《现代教育技术》,3 版,146～147 页,北京,清华大学出版社,2019。
② 李志河:《现代教育技术》,2 版,151～152 页,北京,清华大学出版社,2015。

活动二　案例分析

学习慕课课程，体验学教混合式的教学设计

目标：掌握学教结合的信息化教学设计的开发流程。

【说明】请同学们从以下网址中任选其一进入慕课平台，查找与自己学科相关的课程并进行注册学习，思考后面的问题。

中国大学 MOOC(https：//www. icourse163. org/)。

慕课网(https：//www. imooc. com/)。

学堂在线(https：//www. xuetangx. com/)。

学银在线(http：//www. xueyinonline. com/)。

注册的 MOOC 平台名称及网址：____________________。

所选课程名称：____________________。

①请同学们观看相关课程，结合本活动"知识链接"中关于慕课的知识内容，讨论该课程的教学设计属于以教为主还是以学为主，将结果写在下面的方框中。

②请结合"任务一"与"任务二""知识链接"中关于教学设计要素的相关知识，讨论慕课的教学设计要素有哪些，如何对各个要素进行分析。将结果写在下面的方框中。

③以小组为单位，讨论慕课教学的优点与不足，将结果写在下面的方框中。

【知识链接】

慕课①

“慕课”(MOOC)，“M”代表 Massive(大规模)，与传统课程只有几十个或几百个学生不同，一门慕课课程的学习者可达上万人甚至更多。第二个字母“O”代表 Open(开放)，以兴趣为导向，凡是想学习的，都可以进来学，不分国籍，只需一个邮箱，就可注册参与。第三个字母“O”代表 Online(在线)，学习在网上完成，无须旅行，不受时空限制。第四个字母“C”代表 Course，就是课程的意思。

活动三　教案设计

让我们一起设计慕课的教学方案！

【说明】请你结合“项目六任务四”中“创建信息化教学设计活动方案”的相关知识以及本项目“任务一”与“任务二”“知识链接”中教学设计要素的相关知识，设计一个慕课的教学方案，写在下面的方框中。请以小组为单位讨论，并将成果在全班展示。

任务四
“翻转课堂”翻转了什么

活动一　认识翻转课堂

【说明】阅读“知识链接”中有关翻转课堂的知识内容，小组成员之间进行讨论，并思考以下问题。

①翻转课堂与传统课堂有何不同，教师和学生的行为发生了哪些变化？将你的答

① 李志河：《现代教育技术》，3 版，218～219 页，北京，清华大学出版社，2019。

案写在下面的方框中。

②翻转课堂有哪些类型？如何区分不同类型的翻转课堂？将你的答案写在下面的方框中。

③翻转课堂的设计包括课前设计模块和课堂活动设计模块，请你简要归纳每一模块中教师和学生须准备的工作，写在下面的方框中。

【知识链接】

翻转课堂①

一、翻转课堂概述

翻转课堂是首先由教师创建教学视频，学生在家或课外观看视频讲解，然后回到课堂中进行师生、生生间面对面的交流、分享学习成果，以实现教学目标为目的的一种教学模式。它主要以建构主义和掌握学习理论为指导，以现代教育技术为依托，从教学设计到教学视频的录制、网络自学、协作学习、个性化指导、教学评价等方面都对传统教学进行了颠覆。

二、翻转课堂模式

翻转课堂强调任务驱动和问题导向，要求学生根据预习任务学会结构化思考，由

① 李志河：《现代教育技术》，2版，158～165页，北京，清华大学出版社，2015。收入本书时有改动。

浅入深地逐步形成自主解决问题的能力；要求教师学会制作和上传教学视频，善于运用专题学习网站，善于组织交流学习成果，善于在聆听中发现学生的思维脉络，学会智慧地指导学生，并且在课堂上对需要帮助的学生做一对一的个性化指导。图 7-11 所示为翻转课堂模式图。

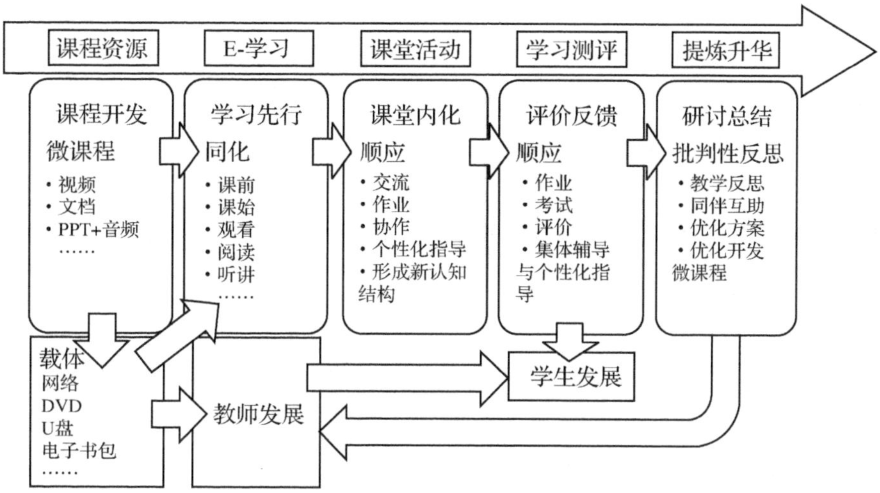

图 7-11　自主学习翻转课堂模式图

三、翻转课堂的教学设计

(一)课前设计模块

1. 教学视频的制作

自麻省理工学院(MIT)开放课件运动(OCW)以来，世界上涌现了一批高校、组织或者个人进行开放教育资源的建设，例如：哈佛公开课、耶鲁公开课、可汗学院课程、中国国家精品课程、大学公开课等。教师可以在优质开放教育资源中，寻找与自己教学内容相符的视频资源作为课程教学内容，提高了资源的利用率，节省了人力、物力，也使学生接触到国际优秀教师的最新教学内容。然而它也存在一些弊端，网络上的开放教育资源可能会与课程目标、课程内容不完全相符。

教师自行录制教学视频能够完全与教师设定的教学目标和教学内容相吻合，同时教师也可以根据学生的实际情况对教学内容进行针对性讲解，并可根据不同班级学生的差异性多版本地录制教学视频。在具备这些优势的同时，自行录制教学视频也向教师的教学技术和时间提出了挑战。

教学视频的视觉效果、互动性、时间长度等对学生的学习效果有着重要的影响。因此，教师在制作教学视频时需要考虑视觉效果、支持和强调主题的要点、设计结构的互动策略等，帮助学生构建内容丰富的学习平台，同时也要考虑学生能够坚持观看视频的时间等因素。

2. 课前针对性练习

学生在看完教学录像之后，应该对观看过程中的收获和疑问进行记录。同时，学生要完成教师布置的针对性课前练习，以加强对学习内容的巩固并发现疑难之处。对于课前练习的数量和难易程度，教师要合理设计，利用“最近发展区”理论，帮助学生利用旧知识完成向新知识的过渡。

对于学生课前的学习，教师应该利用信息技术提供网络交流支持。学生在家可以通过留言板、聊天室等网络交流工具与同学进行互动沟通，了解彼此之间的收获与疑问，同学之间能够进行互动解答。

(二)课堂活动设计模块

教师在设计课堂活动时，应充分利用情境、协作、会话等要素发挥学生的主体性，使其完成对当前所学知识的内化。

1. 确定问题

教师需要根据课程内容和学生观看教学视频、课前练习中提出的疑问，总结出一些有探究价值的问题。学生根据理解与兴趣选择相应的探究题目。在此过程中，教师应该有针对性地指导学生选择题目。

教师根据所选问题对学生进行分组，其中，选择同一个问题者将组成一个小组，小组规模控制在5人以内。然后组员根据问题的难易、类型进行小组内部的协作分工设计。

在翻转课堂中，技术工具和信息资源是学生学习的基础。个性化学习环境的创建能够使学生成为自我激励的学习者，拥有强大的自主学习控制权。学生能够通过教学指导和技术工具进行自我组织的探究性学习。个性化学习环境的设计基于可协作学习环境中发生的学习而不是整齐划一地传授知识。

2. 独立探索

独立学习能力是学习者应该具备的重要素质之一。从个体的发展角度来说，学生的学习是从依赖走向独立的过程。在翻转课堂的活动设计中，教师应该注重和培养学生的独立学习能力。教师要从开始时的选择性指导逐渐转为学生的独立探究学习，把尊重学生的独立性贯穿于整个课堂设计中，让学生在独立学习中构建自己的知识体系。

3. 协作学习

在翻转课堂的交互性活动中，教师需要随时捕捉学生的动态并及时加以指导。小组是互动课程的基本构建模块，其互动涉及2～5人。在翻转的课堂环境中，小组合作具有以下优势：每个人都可以参与活动；允许和鼓励学生以低风险、无威胁的方式有意义地参与活动；可以为参与者提供与同伴交流的机会，并可随时检查自己想法的正确性；提供多种解决问题的策略，集思广益。

指导翻转课堂小组活动的教师，要适时地做出决策，选择合适的交互策略，保证小组活动的有效开展。常用的小组交互策略有头脑风暴、小组讨论、浅谈令牌、拼图学习、工作表等。

4. 成果交流

学生经过独立探索、协作学习之后，完成个人作品或者小组的成果集锦。学生需要在课堂上进行汇报、交流学习体验，分享作品制作的成功和喜悦。成果交流的形式可多种多样，如举行展览会、报告会、辩论会、小型比赛等。在成果交流中，参与的人员除了本班师生以外，还可有家长、其他学校师生等校外来宾。

除在课堂直接进行汇报之外，还可翻转汇报过程，学生在课余将自己的汇报过程进行录像，上传至网络平台，教师和同学在观看完汇报视频后，在课堂上进行讨论、评价。

5. 反馈评价

翻转课堂中的评价体制与传统课堂的评价完全不同。在这种教学模式中，评价应该由专家、学者、教师、同伴以及学习者自己共同完成。翻转课堂不但要注重对学习结果的评价，还通过建立学生的学习档案，注重对学习过程的评价，真正做到定量评价和定性评价、形成性评价和总结性评价、对个人的评价和对小组的评价、自我评价和他人评价之间的良好结合。评价的内容涉及问题的选择、独立学习过程中的表现、在小组学习中的表现、学习计划安排、时间安排、结果表达和成果展示等方面。对结果的评价强调学生的知识和技能的掌握程度，对过程的评价强调学生在实验、各种原始数据、活动记录表、调查表、访谈表、学习体会、反思日记等方面的表现。

活动二　设计翻转课堂

步骤一　设计微课教学

【说明】图 7-12 所示是微课整体教学设计模式，请你认真观察，思考：如何对微课的教学设计要素进行分析？将结果写在下面的方框中。

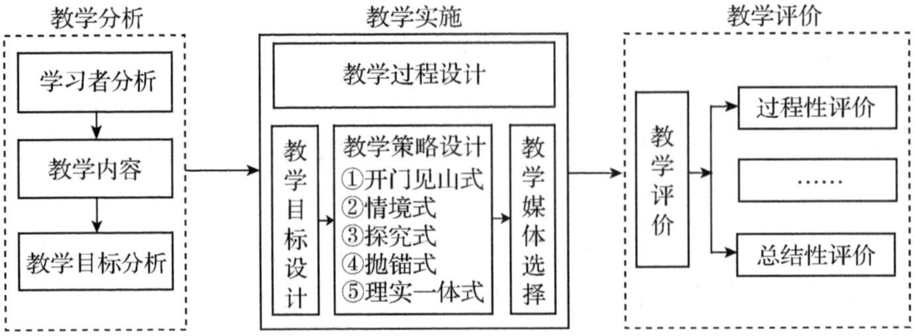

图 7-12　微课整体教学设计模式

【知识链接】

教学策略设计

开门见山式：

特点：直截了当、直奔主题。

教学方式：适合知识点、内容单一、时间短、适合系列微课开发。

表现形式：根据课程的不同选择不同的形式。(如图 7-13 所示)

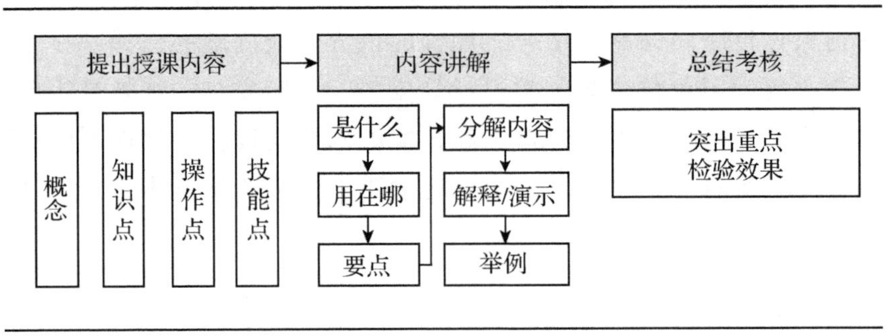

图 7-13　开门见山式

抛锚式：

抛锚式教学策略设计基于实例式和问题式。

特点：直截了当、直奔主题。

表现形式：根据课程的不同选择不同的形式。(如图 7-14 所示)

理实一体式：

理实一体式教学策略设计突破理论与实践相脱节的现象，教学环节相对集中。在整个教学环节中，理论和实践交替进行，直观和抽象交错出现，没有固定的先实后理或先理后实，而是理中有实，实中有理。(如图 7-15 所示)

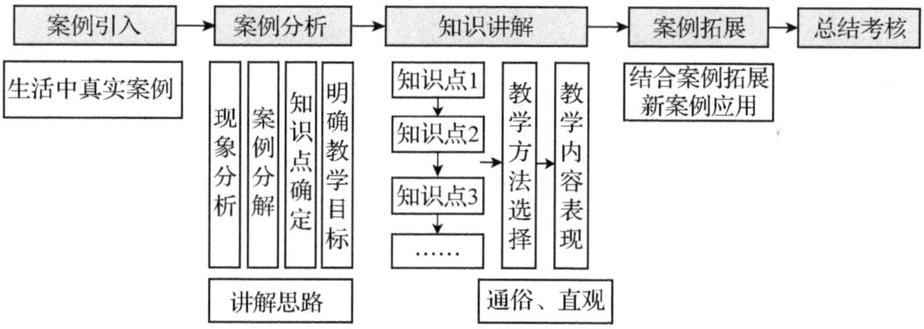

图 7-14　抛锚式

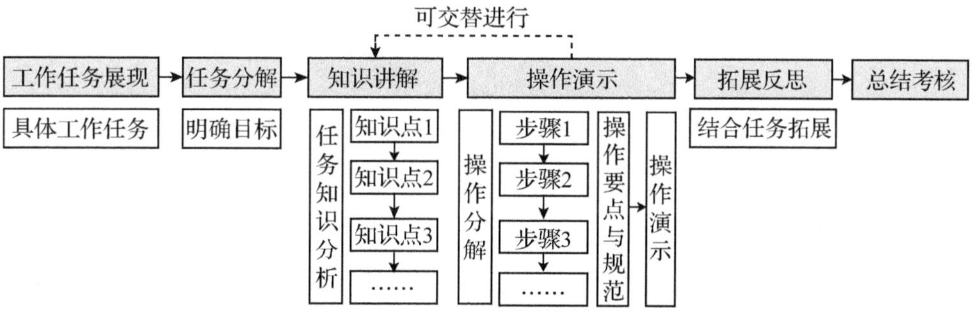

图 7-15　理实一体式

步骤二　制作教学视频

【说明】图 7-16 所示是微课开发流程的示意图。请你认真观察该教学视频的制作流程，与小组成员讨论每一个环节具体的准备工作，以小组为单位，任选主题，试着录制一个 5 分钟左右的教学小视频。

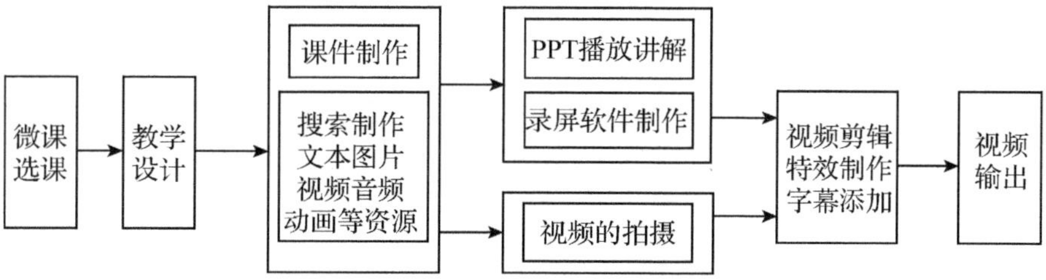

图 7-16　微课开发流程

【知识链接】

微课录制的原则

原则一：能够吸引学生的注意。

原则二：能够让学生易于理解。

原则三：能够让学生易于记忆。

原则四：能够提出问题，激发学习动机。

原则五：能够让学生觉得老师在身边。

原则六：好的逻辑框架和结构。

原则七：时间尽可能短一些。

原则八：动起来。

原则九：减少冗余信息和干扰。

原则十：保证技术上的规范。

【拓展练习】

①回忆活动一中“知识链接”的相关内容，思考：在课堂活动的各个环节如何发挥学生主体、教师主导的作用？请将结果写在下面的方框中。

②讨论翻转课堂的优点与不足，将结果填在下面的方框中。

项目八

实施信息化教学方案

学而不思则罔，思而不学则殆。

——《论语》

学习目标

①理解信息化教学方案的定义。

②掌握信息化教学方案的制定过程。

③理解说课的定义以及说课与讲课的区别。

④学会撰写完整的说课稿。

⑤能够根据教学设计方案进行说课。

学习任务

任务一　初识信息化教学方案

任务二　探索信息化教学方案的制定过程

任务三　感受说课——信息化教学的预演

任务四　撰写说课稿

任务五　初试说课

任务一
初识信息化教学方案

活动一　学习信息化教学方案的基本概念

【说明】本活动的目的是让学习者理解信息化教学方案的含义。大家在之前的学习过程中，已经理解了信息化教学设计，掌握了如何设计信息化教学活动，本项目将具体实施信息化教学，我们首先学习信息化教学方案的基本概念。

信息化教学设计就是运用系统方法，以学为中心，充分利用现代信息技术和信息资源，科学地安排教学过程的各个环节和要素，以实现教学过程的优化。应用信息技术构建信息化环境，获取、利用信息资源，支持学生的自主探究学习，培养学生的信息素养，提高学生的学习兴趣，从而优化教学效果。以信息化教学设计为出发点，教师编写的教案即为信息化教学方案。

通过学习以上内容，理解信息化教学方案的含义，你对信息化教学方案有没有新的认识呢？请你和大家分享，并将其写在下面的方框中。

活动二　体会信息化教学方案

【说明】本活动的目的是让学习者在了解信息化教学方案基本概念的基础上，对信息化教学方案有进一步体会。让我们先看一个信息化教学案例。

【案例展示】

小学语文《圆明园的毁灭》

一、课程概述

《圆明园的毁灭》是人教版小学《语文》五年级上册第14课的课文。该课文以简洁优美的语言、丰富深刻的内容，讲述了圆明园昔日的辉煌和它的毁灭过程，旨在激发学生对祖国灿烂文化的热爱和对侵略者强盗行径的仇恨，增强学生振兴中华的责任感和使命感。这是一篇向学生进行爱国主义教育的佳作。

二、学习者特征分析

对于五年级学生来说，他们对语言文字有一定的理解能力，在预习课文后对这段历史会有一定的了解，但由于学生对圆明园的历史、园林艺术以及英法联军的侵略了解不够，其爱与恨的情感不够强烈，尤其需要教师引导，把这份情感升华到对民族的责任感。学生思维活跃，肯动脑筋，能积极参与讨论，发表自己的观点。学生都具备一定的自学能力，借助网络学习的能力较强，能运用网络查寻、收集有用的资料帮助学习，能够运用掌握的信息技术使用PPT创造性地制作电子作品。

三、教学目标分析

①学生学会生字、词；能流畅地、有感情地朗读课文第三、四自然段。

②学生会利用课件和网络资源，了解圆明园的园林艺术、历史文物，以及圆明园的辉煌和它的毁灭过程。

③学生能够熟练地运用网络收集、分析、处理和评价信息。

④学生语言表达能力、小组讨论技巧得到提高，参与意识得到增强。学生会利用PPT制作电子作品，并能向小组成员或全班同学做出口头汇报。

⑤学生增强热爱祖国的思想感情、振兴中华的责任感和使命感。

四、教学重点、难点

①重点：理解课文内容，了解圆明园昔日的辉煌和它的毁灭过程，激发学生热爱祖国的思想感情。

②难点：利用PPT创造性地制作电子作品，分析、处理和评价信息，通过感悟和想象，在脑海中再现圆明园昔日的辉煌。

五、教学资源

①多媒体教学环境。

②人民教育出版社出版的义务教育教科书《语文》五年级上册。

③为本课制作的多媒体课件。

④课前让学生自主搜集的关于圆明园的材料。

⑤影片《火烧圆明园》视频片段。

六、教学策略

教师营造一种自主、协作、探究的课堂教学情境。教师提供大量的学习资源，指导学生自主学习，为学生分组，引导学生进行分工协作，利用网络检索、整理资料，探究问题根源，制作电子作品。教师组织并指导学生互问互答，促进学生之间的交流，锻炼学生的思维能力和表达能力。

七、教学过程

教学过程见表 8-1。

表 8-1 《圆明园的毁灭》教学过程

教学环节	教师活动	学生活动
创设情境，导入新课	教师播放《圆明园的毁灭》的课件，播放课文朗读音频，导入课题； 教师提问，看完课件内容，有哪些感受，心情是怎样的	学生认真观看课件内容，听朗读； 学生通过讨论，激发爱国热情
任务驱动，了解学生预习情况	教师提出任务，让学生汇报预习情况； 让学生交流如下问题，当年的圆明园是什么样的，是怎样被毁灭的； 发现学生出现的问题并及时纠正	小组合作，交流预习收获和感受，回答关于预习情况的问题，提出疑惑
分组汇报，整体感知	教师布置任务，收集园林艺术、历史文物、园林毁灭等资料，要求学生分组制作电子作品，并就上述几方面进行提问，对学生回答的问题进行适当补充	利用网络检索、整理信息，小组分别进行演示汇报，并回答教师提问； 小组间可自由提问，交流
感受昔日辉煌	课件展示圆明园的景观、收藏的文物珍宝； 教师引领学生感受昔日圆明园的辉煌； 让学生朗读课文，提出问题，引导学生思考，为什么说“圆明园是当时世界上最大的博物馆、艺术馆”	学生欣赏课件中的图片，有感情地朗读课文第二至四自然段，在朗读中思考、想象； 学习课文中生字、词，交流讨论教师提出的问题
体会“毁灭”之痛	播放《火烧圆明园》视频片段，引导学生观看视频后谈感受、体会	默读第五自然段，学习课文中的生字、词，概括侵略者毁灭圆明园的强盗行径； 观看视频，谈观看后的感受
激发爱国情怀	引导学生思考，课文题目是“圆明园的毁灭”，作者为什么用那么多笔墨写圆明园昔日的辉煌，让学生交流想法； 布置任务，升华情感； 教师提问，如果你正站在圆明园的废墟旁，望着眼前的景象，你想说点什么	学生交流讨论，回答教师的提问

八、评价

本节课把评价的侧重点放在学生的学习活动上，围绕学生主动学习来评价(见表 8-2)；充分利用现代教育技术，创建量规，使评价具有客观性和可操作性，便于掌握和应用。

表 8-2　评价表

评价指标	统计指标	统计结果
学生参与的时间	学生课前主动预习时间/分钟	
	学生课上学习时间/分钟	
学生参与的广度、深度	自我学习和小组学习时间/分钟	
	自我学习和小组学习次数	
	回答问题的人次	
	回答问题的正确率/%	
学生参与的认知水平	开放性问题	
	学生提供多种答案/次	
	教师提供多种答案/次	
	综合性和推理性问题	
	学生得出结论/次	
	教师提供结论	
	学生回答有创意/次	
	学生主动提问/次	
现代教育技术应用	使用时间/分钟	
	使用熟练程度	

练习：

根据上面的案例，以小组(4～5 人)为单位开展如下主题的讨论：如果让你们编写信息化教学方案，应该遵循哪些编写原则呢？请将小组讨论结果写在下面的方框中。

任务二
探索信息化教学方案的制定过程

活动　探索一个完整的信息化方案的制定过程

【说明】学习者通过学习下面的案例理解信息化教学方案的制定过程，总结信息化教学方案的编写流程并制定方案。

【案例展示】

以初中一年级“信息技术”课程为例，抽取该课程“第四章电脑的文件柜——‘资源管理器’”的“第三节信息的整理和查询——‘文件及文件夹的基本操作’”，展示一个完整的信息化教学方案的制定过程。

“文件和文件夹的操作”信息化教学方案的制定

一、教材分析

教材选用华中师大版七年级上册《信息技术》。这节课的内容包含书本“文件及文件夹的基本操作”中关于文件夹的建立以及文件及文件夹的选定、复制、移动、删除、重命名等。教材详细地介绍了文件夹的新建以及文件及文件夹的选定、复制、移动、删除、重命名的操作方法。本课主要以具体任务为驱动，通过教师引导，让学生自主协作学习，学会文件及文件夹的相关操作方法，理解外界的各种信息是以什么形式存放在计算机中的，计算机又是如何管理文件及文件夹的。这部分内容在本书中占重要地位，在以后的学习中，也会经常使用到文件及文件夹的管理方法。

二、学习者特征分析

初中一年级的学生，在小学学习过“信息技术”课程，对基本的计算机操作有一定的基础。“信息技术”课程是一门比较特殊的学科，操作性较强。大部分学生对此非常感兴趣，学习较积极，比较热情，学习的气氛比较不错。在学到本节课内容时，学生已掌握了用“我的电脑”查看计算机中的资源的方法，但基于年龄的特点，他们对理论性强的知识点不易理解，认知较直观，而对具体操作易于接受。

学生掌握知识能力水平及生活环境等因素的不同，造成他们对信息技术的认知能力、实际操作能力、知识水平各不相同，形成了不同的层次。

三、教学目标

①知识与技能：掌握文件及文件夹的新建、移动、复制、删除、重命名等操作，特别是移动和复制的操作。

②过程与方法：以具体任务为驱动，通过教师引导，让学生自主协作学习，在掌握操作方法的同时，自学、分析、归纳、解决问题的能力有所提高，能利用信息技术的技能去获取知识。

③情感态度与价值观：在教学过程中，引导学生合作探究，相互讨论，学生能相互信任，相互支持，共同提高，培养学生的集体意识和合作意识。

四、教学重点、难点

重点：文件夹的建立、删除和重命名的操作。

难点：文件和文件夹复制和移动的区别，文件和文件夹的复制、移动的几种方法。

五、教学模式

本课以“任务驱动”的教学模式开展教学。学生的学习过程力求体现自主性、合作性、开放性、研究性和实践性。

六、教学过程设计

教学过程设计见表 8-3。

表 8-3　教学过程设计

教学环节	教师活动	学生活动
创设情境 联系实际 导入新课	用 PPT 播放一些生活图片，供学生欣赏； 请学生评价图片中的事物，通过学生感兴趣的事物，让学生在头脑中有一个具体的印象，这样从生活实际过渡到计算机专业术语更能激发学生的兴趣和求知欲； 用打比喻的方法，引出本课主题	明确学习目标： ①理解文件夹的含义； ②理解文件的概念
任务驱动 共同学习	任务一：新建文件及文件夹 教师演示新建文件及文件夹的方法。在操作过程中渗透信息素养教育，注意创建文件夹的两个要点：不要随意建立文件夹，尽量不要存放于系统盘； 提出任务：在 E 盘创建两个文件夹	自主完成任务、相互讨论，发现问题，及时提出，共同解决问题； 发挥主体作用，体现协作式学习的优势所在； 学有余力的学生完成操作之后进行自主探究
任务驱动 共同学习	任务二：重命名文件与文件夹 ①展示任务内容，将在 E 盘创建的两个文件夹分别重命名为“音乐”“图片”； ②教师演示相关任务； ③提出问题，如果同时创建两个同名的文件夹能不能完成，会有什么结果出现，由此你可以得出什么结论	自主学习或小组同学间开展互助学习共同解决问题，并实践操作； 展开讨论，回答教师的提问； 通过实践操作加深学生对知识点的理解，通过提出问题，培养学生发现问题、分析问题的能力

（续）

教学环节	教师活动	学生活动
任务驱动 分层推进	任务三：复制和移动文件及文件夹 ①展示任务内容，将E盘“音乐”文件夹移动到D盘，将“图片”文件夹复制到F盘； ②教师演示相关任务； ③引导学生观察移动与复制的区别； ④提出问题，复制和移动文件夹的方法都有哪些	明确学习任务、自主完成； 讨论移动文件夹与复制文件夹的区别； 讨论并用实践来解决教师提出的问题
任务驱动 共同学习	任务四：删除和恢复文件及文件夹 ①提出任务，将D盘“音乐”文件夹进行删除操作； ②教师演示任务操作； ③教师点评，文件及文件夹进行“一般删除”操作后，它们仍存在于计算机的“回收站”中，可以在回收站中将文件及文件夹恢复； ④提出问题，怎样彻底删除文件与文件夹	认真观察、明确学习任务； 自主完成操作； 讨论并用实践来解决教师提出的问题； 掌握“一般删除”和“彻底删除”操作的区别
综合任务 巩固所学	任务五：布置综合任务，巩固所学 提出任务：传送资料文件夹，里面包含多种类型文件，要求学生对资料文件夹里的文件进行归类整理，移动或复制文件到指定的新建的文件夹中	通过一个完整的例子综合巩固本课所学的内容，进行实践操作，可以独立完成也可以合作完成，提高应用所学知识解决实际问题的能力

七、教学评价设计

教师创建量规，向学生展示他们如何被评价（来自教师和小组其他成员的评价）。学生也可以创建自我评价表，对自己的学习情况进行评价。

①对每个任务中学生的回答给予点评，同时请学生演示操作的具体方法。

②各小组选择一个代表演示操作并进行总结。

A. 选定第一个文件。

B. 按住Ctrl键或Shift键选择其他文件。

C. 在选定区域内点击右键选择剪切命令剪切文件，粘贴到指定位置。

③操作不熟练的同学继续练习旧任务，操作熟练的同学进行新任务训练。

练习：

根据以上信息化教学方案案例，总结并简述制定一个完整的信息化教学方案需要哪些环节和内容。请将你的答案写在下面的方框中。

任务三
感受说课——信息化教学的预演

活动一　理解说课的含义

【说明】本活动的目的是让学习者理解说课的定义及意义。说课，是一种教学、教研改革的手段。实践证明，说课活动能有效地调动教师投身教学改革、学习教育理论、钻研课堂教学的积极性，是提高教师素质、培养造就研究型学者型青年教师的有效途径之一。

说课就是教师口头表述具体课题的教学设想及其理论依据，也就是授课教师在备课的基础上，面对同行或教研人员，讲述自己的教学设计，然后由听者评说，达到互相交流、共同提高的目的的一种教学研究和师资培训活动。通俗地说，说课其实就是说说你要教什么、怎么教、为什么要这样教。

通过学习以上内容，理解说课的含义，你对说课有没有新的认识呢？和大家分享，并写在下面的方框中。

活动二　体会说课

【说明】本活动的目的是让学习者通过观看说课视频对说课的基本概念有基本了解后，对说课有进一步的体会。

请大家利用自己掌握的信息化资源获取方法，上网搜索两个说课大赛获奖视频案例。

根据视频案例，思考下列问题：你参与过说课活动吗？说课的意义有哪些？请将你的答案写在下面的方框中。

活动三　理解说课与讲课的区别

【说明】在该活动中，学习者通过总结说课的特点，对说课和讲课进行比较，总结两者的区别。确切地说，说课是介于备课和上课之间的一种教学研究活动，它对于备课是一种深化和检验，能使备课理性化，对于讲课而言是一种严密的科学准备。

大家都参与过讲课活动，通过观看活动二的说课视频案例，一定对说课有了进一步的认识，根据之前所学并上网查阅相关资料，总结说课和讲课的区别。填写表 8-4。

表 8-4　说课和讲课的比较表

要点类型	说课	讲课
定义		
要求		
对象		
内容		
意义		
时间、地点		

任务四
撰写说课稿

活动　制定完整的说课稿

说课稿应包含教师在教学时间段准备教授什么、准备怎样教授以及为什么这样教授三类问题。具体而言，就是要从教学对象分析、教学内容、教学目标、教学重难点、教学方法、教学过程及课前教学思考等方面进行阐述。

【说明】请大家以"'文件和文件夹的操作'信息化教学方案的制定"为参考，结合上面讲述的内容，以小组(4～5 人)为单位，制定"文件和文件夹的操作"的说课稿，字数在 300 字之内，写在下面的方框中。

任务五
初试说课

活动　说课练习

【说明】根据前面所学，小组(4～5 人)先进行组内说课练习，再进行小组间说课比赛。学习者通过实践进一步掌握说课，进而更好地实施信息化教学方案。

练习：

请大家思考说课有哪些注意事项，将你的答案写在下面的方框中。

【学习资源】

①李志河. 现代教育技术[M]. 3版. 北京：清华大学出版社，2019.

②吴彦文. 信息化环境下的教学设计与实践[M]. 北京：清华大学出版社，2018.

【拓展练习】

①结合自己的专业，选择你熟悉的学科主题，设计一个信息化教学方案。

②针对设计的信息化教学方案，有针对性地撰写说课稿并进行说课练习。

项目九

信息化教学评价的开展

见贤思齐焉，见不贤而内自省也。

——《论语》

学习目标

①了解教学评价的基本概念。

②了解教学评价的类型和功能。

③理解传统教学评价与信息化教学评价的异同。

④理解信息化教学评价的原则。

⑤学会利用信息化评价工具进行教学评价。

学习任务

任务一　认识教学评价

任务二　探索教学评价类型与功能

任务三　掌握信息化教学评价的原则

任务四　巧用信息化教学评价工具(方法)

任务五　初试对本课程学习过程进行评价

任务一
认识教学评价

活动一　学习教学评价的基本概念

【说明】本活动的目的是让学习者理解教学评价的含义。教学评价是现代教育技术的重要理论与实践领域。由于信息化环境下的教学和传统教学有明显的不同，如何开展信息化环境下的教学评价是我们要学习的新内容。我们首先来学习教学评价的基本概念。

教育质量的提高首先取决于教学质量的提高，要提高教学质量就必须对教学提出一定的质量要求。而对教学是否达到了一定质量要求的判断就是教学评价。换言之，教学评价就是以教学目标为依据，制定科学的标准，运用一切可行的评价技术手段对教学活动的过程及其结果进行测定、衡量，并给予价值判断的过程。也可以说，教学评价是对学生的学和教师的教进行系统的调查，并评定其价值的优缺点以求改进的过程。教学评价的实质是对教学活动给予价值上的确认，并引导教学活动向预定的目标发展。

通过学习以上内容，理解教学评价的含义，你对教学评价有没有新的认识呢？和大家分享你的认识，并写在下面的方框中。

活动二　体会教学评价

【说明】本活动的目的是让大家对教学评价的基本概念有基本了解后对教学评价有进一步体会。完整意义上的教学评价应该是对教学情境中师生双方教与学两个方面的评价。大家在之前的学习过程中，或多或少地参与过不同类型的教学评价，对教学评价有一定了解。让我们先看两个教学评价案例。

【案例展示】

案例 1：学校 A 每学期都要开展期中教学检查，其间开展多项教学评价活动，例如：组织开展师生座谈会；组织学生对学校教学资源进行评价；开展网络调查问卷对教学质量进行测评等。

案例 2：教师 A 在开课前给学生提出了期望达到的目标，开课第 5 周和第 10 周分别组织学生进行自评和互评，了解其知识和技能的掌握情况。

根据以上两个案例，思考下列问题：你参与过哪些教学评价？请对你参与过的教学评价做简单描述，写在下面的方框中。

任务二
探索教学评价类型与功能

活动一　探索教学评价的功能

【说明】在该活动中，请你根据所给提示，进一步探索教学评价的功能。教学评价对提高教学效果具有明显的促进作用，可以概括为以下五个方面(如图 9-1 所示)。

图 9-1　教学评价的功能

根据上面的提示信息，请你通过上网查询相关资料对以上功能做进一步解释，并举例说明。请填写表 9-1 教学评价的功能。

表 9-1　教学评价的功能

功能	释义	举例说明
反馈调节功能		
诊断指导功能		
强化激励功能		
教学提高功能		
目标导向功能		

活动二　探索教学评价的类型

在教学中应用的评价有很多类型，根据不同的分类标准，可对教学评价进行不同的划分，具体如图 9-2 所示。

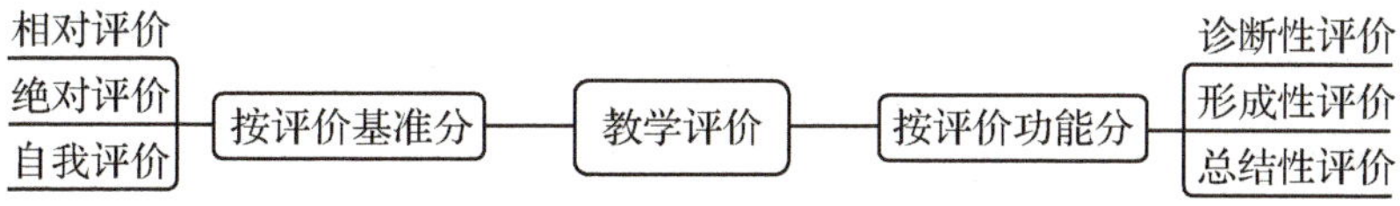

图 9-2　教学评价类型

一、按照评价基准划分

按照评价基准划分，可分为相对评价、绝对评价和自我评价。

相对评价是指在被评价对象的群体或集合中建立基准，然后把各个对象逐一与基准进行比较，判断群体中每一成员的相对水平。为相对评价而进行的测验通常称作常模参照测验，测验成绩主要表明学生学习水平的相对等级。

绝对评价是指在被评价对象或集合之外建立基准，把群体的每一个成员的某种指标逐一与基准进行比较，从而判断其优劣。为绝对评价而进行的测验一般称作标准参照测验，测验成绩主要表明教学目标的达标程度。

自我评价的评价基准既不是建立在被评价群体之内，也不是建立在被评价群体之外，而是在被评价个体自身上，主要是将被评价个体的过去和现在相比较，或者是对其若干侧面进行比较。

二、按照评价功能划分

按照评价功能划分，可分为诊断性评价、形成性评价和总结性评价。

诊断性评价也称教学前评价或前置评价。一般是在某项教学活动开始之前，对学生的知识和技能、智力和体力以及情感等状况进行“摸底”。其目的是设计可以满足不同起点水平和不同学习风格的学生所需要的教学方案和教学程序。

形成性评价是在某项教学活动的过程中，为使活动效果更好而不断进行的评价。它能及时了解阶段教学的结果、学生学习的进展情况和存在的问题等，以便及时反馈、及时调整和改进教学工作。形成性评价进行得比较频繁，如课堂提问、课后作业、一个章节或一个单元后的小测验等。

总结性评价又称事后评价，一般是在教学活动告一段落时，为把握活动最终效果而进行的评价。如学期末或学年末各门学科的考核、考试，目的是验明学生的学业是否达到了各科教学目标的要求。总结性评价注重的是教与学的结果，借以对被评价者所取得的较大成果做出全面鉴定、区分等级，对整个教学方案的有效性做出评定。

【说明】上述三种类型的教学评价各有各的特点，请你根据上面的内容结合网络搜索的相关资料，加上自己对三种类型的教学评价的理解，填写表 9-2。

表 9-2　诊断性评价、形成性评价和总结性评价对比情况表

要点	诊断性评价	形成性评价	总结性评价
实施时间			
评价目的			
评价方法			
评价作用			

练习：

在学习上述内容的基础上，小组(4～5 人)讨论：在实际的教学评价中，每一种评价是孤立使用还是多种教学评价结合使用？说明理由，并将讨论的结果写在下面的方框中。

练习：

对于教学评价的类型，除了从以上几个方面进行分类之外，你认为还可以有哪些分类方法呢，请写在下页的方框中。

活动三　理解传统教学评价与信息化教学评价的不同

【说明】在本活动中，请你通过掌握的传统教学评价的特点，总结信息化教学评价的特点，并理解它们的不同。

一、信息化教学评价

在传统形式的教育中，教师的任务是传授知识，控制着学生对信息的访问，其结果必然是以教师为中心的教学。而在信息化教学中，教师不再维持自己作为教学活动主体的角色，而是通过帮助学生获得、解释、组织和转换大量的信息促进学习并解决实际生活中的问题。也就是说，在信息化教学中，教学形式应该是以学生为中心的，学生承担着自我学习的责任，他们的角色由被动的接受者变为主动的知识建构者，并将最终被培养成为具有处理信息能力的、独立的终身学习者。

为了达到信息化教学的培养目标，即培养具有处理信息能力的、独立的终身学习者，其教学评价必须与各种相关的教学要素相适应，从而也必然与传统的教学评价不同。

二、信息化教学评价与传统教学评价的比较

信息化教学评价和传统教学评价的主要区别可概括为五点，根据前面所学和给定的传统教学评价的特点，请你上网查阅相关资料，总结信息化教学评价的特点，填写表 9-3 的空白部分。

表 9-3　信息化教学评价和传统教学评价的主要区别

要点	传统教学评价	信息化教学评价
评价目的	侧重于评价学习结果，以便给学生定级或分类；为了评价学习结果，传统的评价往往是正规的、判断性的	

（续）

要点	传统教学评价	信息化教学评价
评价标准及制定者	根据教学大纲或教师、课程编制者等的意图而制定，因而对学生的评价标准是相对固定且统一的	
对学习资源的关注	学习资源往往是相对固定的教材和辅导材料，因而对于学习资源的评价相对忽视，往往只是在教材和辅导材料等成为产品前，才有由特定学生与教师所实施的检验或实验性质的评价出现	
学生所获得的能力	学生的角色是被动的，他们通过教师的评价被定级或分类，并从评价的反馈中认识自己的学习是否达到预期	
评价与教学过程的整合性	评价往往是在教学之后进行的一种孤立的、终结性的活动，目的在于对学习结果进行判断，如图 9-3 所示	（参考图 9-4 所示的内容，填写本空格）

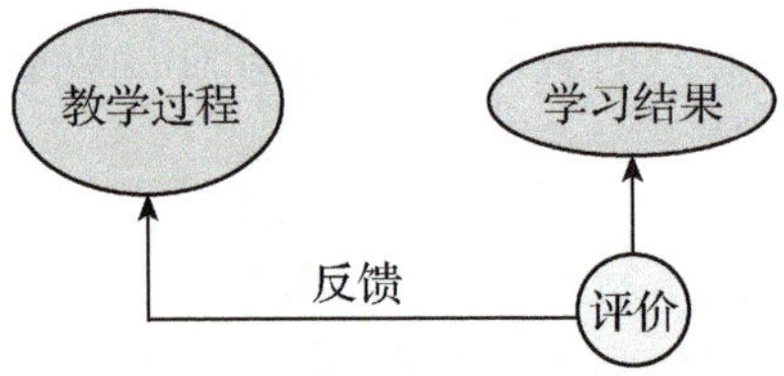

图 9-3　评价在传统教学中的位置

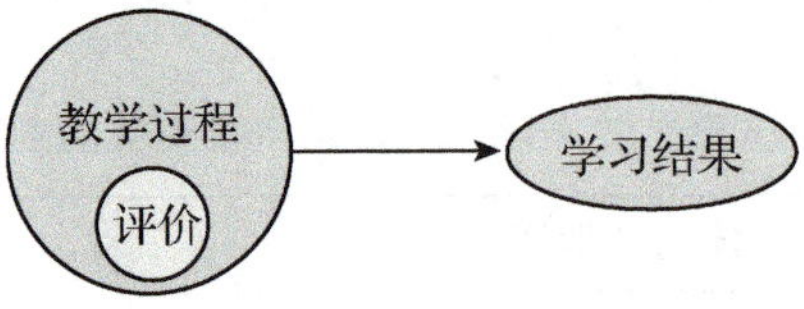

图 9-4　评价在信息化教学中的位置

练习：

在学习上述内容的基础上，小组（4～5 人）讨论：有人认为信息化教学评价与传统教学评价有着种种不同之处，因此传统教学评价和信息化教学评价在应用过程中是对立的，你认同这种说法吗，说说你的理由。请将讨论结果写在下面的方框中。

任务三
掌握信息化教学评价的原则

活动　掌握信息化教学评价的原则

【说明】在本活动中，大家要掌握信息化教学评价的原则，为后面具体开展教学评价做铺垫。

一、在教学进行前提出期望达到的目标

在信息化教学中，学生具有较大的自主权和控制权。在教学进行前，教师要预先通过提供范例、制定量规、签订契约等方式使学生对自己要达到的目标有一个明确的认识。

二、评价要基于学生在实际任务中的表现

在评价过程中，教师要关注学生在实际任务中所表现出的提问的能力、寻求答案的能力、理解的能力、合作的能力、创新的能力、交流的能力和评价的能力。评价的重点是如何使学生的这些能力得到发展和提高，而不仅仅是判断学生的能力如何。

三、评价是随时并频繁进行的

信息化教学中的评价是一个进行中的、嵌入的过程，也应该是随时并频繁进行的。目的是衡量学生的表现与教学目标之间的差距，进而及时改变教学策略，或者要求学

生改变他们的学习方法及努力方向。事实上，评价是促进整个学习发展的主要工具。

四、学生对评价进程和质量承担责任

学生参与制定评价的标准，知道如何回答和解决诸如“需要解决的问题是什么?”“我们怎样才能知道自己已经取得了进步?”“我们如何才能得到提高?”“我们怎样才能达到优秀?”之类的问题。教师鼓励学生进行自评或互评，并对评价的进程和质量承担责任。

练习：

教师A：同学们，我们共同参与，在开课前设计一个课程教学评价方案。如果你是其中的一员，你想怎么做呢？请写在下面的方框中。

【知识链接】

教学评价的步骤①

教学评价通常包括制订计划、选择评价方法、试用设计成果和收集资料、归纳和分析资料以及报告评价结果等几项工作。

一、制订评价计划

这部分工作是一项基础性的工作，主要包括以下几个方面：确立应收集的资料，确立评价标准、评价条件和评价者。

二、选择评价方法

不论收集哪种类型的资料都要借助某些方法，在教学系统设计成果的形成性评价中，主要使用测验、调查和观察三种评价方法。这三种方法在收集资料方面各有所长，如测验适宜于收集认知目标的学习成绩资料，调查适宜于收集情感目标的学习成绩资料，观察适宜于收集动作技能目标的学习成绩资料。此外，调查和观察还经常被用来收集教学过程中的各种资料，前者适宜于收集学生、教师和管理人员对教学的反馈资料，后者适宜于收集设计成果的使用是否按预先计划进行的资料。

---

① 李志河：《现代教育技术》，2版，147～148页，北京，清华大学出版社，2015。

三、试用设计成果和收集资料

这是两项不同性质的工作，但几乎是同时进行的，前者是手段，后者是目的。

四、归纳和分析资料

通过上述的观察、测验和问卷，评价者获得了一系列所需的资料，对资料进行深入分析，并在此基础上酝酿设计成果的修改方案。

五、报告评价结果

由于修改设计成果的工作不一定马上进行，也不一定由原设计者来做，因此需要把试行和评价的有关情况和结论形成书面报告。评价报告以简明扼要为宜，具体资料如各种数据、访谈、记录、分析说明等可以作为附件。

任务四
巧用信息化教学评价工具(方法)

【说明】虽然我们可以对传统的评价方法，包括测验、调查、观察等进行改造，使之在原有优势的基础上，尽可能满足信息化教学评价的要求，但这些是远远不够的。信息化教学评价需要发展一些新的评价方法(工具)。

活动一　学会几种教学评价方法

【说明】在本活动中，你将学习测验、观察、调查等几种教学评价方法的应用。请你在了解每种教学评价方法基本概念的基础上，通过实例操作来进一步实践。

【知识链接】

一、测验法

测验是了解学生认知目标达标程度的常用工具，它要求学习者在规定的时间内完成一定量的任务。通过测验，教师可以了解学生对所学知识的掌握程度及综合运用知识的能力水平。

练习：

想必大家都参与过测验，你能利用测验法对本课程前面所学内容开展一次测验活动吗？请将你的想法写在下页的方框中。

小贴士

测验试题的题型设计可分为两类：主观题和客观题。主观题一般为问答形式，拟题容易，学习者可自由发挥，但评分时易受评分者个人因素的影响。主观题具体包括作文题、简答题和论述题等。在评价较高层次的理解能力、归纳能力、组织和表达能力方面，主观题比客观题效果好。客观题通常有选择题、是非题、填空题、匹配题等，可做到面广量多，评分比较客观，但拟题复杂，猜答案的可能性大。

二、观察法

观察法是指研究者根据一定的研究目的、研究提纲或观察表，用自己的感官和辅助工具直接观察被研究对象，从而获得资料的一种方法。科学的观察具有目的性和计划性、系统性和可重复性。

课堂观察是指教师带着明确的目的，凭借自身感官以及有关辅助工具(观察表、录音录像设备等)直接或间接(主要是直接)从课堂情境中收集资料，并依据资料做出教学评价的一种方法。

练习：

未来，你准备如何利用观察法呢？你想好了吗？请把做法写在下面的方框中。

三、调查法

调查是通过请有关人员对预先设计的问题进行口述或笔答，从中了解情况，获得所需要的资料。调查法作为教学评价的重要手段，通过它可以了解学生的学习兴趣和态度、学习习惯和意向，了解各方面对教学过程和教学效果的意见，从而判断教学的有效程度，为改进教学提供依据。调查的主要形式有访谈和问卷调查两种。

根据上面的内容，以小组(4～5 人)为单位开展一次访谈活动，对学习者近一个月的学习情况进行评价，请你设计访谈主题和访谈内容，写在下页的方框中。

教师B：我想制作一份期中教学学习情况网络调查问卷，利用下面的“学习资源”，你能帮帮我吗？请将问卷项目写在下面的方框内。

【学习资源】

常用的网络问卷调查网站有问卷星、问卷网等。

活动二　学会制定学习契约

【说明】本活动的目的是让学习者通过学习以下内容，根据对学习契约方法的理解，制定一份自主学习契约。

【知识链接】

学习契约也称为学习合同，是学习者与帮促者(专家、教师或学友)之间的书面协议或者保证书。这种评价方法来源于真正意义上的契约或合同，见表9-4。它确定了学习者的目标、达到目标的方法和策略、学习活动进行的时间、完成活动的证据以及确认这些证据的标准度。

在学习者充分自主的基础上，学习契约在学习中的应用优势体现在以下几个方面。

①能有效培养学习者的高阶思维能力。

②能有效增强学习者的学习动机，实现个性化及弹性化学习。

③能有效协调学习者内在需要和外部需求的统一。

④与信息技术相结合，能有效提高教学评价的效度。

⑤是一种有效的学习绩效保障机制。

表 9-4　小组合作学习契约

组长姓名：	组员姓名：
合作学习主题：	
组长： ①你打算如何分配组员的任务？ ②你打算采用什么方法使组员按时完成任务？	
组员： ①你期望通过这次合作学习学到什么？ ②你在这次合作学习中能承担什么任务？ ③你打算在这次合作学习中怎么做？	
组长签名：	组员签名：

练习：

当然，学习契约不一定总能给学生很大的自由度，教师完全可以根据需要设计相对客观的学习指标。教师 C 和学生 A 要制定一份自主学习契约，请你运用所学的知识，参照上边小组合作学习契约的样式，帮一帮他们。请将你制定的自主学习契约写在下面的方框中。

【知识链接】

契约学习

学习契约是师生共同讨论、商量决定学什么、怎样学以及应学得如何，并通过学习契约的形式来加以约定的一种教学方式。

契约学习以学习契约为载体。诺尔斯将契约学习界定为：契约学习实际上是通过学习者与教育者协商和签订学习契约书，是针对学习者的个体差异而帮助学习者组织和实施其学习活动的手段。

活动三　学会设计量规

【说明】本活动通过案例导入让学习者对量规有基本的认识和理解。在此基础上，完成相关活动任务。

【案例展示】

案例1：多媒体课件评价量规样式，见表9-5。

表9-5　多媒体课件评价标准①

<table>
<tr><th>评价指标
（总分100分）</th><th colspan="4">评价标准</th><th>得分</th></tr>
<tr><td rowspan="4">思想性
科学性
（18分）</td><td colspan="4">主题明确，内容积极，健康向上（4分）</td><td></td></tr>
<tr><td colspan="4">能科学、完整地表达主题思想（5分）</td><td></td></tr>
<tr><td colspan="4">内容与自己所要设计的领域紧密结合（5分）</td><td></td></tr>
<tr><td colspan="4">文字通顺，无错别字和繁体字（4分）</td><td></td></tr>
<tr><td rowspan="3">教育性
（27分）</td><td colspan="4">逻辑结构清晰合理、层次分明（9分）</td><td></td></tr>
<tr><td colspan="4">针对幼儿特点，适当运用教学策略，激发其学习动机（9分）</td><td></td></tr>
<tr><td colspan="4">提供适当的交互、评价与反馈（9分）</td><td></td></tr>
<tr><td rowspan="4">技术性
（28分）</td><td colspan="4">制作工具的选用和制作技巧的运用均适当（6分）</td><td></td></tr>
<tr><td colspan="4">熟练运用制作工具中的基本操作功能且无大的错误（8分）</td><td></td></tr>
<tr><td colspan="4">画面衔接流畅，视听效果好（6分）</td><td></td></tr>
<tr><td colspan="4">交互设计合理，导航和链接准确（8分）</td><td></td></tr>
<tr><td rowspan="3">艺术性
（15分）</td><td colspan="4">准确、合理地应用多媒体素材表达主题（5分）</td><td></td></tr>
<tr><td colspan="4">整体布局平衡、合理（5分）</td><td></td></tr>
<tr><td colspan="4">页面设计与主题风格一致，界面美观（5分）</td><td></td></tr>
<tr><td rowspan="5">自主开发
（12分）</td><td colspan="4">音频素材（3分）</td><td></td></tr>
<tr><td colspan="4">图片素材（3分）</td><td></td></tr>
<tr><td colspan="4">视频素材（3分）</td><td></td></tr>
<tr><td colspan="4">动画素材（3分）</td><td></td></tr>
<tr><td colspan="4">有明显抄袭行为（－12分）</td><td></td></tr>
<tr><td rowspan="2">评价等级</td><td>优</td><td>良</td><td>中</td><td>差</td><td rowspan="2"></td></tr>
<tr><td>100～90</td><td>89～80</td><td>79～60</td><td>59～0</td></tr>
</table>

① 李志河：《现代教育技术》，2版，92～93页，北京，清华大学出版社，2015。

看完上面的案例，大家对量规有了什么样的认识呢？在网上查找量规相关的资料，在下面的方框中写出自己对量规的认识与理解。

【知识链接】

量规是一种结构化的定量评价标准，往往是从与评价目标相关的多个方面详细规定评价指标，具有操作性好、准确性高的特点。

在传统的教学评价中，特别是在评价非客观性的试题或任务时，人们已经自觉或不自觉地应用了这种工具。例如，教师对学生作文的评价，往往会分别就内容、结构、卷面等方面所占的分数给予规定，以便有效地进行评价。又如，教师在期末评价学生一学期的表现时，往往会从学生的学业成绩、劳动与纪律、同学关系等多个方面进行综合考虑，给出优、良、中、差的等级评定。在评价学生的学习时，应用量规可以有效降低评价的主观随意性，不但可以教师评，而且可以让学生自评或同伴互评。教师如果事先公布量规，还可以对学生学习起到导向作用。此外，让学生学习自己设计量规也是很重要的一个评价方法。随着教育信息化的发展，越来越多的学习任务是以非客观性的方式呈现的。传统的客观性评价方法已被证明具有较大的局限性，因而，量规的应用逐渐受到重视。

量规具有以下三个要素。

一是评价准则，决定表现性任务、行为或作品质量的各个指标。

二是等级标准，说明学生在表现性任务中处于什么样的水平。

三是具体说明，描述评价准则在质量上从差到好(或从好到差)的序列，评价准则在每个等级水平上的表现是怎样的。

【说明】根据你对量规评价方法的理解，在表 9-6 中填写评价项目的具体内容。(用描述性的语言补齐括号中的文字)

表 9-6　在线教学听课评价表

听课时间：　　　　课程名称：　　　　授课专业：
授课教师：　　　　授课平台：　　　　授课班级：
应到学生数：　　　签到学生数：

序号	评价项目	优	良	中	差
1	教学设计特点：（　　　　）				
2	情感目标：（　　　　）				
3	课程资源：（　　　　）				
4	教学准备及讲解过程：（　　　　）				
5	教学条理及重难点：（　　　　）				
6	教学方法：（　　　　）				
7	教学方法的运用：（　　　　）				
8	在线课程平台的使用：（　　　　）				

总体评价：

总评分(百分制)：

填表人签字：

活动四　了解其他评价方法

【说明】在本活动中，你将学习范例展示、概念图、电子档案袋、评估表等几种教学评价方法的应用。请你在了解每种教学评价方法的基本概念的基础上，通过实例操作来进一步实践。

【知识链接】

一、范例展示

教师 A 美术课程的教学内容是让学生学习鹅卵石绘画。在布置学习任务之前，教师向学生展示鹅卵石绘画的步骤，以便为学生提供清晰的学习预期，如图 9-5 所示。

①在鹅卵石上用铅笔起型。

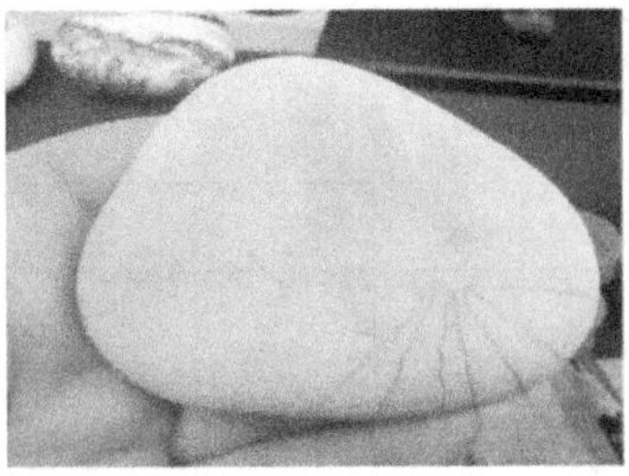

②从天空开始画底色。

③天空底色第一遍可能不是特别理想，等第一遍干得差不多时，再涂第二遍底色，注意明暗渐变色变化。

④天空底色涂完后画下面的部分，先在草地部分画吧。

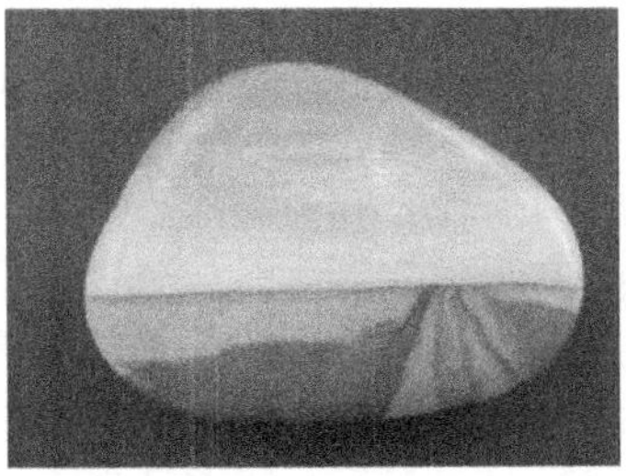

⑤接着再画玫红色的薰衣草海洋，同样也是先铺底色，然后再去刻画细节，画时要注意把握远方的地平线。

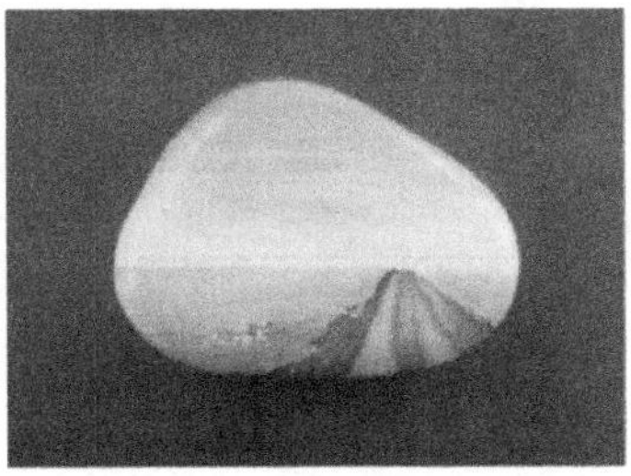

⑥再铺泥土小路的底色。

⑦所有底色都铺完后，适当刻画些细节，注意保留大色块的完整性和大的明暗关系。

⑧回过头看下天空还有很多云彩，那接下来让我们对它们进行一次刻画吧。

⑨画到这里大的形体差不多了，接下来进入细节的调整。

图 9-5　绘画步骤

练习：

请问，教师 A 使用的是什么方法？你能参照教师 A 的做法，使用此方法吗？请将你的答案写在下页的方框中。

二、概念图

图 9-6 是一个概念图的示例。概念图是一种图表，可用以指示课、单元或知识领域的组织。学习者可通过绘图将概念联系起来，以表征这些概念对于他们个人的意义。概念图可以记录人的思维过程，这对于学生的反思十分有价值。

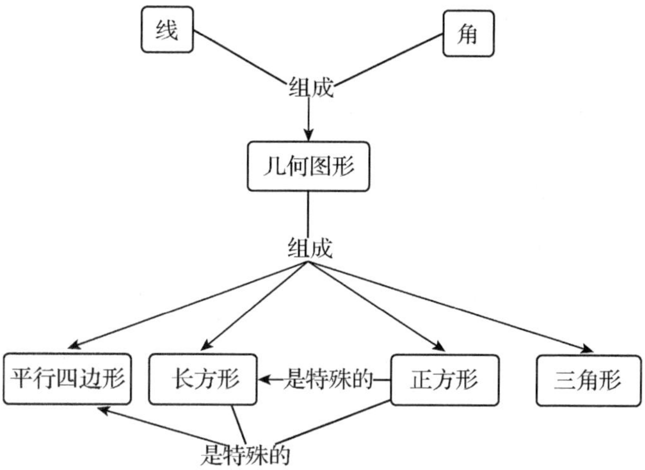

图 9-6　概念图示例

练习：

在日常学习中我们经常听到思维导图，那么概念图和思维导图有什么区别呢？请将你的答案写在下面的方框中。

三、电子档案袋

电子档案袋，是指在信息技术环境下，学习者运用信息技术手段表现和展示学习者在学习过程中关于学习目的、学习活动、学习成果、学习业绩、学习付出、学业进步以及对学习过程和学习结果进行反思的有关学习的一种集合体。电子档案袋实例目录如图 9-7 所示。

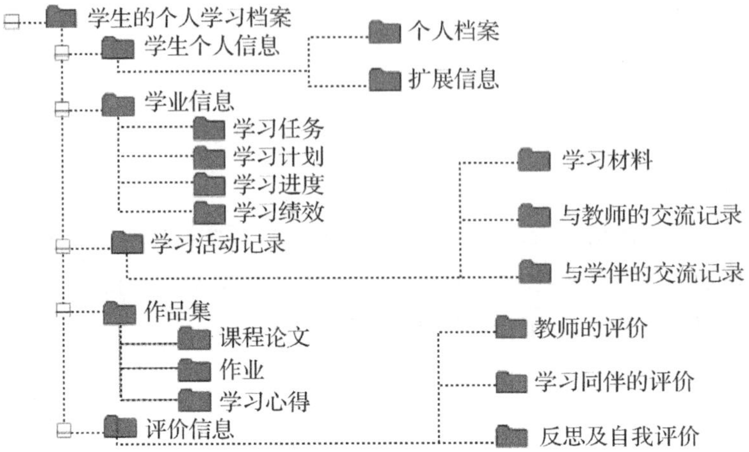

图 9-7　电子档案袋实例目录

练习：

接下来请你上网查询电子档案袋工具，并尝试使用。说说你使用后的感受，以及有哪些收获，请写在下面的方框中。

四、评估表

评估表是以问题或评价条目组织的表单，适当的设计可以帮助学习者通过回答预先设计好的问题来产生某种感悟，有效地启发学习者的反思，从而增强他们的自主学习能力，达到提高绩效的目的。

练习：

教师 C：我想制作一个评价网上资源的评估表，你能根据所学的知识，帮我完善评估表的内容吗？（见表 9-7）

表 9-7　评价网上资源

评价互联网资源
1. 资源名称：________________ 2. 3. 4. 5. 6. ……

任务五
初试对本课程学习过程进行评价

活动　对自己的学习过程进行评价

【说明】在本活动中，请你结合本项目中的评价工具，对自己的学习过程进行评价。请将你的做法写在下面的方框中。

【学习资源】

①李志河．现代教育技术[M].3 版．北京：清华大学出版社，2019.

②闫寒冰．信息化教学评价：量规实用工具[M].北京：教育科学出版社，2003.

【拓展练习】

①在以后的学习过程中，你打算如何使用本项目中的评价工具？说说你的想法。

②根据本项目的学习，你能设计一个量规评价表，对你的学习情况进行自我评价吗？试着做一做。

项目十

PPT 制作与美化

若要把感性的人变为理性的人，唯一的路径是先使他成为审美的人。

——[德]席勒

学习目标

①掌握 PPT 的制作原则。

②学会处理 PPT 中的文字和图表，掌握 PPT 的排版技巧。

③熟悉 Focusky，能够运用该软件制作动态 PPT。

学习任务

任务一　PPT 制作原则

任务二　PPT 排版与应用

任务三　Focusky 与动态 PPT 制作

任务一
PPT 制作原则

活动一　认识 PPT 制作原则

【说明】请大家观察图 10-1 和图 10-2，讨论这样的幻灯片给人什么样的感觉，在制作 PPT 时需要遵循哪些原则。请将讨论结果写在下面的方框中。

> PPT 制作的重要原则包括以下几方面：①字体和颜色。字体原则上应该>18 磅，最小为 14 磅，否则后排根本无法看清楚。要注意到本机预览和幻灯片放映的区别。②避免使用过多的字体，减少下划线、斜体和粗体的使用。③幻灯片中尽量使用笔画粗细一致的字体，如黑体、Arial 和 Tahoma。④如果使用英文，不要全部用大写字母，一是对观众的不尊敬，二是不如小写字母容易辨认。⑤正文字号应该比标题小，字体文本框间应注意对齐。文字较多时应注意分区。⑥注意文字颜色和背景色的搭配。蓝底白字、黑底黄字或白底黑字都非常引人注目。⑦深蓝色和灰色给人以力量和稳定的感觉；红色一般意味着警告或者紧急；绿色代表生命和活力。颜色还影响幻灯片的清晰度。因此，商业应用一般选择蓝或灰色色系。⑧蓝色、紫色和绿色适合做背景色，而白色、黄色和红色适合做前景色。⑨颜色黄金法则：背景深蓝色，标题金黄色，副标题采用淡蓝色，文字采用白色，项目符号为金黄色。

图 10-1　纯文字幻灯片

图 10-2　背景与文字的对比

【知识链接】

一、主题明确

主题就是要讲述的内容、实现的目标。PPT 课件要为教学服务。这堂课要讲什么内容，重点、难点是什么，如何讲解，如何组织素材，都应该围绕着主题在 PPT 中展开。如图 10-3 所示的案例中，课件主题为如何实现视觉化设计，设计者采用加大字号的方式突出主题，借助 SmartArt 图形简明展示视觉化设计的具体过程。

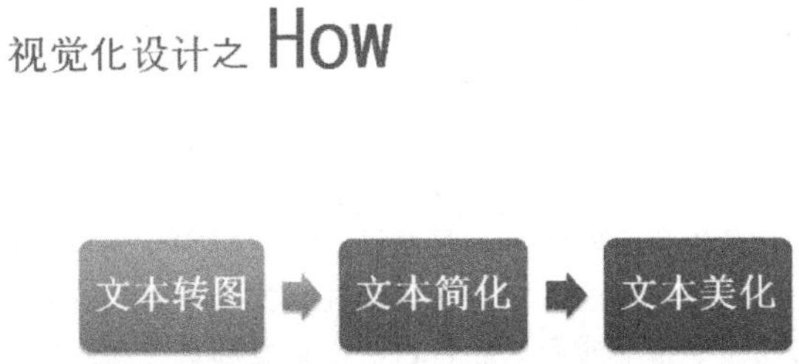

图 10-3　如何实现视觉化设计

二、风格统一

PPT 课件的风格是人们在制作课件时表现出来的习惯配色、字体组合方式和幻灯片底色(背景)等方面的偏好。下面讲的这些原则，都和风格有关，合适的风格能突出主题，表现讲演者的良好素质。一个设计良好的 PPT 课件，应该通过母版定义好 PPT 的风格，以保持整个课件的每张幻灯片的风格一致。这一点从微软等一些专业公司开发的软件界面就能看出来，风格的统一，更能集中使用者的注意力，课件制作也一样。教学应用的 PPT 课件一般应趋于“保守”“简明”的风格：尽量少的文字说明，尽量少的动画及动画声音，尽量多的图表(下面还会细谈这个问题)，母版尽量留白，少用背景图片等。图 10-4 所示为微软公司开发的英语课件模板，字体采用微软雅黑。

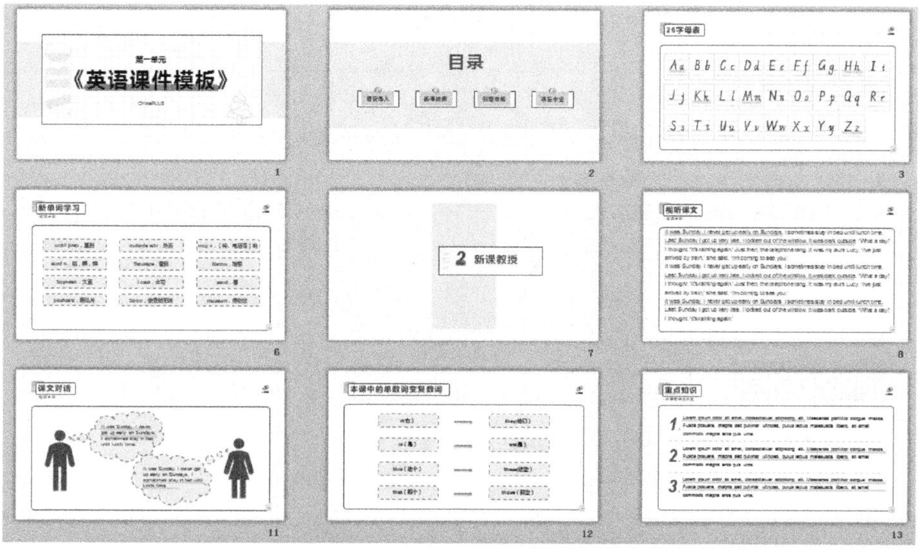

图 10-4　英语课件模板

三、布局合理

以 PPT 课件替代黑板板书能节省时间，提高讲课效率。同时，应站在学习者的角度考虑，使每张幻灯片布局简单均衡、逻辑层次分明、主题明确、风格统一，并且减少不必要的、与主题无关的多媒体信息(视频、动画)，这样不仅可以方便学习者记笔记，也可以减少注意力的分散。一个完整的 PPT 课件，一般包括标题页、正文、结束页，每张幻灯片布局都要有空余空间，有均衡感，整体布局要风格统一，没有突兀的地方。

四、配色简洁

配色一般是指两种及两种以上颜色的组合搭配，有时设计师为取得一种特定的效果或受某种限制，用单一色彩去表现对象，同样也是一种配色手法。PPT 课件不是绘画作品，配色方案应该追求简洁、明快。一般认为，整个 PPT 课件，包括图表在内，使用的颜色一定要协调，尽量保持同一色调，不要自造颜色，应用屏幕取色器，去拾取已经成功应用的颜色。

五、文字规范

文字是记录语言的符号体系。一个完整的 PPT 课件，要想围绕主题讲明白道理(内容)，文字当然是必不可少的表达手段，同时还需要简洁、清楚的逻辑层次。在实际使用中，我们一般只用“并列”和“递进”两种逻辑层次。我们通常采用准确的文字、规范的字体和标准的字号表现不同的逻辑层次。所以，字号和字体也不要随意使用，要力求规范、统一，避免给人眼花缭乱的感觉。不同幻灯片上相同层次的文字要采用相同的颜色、字体和字号，具体参考案例如图 10-5 所示。

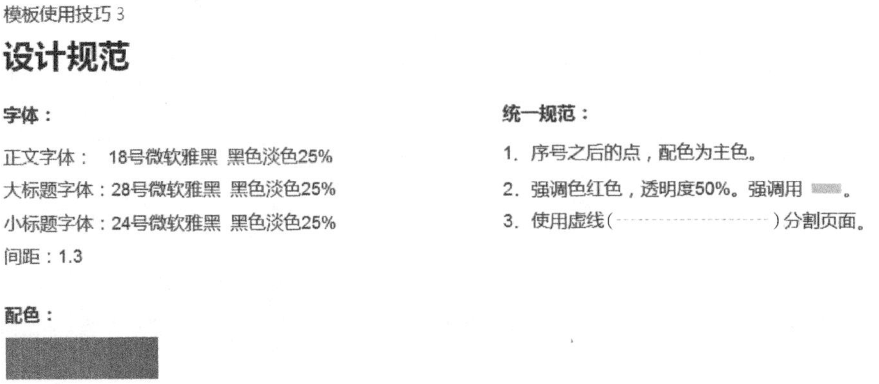

图 10-5 文字规范案例

六、图表表达

图表是一种很好的将对象属性数据直观、形象地“可视化”的手段。图表的最大特点是“用事实说话”，一张好的图表可以用数字、图案等来表达客观事实，形象地反映发展规律和趋势，起到文字、照片所达不到的效果。所以在 PPT 课件中，合理使用图表能充分发挥多媒体教学的长处，起到语言表达和文字描述所达不到的效果，如图 10-6 所示。

月份	收入
1月	2656
2月	2865
3月	5673
4月	2234
5月	2678
6月	1123
7月	5432
8月	3452
9月	3365
10月	2343
11月	4222
12月	1786

月份	收入
1月	2656
2月	2865
3月	5673
4月	2234
5月	2678
6月	1123
7月	5432
8月	3452
9月	3365
10月	2343
11月	4222
12月	1786

图 10-6 数据的图表表达

七、适度动画

尽量少用动画，不是绝对不用动画，适当使用和主题密切相关的短小动画，同样会提高讲课的效果，帮助大家理解讲课人的思想。特别是一些实践性很强的课程，可以适当通过动画(Flash 动画等)，动态演示事物演变过程，帮助大家形象地理解事物的变化规律和变化趋势。但不要让动画破坏讲课气氛，过多地吸引学习者的目光，减少对讲课人肢体语言的关注、理解。另外，在 PPT 课件中，我们也会根据具体需要，选用一些精美的图片。适当使用图片是必要的，也是有益的。但图片的选择要和整个 PPT 课件基调一致，尽量选用高质量的图片，注意别破坏 PPT 课件的整体表现力。

活动二　制作和美化 PPT

【说明】请你结合 PPT 制作原则，制作演示文稿。请从设计主题、布局和风格等方面对作品进行点评、交流，发现作品中的不足，写在下面的方框中。

【知识链接】

①内容不在多，贵在精当(如图 10-7 所示)；色彩不在多，贵在和谐；动画不在多，贵在需要。

图 10-7　简化内容

②在制作过程中经常会遇到这样的问题：如果文字太多怎么办？有两个思路：一是提炼关键词，二是利用行间距留白。如图 10-8 和图 10-9 所示。

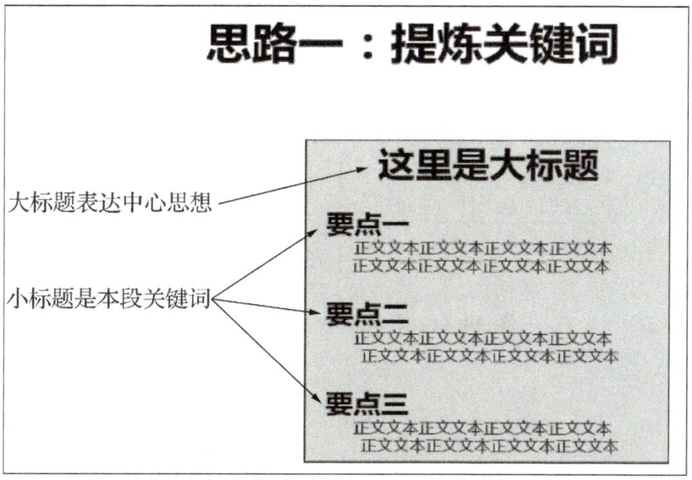

图 10-8　提炼关键词示例

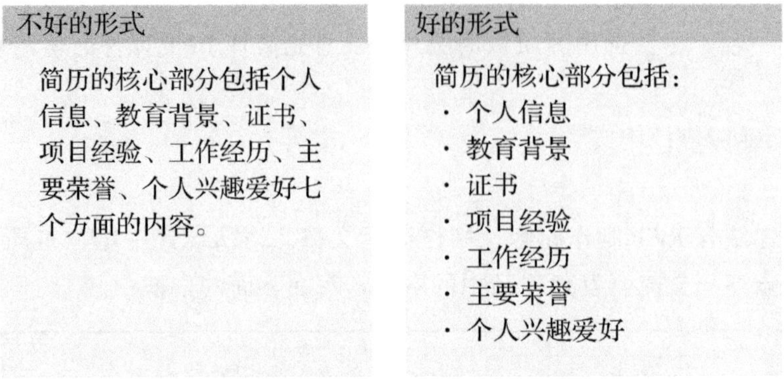

图 10-9　利用行间距留白示例

③信息量太大怎么办？一是充分利用备注，二是拆成多张幻灯片。如图 10-10 和图 10-11 所示。

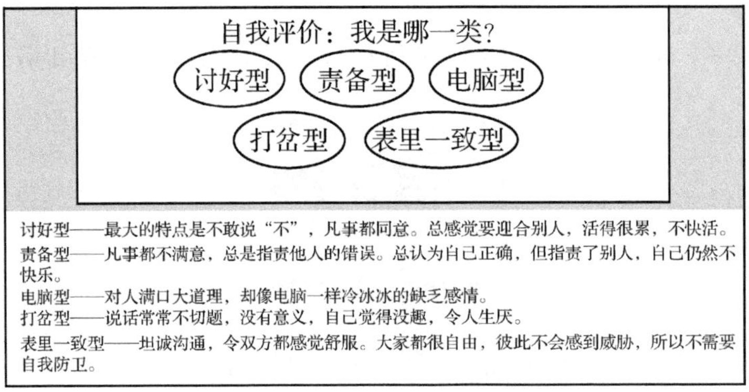

图 10-10　充分利用备注示例

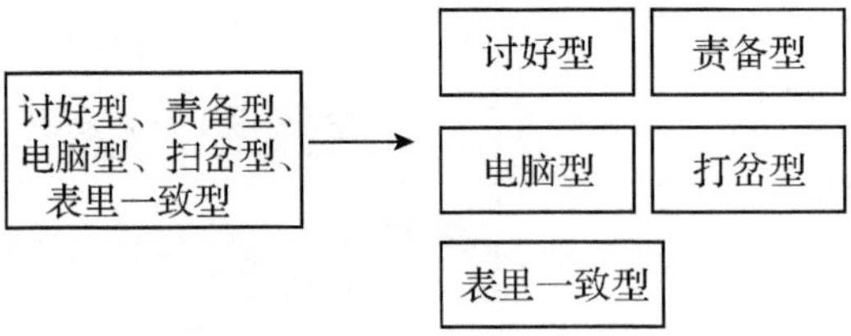

图 10-11　拆成多张幻灯片示例

④图片与文字如何搭配？图 10-12 呈现了几种搭配。

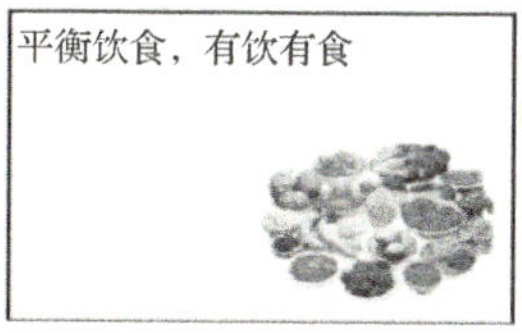

沿版心线调整，
简单稳定版面

图片横放或竖放，
增加紧迫感

经典的构图
法则

上下分离，将版面视觉分隔

辅助的文字和图片
用框架收纳住视野

图 10-12　图片与文字的搭配示例

练习：

大家对演示文稿进行整理排版，进一步美化，改正后展示你的作品，与同学交流心得并写在下面的方框中。

任务二
PPT 排版与应用

活动一　幻灯片色彩搭配

【说明】色彩通过人的印象或者联想对人产生心理上的影响，配色则通过改变空间的舒适程度和环境气氛来满足观者的视觉要求。幻灯片设计中都存在主色和辅助色之分。主色是整个画面的重心点，它的明度、大小和饱和度都直接影响到辅助色的存在形式以及整体的视觉效果。辅助色在整体的画面中应该起到平衡主色的冲击效果和减轻其对观看者产生的视觉疲劳度，起到一定量的视觉分散的效果。请大家交流在幻灯片配色方面存在的疑问和问题，写在下面的方框中。

【知识链接】

一、色彩基础知识

幻灯片中有两种色彩模式，它们是 RGB 模式和 HSL 模式。在 RGB 模式中，所有的颜色都可以由 R(红色)、G(绿色)、B(蓝色)，也就是光的三原色混合而成。每个颜色分为 256(0～255)个维度，得到了 RGB 数值，如白色(0，0，0)、纯黄(255，255，0)等。在 HSL 模式中：H 表示色相，即颜色的种类；S 表示饱和度，指一个颜色的鲜艳程度，最低为灰色，最高为该颜色本身；L 表示明度，指一个颜色的明亮程度，最低为黑色，最高为该颜色本身。

二、配色原理

常见的配色方式有三种，分别是同类色、相近色和互补色。同类色指的是色相性质相同，但色度有深浅之分的颜色，如绿色和浅绿、黄色和鹅黄。相近色指的是色轮上左右相邻的颜色，如黄色和红色、紫色和蓝色、绿色和黄色等。互补色在色相环(如图 10-13 所示)中表现为夹角成 180°的颜色，如黄色和紫色、橙色和蓝色等，具有非常强烈的对比度。

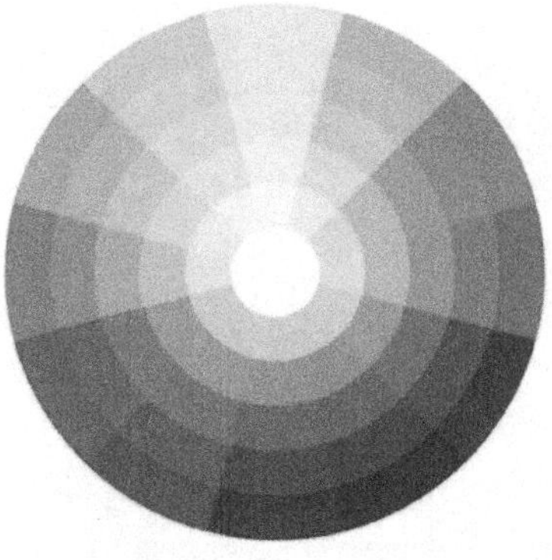

图 10-13　色相环

其中同类色是常用的一种配色方法，也是较为简单的配色方法。它会让 PPT 整体看起来协调一致，如图 10-14 所示。互补色可以让幻灯片的颜色对比更为强烈，如图

10-15 所示。

图 10-14　同类色配色示例

图 10-15　互补色配色示例

三、配色技巧

(一)从公司标识或网站上找配色

大多数公司都会找设计师对公司的标识和网站进行设计，图 10-16 所示为小米公司的标识，从中可以提炼出橙色和白色。由于橙色颜色较为鲜艳，可以作为强调色，白色作为背景色，运用同类色原理，加入中性色灰色，制作幻灯片效果如图 10-17 所示。

图 10-16　小米公司标识配色

图 10-17　配色幻灯片示例

（二）借助设计师灵感创意网站

设计师灵感创意网站涵盖了各行各业不同的设计作品，配色非常专业。经常访问浏览设计师灵感创意网站能够使自己的审美水平得到有效提升，并将网站中作品的配色方案运用于幻灯片制作中。常见的设计师灵感创意网站有 Pinterest、花瓣网、灵感网络等，如图 10-18 所示。

图 10-18　常见设计师灵感创意网站举例

（三）借助专业的配色网站

我们借助在线配色工具和配色网站能够使幻灯片配色变得专业。互联网上有许多提供专业配色服务的网站，如配色网、Kuler、coolors、Adobe Color 等。配色网是国内设计师使用频率较高的配色网站之一，该网站为色彩构成学习者提供免费资料并提供大量的优秀配色方案，其界面如图 10-19 所示。Adobe Color 网站提供类比、单色、补色等十种配色方案，与此同时，还可以根据需求选择色彩模式，如图 10-20 所示。

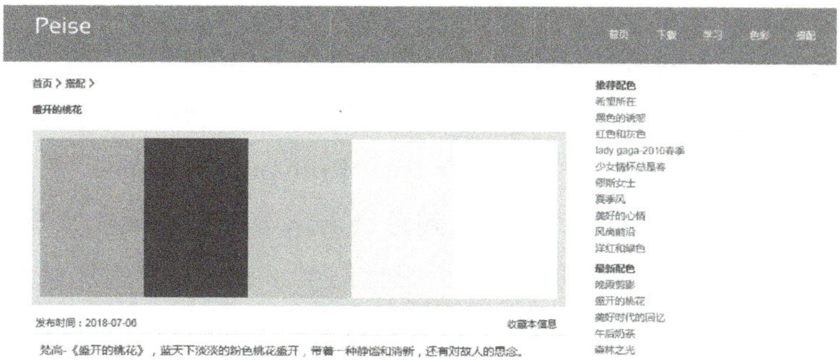

图 10-19　配色网配色界面

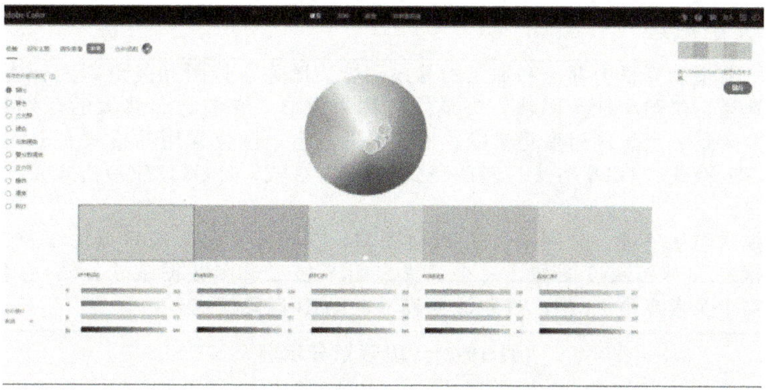

图 10-20　Adobe Color 配色界面

活动二　幻灯片文字排版与应用

【说明】文字是幻灯片中出现和使用较多的元素之一，在制作过程中往往需要进行美化设计。设计精美的文字排版，能使后面的文稿演示，达到事半功倍的效果。打开 PPT 界面，请大家交流讨论，如何使幻灯片中的文字更加美观、表现力更强。将讨论结果写在下面的方框中。

【知识链接】

正常情况下，幻灯片中文字字号应不小于 18 磅，特殊情况下，最小不应小于 14

磅，以保证后排能看清内容。幻灯片中正文字号应比标题字号小，排版时要按照某种规范排列，如左对齐、右对齐等。常用于标题的中文字体有黑体、宋体、琥珀、隶书、幼圆等，英文字体有 Arial、Arial Black 等；适合用于正文的中文字体有黑体、宋体、楷体、仿宋等，英文字体有 Arial 和 Times New Roman 等；相邻级别的字号差异要小于 4 磅。我们通过对字体的大小、粗细、颜色、阴影等调整，使版面中的视觉元素形成层次感，从而使需要重点突出的部分成为视觉焦点，吸引大家的注意力。

一、划分段落

当幻灯片中的文字数量较多时，我们可以直接通过“Enter”键对文字分段，从而减少大量文字带来的密集感和压迫感，如图 10-21 所示。

记录光阴足迹——图像

图像一般指计算机中存储和加工的静态图像。图像有位图和矢量图两种类型。严格地说，位图应称为图像，矢量图应称为图形。它们之间最大的区别就是位图放大到一定比例后变得模糊，而矢量图不会。图像常用的格式有 BMP 格式、GIF 格式、TGA 格式、PSD 格式、PNG 格式、JPG(JPEG)格式及 CDR 格式等。

图像模式包括三种，分别是：(1)黑白图像，二值图，每个像素点由 1 位二进制数据表示；(2)灰度图像，每个像素点由 8 位二进制数据表示；(3)彩色图像，每个像素点由 24 位二进制数据表示，RGB 色彩模式。

图 10-21　段落划分示例

二、提炼标题

标题能够帮助我们快速、准确地了解内容信息。在幻灯片的文字处理中，我们可以为每段内容提炼一个小标题，并通过字号大小、文字粗细等将小标题与正文区分开来，如图 10-22 所示。

记录光阴足迹——图像

图像概念及特点

图像一般指计算机中存储和加工的静态图像。图像有位图和矢量图两种类型。严格地说，位图应称为图像，矢量图应称为图形。它们之间最大的区别就是位图放大到一定比例后变得模糊，而矢量图不会。图像常用的格式有 BMP 格式、GIF 格式、TGA 格式、PSD 格式、PNG 格式、JPG(JPEG)格式及 CDR 格式等。

图像模式

图像模式包括三种，分别是：(1)黑白图像，二值图，每个像素点由 1 位二进制数据表示；(2)灰度图像，每个像素点由 8 位二进制数据表示；(3)彩色图像，每个像素点由 24 位二进制数据表示，RGB 色彩模式。

图 10-22　提炼标题示例

三、调整层级

选中正文内容，在 PPT 的“段落”工具栏中找到“提高列表级别”，完成正文与小标题的层级划分，如图 10-23 所示。

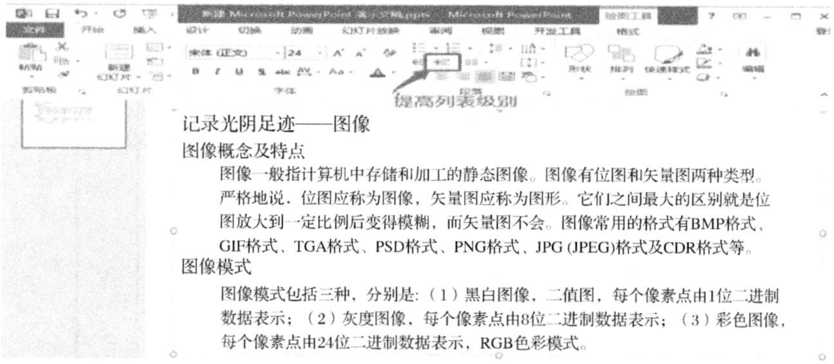

图 10-23　调整层级操作

四、转换为 SmartArt

选中文本框，单击 PPT“开始”菜单中的“转换为 SmartArt 图形”按钮，选择与文本逻辑层级相对的 SmartArt，如图 10-24 和图 10-25 所示。

图 10-24　转换为 SmartArt 图形操作

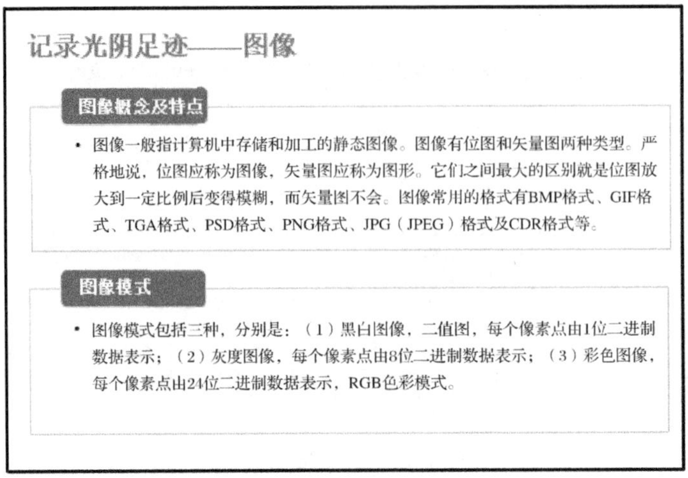

图 10-25　转换为 SmartArt 图形效果

五、调整字体与颜色

根据需求，调整颜色色块，把字体改为符合大众审美的字体，如图 10-26 所示。

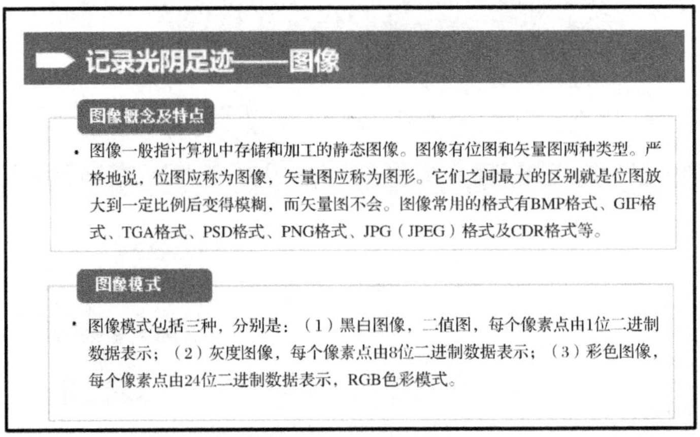

图 10-26　调整字体与色块效果

练习：

请大家动手编辑一段自己喜欢的文字吧，和同学讨论如何改变色块的形状，写在下面的方框中，并展示交流。

活动三　幻灯片图片排版与应用

【说明】图片是幻灯片中不可或缺的元素之一，没有图片的幻灯片容易引起大家的视觉疲劳。文字配图不仅能够吸引大家的关注，还能辅助大家理解幻灯片内容，同时也为大家提供了一个留白空间。打开 PPT 界面，与同伴交流讨论，幻灯片中的图片应该去哪里找，如何处理图片能够使幻灯片的效果恰到好处，请将交流结果写在下面的方框中。

【知识链接】

一、图片的选取与处理

我们在选择图片时，首先要注意的是要用和主题相关的图片。与主题无关的图片不仅没有辅助的作用，还会分散大家的注意力。与此同时，还要尽可能选用清晰的图片。那么，如何判断一张图片是否高清呢？这里提供两个标准：第一，图片的尺寸要在 1024×768dpi 以上，这样的图片能供我们自由裁剪，即使用作背景图片也没有问题。第二，图片要没有水印。这是我们从互联网上下载图片常常忽略的一点，在这里教给大家几个去水印的小方法。

(一)遮罩法去水印

如果水印位于图片的纯色部分，我们可以通过使用 PPT 中插入形状的功能，在图片上插入一个形状，用“形状轮廓”中“取色器”的功能将插入图形的轮廓和填充设置为与水印周边背景一样的颜色，如图 10-27 所示。

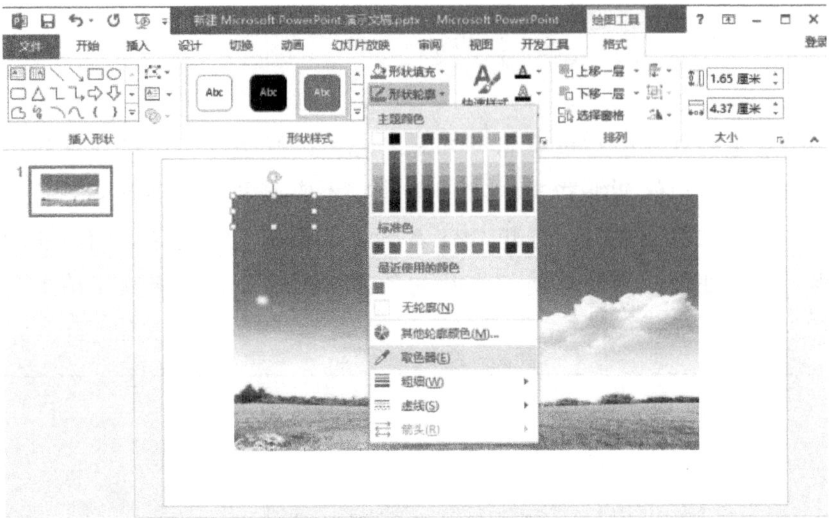

图 10-27　遮罩法去水印

（二）裁剪法去水印

当水印位于图片的四周时，可以通过 PPT“格式”中的“裁剪”功能，把有水印的部分裁剪掉，如图 10-28 所示。

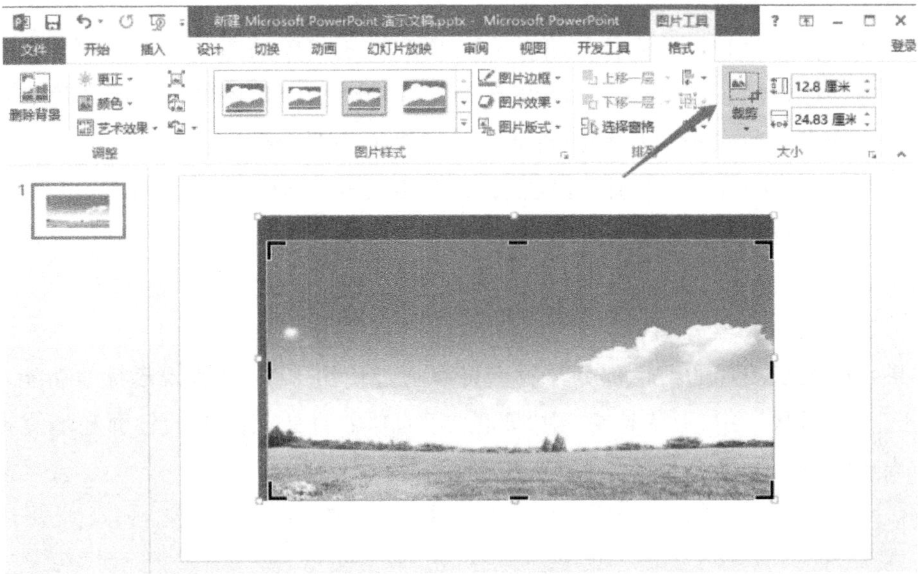

图 10-28　裁剪法去水印

（三）美图秀秀去水印

美图秀秀是一款图片处理工具。打开美图秀秀网页版，导入需要去除水印的图片。选择“消除笔”工具，就能够对图片中的水印进行去除了，如图 10-29 所示。

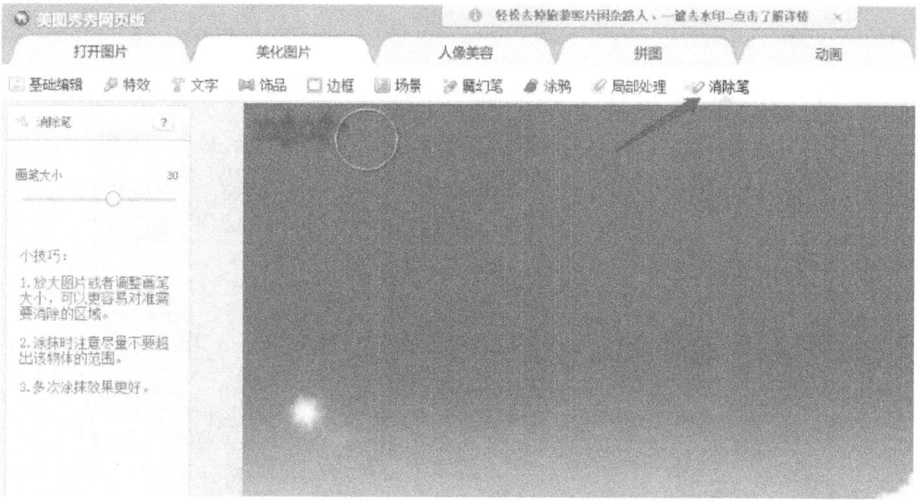

图 10-29 美图秀秀去水印

二、幻灯片图片排版与应用

(一)对齐排版

首先，按下“Ctrl＋A”键将图片全部选中。在“格式”菜单的“大小”选项中统一设置图片的宽度或者高度。然后，在“对齐”中选择“横向分布”或“纵向分布”，如图 10-30 和图 10-31 所示。

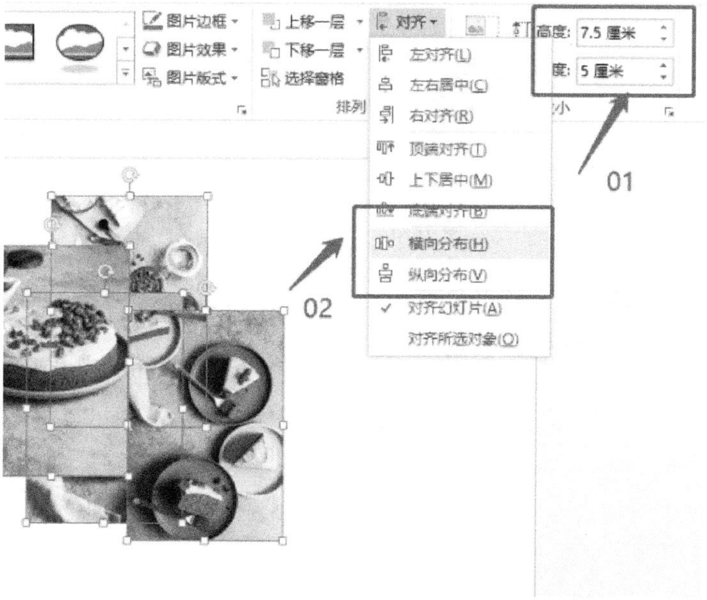

图 10-30 对齐排版操作示意图

图 10-31　横向分布效果图

(二)形状排版

如果觉得对齐排版太单调，可以考虑用形状来排图片，如图 10-32 所示。

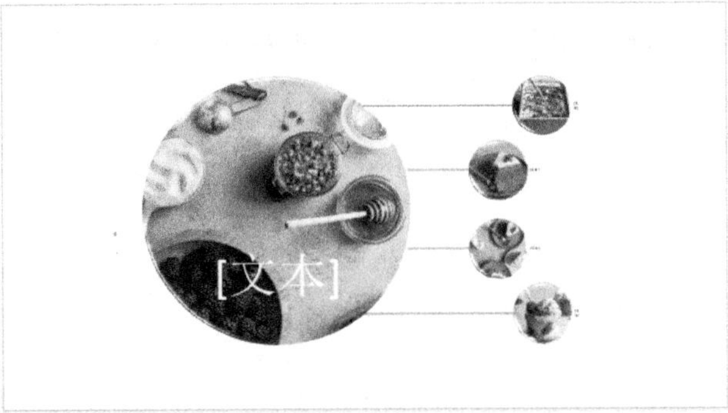

图 10-32　形状排版

首先，将图片全部选中，单击菜单栏中的“格式”选项，然后，在“图片版式”中选择自己喜欢的图形，预览应用，如图 10-33 所示。

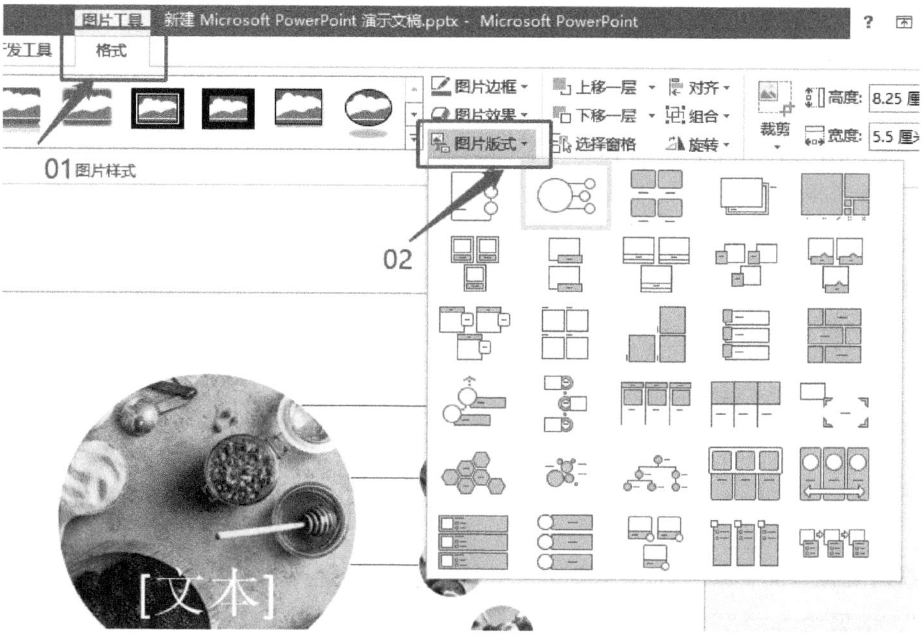

图 10-33　形状排版操作示意图

（三）色块辅助

图片较少时，可以借助色块来使页面变得丰富饱满，如图 10-34 所示。

图 10-34　色块辅助排版

练习：

请给你编辑的文字配上喜欢的图片吧，把你的操作方法写在下面的方框中，并展示交流。

活动四　幻灯片表格排版与应用

【说明】表格是幻灯片制作中非常重要的一个元素。我们在做数据分析和对比时常常需要用到表格。如果只是把 Excel 中的表格直接复制到 PPT 中，难免会让人觉得制作不够精美，甚至有种粗制滥造的感觉。如何对幻灯片中的表格进行美化呢？动手试试并与同学交流，将讨论结果写在下面的方框中。

【知识链接】

一、化繁为简

将条形图填充为形象直观的图形，在 PPT“设置数据点格式”的“填充”功能中，选择“图片或纹理填充”，将填充内容修改为图标文件，如图 10-35 所示。

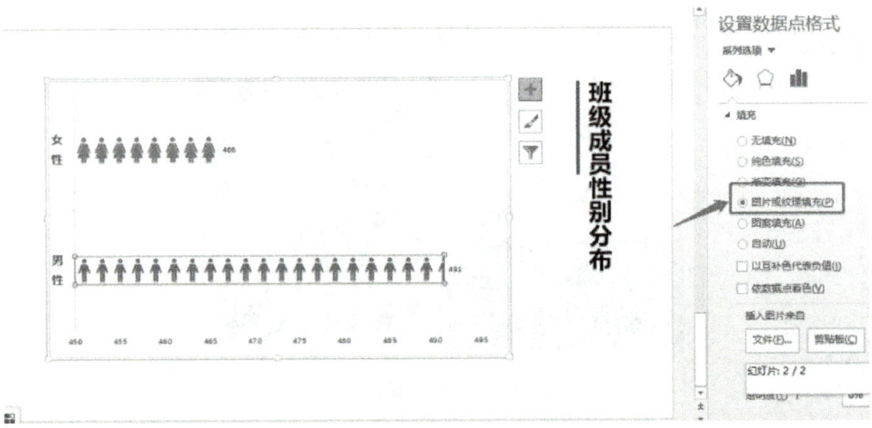

图 10-35　图片或纹理填充效果

二、表格去框线

适当去掉表格框线能够使表格更加简单大方。除此之外，还可以为标题栏添加底纹、降低非标题区文字亮度，重点突出需要讲解的数据，效果对比如图 10-36 所示。

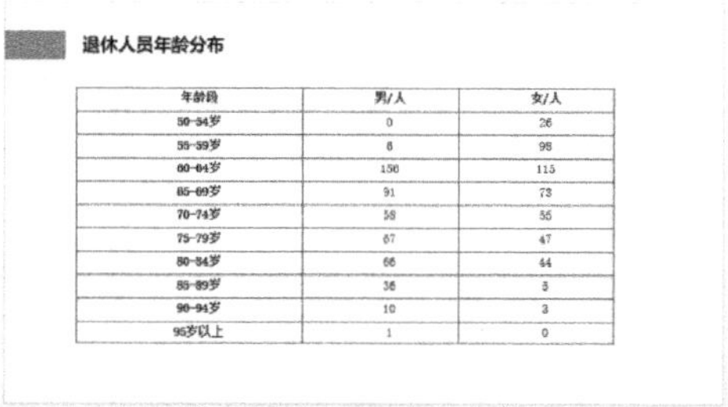

退休人员年龄分布

年龄段	男/人	女/人
50-54岁	0	26
55-59岁	6	98
60-64岁	156	115
65-69岁	91	73
70-74岁	58	55
75-79岁	67	47
80-84岁	66	44
85-89岁	36	5
90-94岁	10	3
95岁以上	1	0

原表格效果

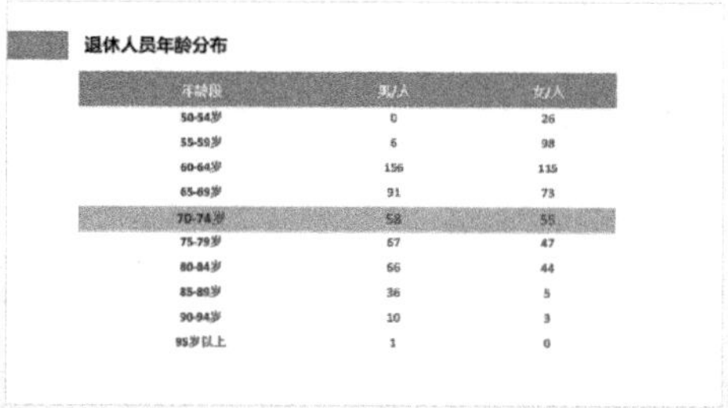

退休人员年龄分布

年龄段	男/人	女/人
50-54岁	0	26
55-59岁	6	98
60-64岁	156	115
65-69岁	91	73
70-74岁	58	55
75-79岁	67	47
80-84岁	66	44
85-89岁	36	5
90-94岁	10	3
95岁以上	1	0

去框线效果

图 10-36　表格去框线效果对比

三、全透明效果

全透明也是 PPT 课件制作中常常用到的一个方法。首先为幻灯片添加一张背景图片，接着插入矩形并将其透明度设置成需要达到的效果，然后将表格中所有纵向表格线去除，操作完成后整个页面的感觉就改变了，如图 10-37 所示。

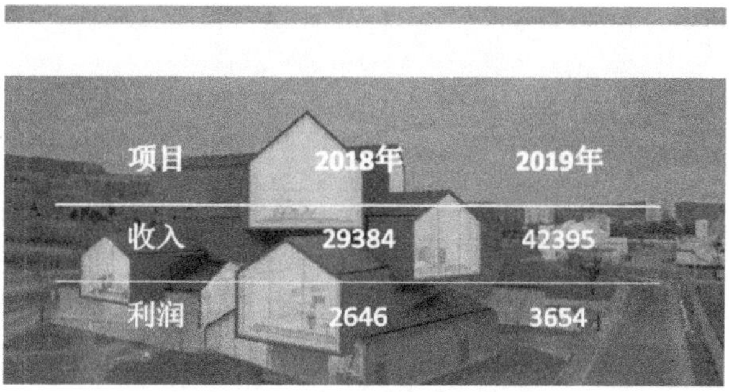

项目	2018年	2019年
收入	29384	42395
利润	2646	3654

图 10-37　全透明表格效果

练习：

请大家对自己制作的表格进行美化，将操作方法写在下面的方框中，并展示交流。

任务三
Focusky 与动态 PPT 制作

活动一　认识 Focusky

【说明】Focusky 动画演示大师(以下简称 Focusky)在使用上非常方便，而且动画炫丽，我们使用它能做出高水平的演示文稿。Focusky，即使拥有少量电脑知识的人也可以轻松驾驭。请大家打开 Focusky，交流讨论软件编辑界面由哪几部分组成。请把讨论结果写在下面的方框中。

【知识链接】

Focusky 是一款高效的动画 PPT 演示、制作软件，操作简单。它通过 3D 无限缩放、旋转、移动的切换方式，使演示生动有趣，并且效果专业。该软件采用整体到局部的演示方式，以路线的呈现方式，模仿视频的转场特效，加入生动的 3D 镜头缩放、旋转和平移特效，使演示效果像一部 3D 动画电影，给观看者视觉带来强烈的冲击力。文件制作者可以选择导出 .exe 文件，无论在其他电脑上有没有安装 PPT，都可以运行这个 .exe 文件播放 PPT，不用担心字体和兼容问题。

打开 Focusky 后，它会显示软件自带的在线模板。这些模板已经分门别类存放，用户可以选择自己想要的类别，选择想用的模板，如图 10-38 所示。

图 10-38　动画软件在线模板

Focusky 编辑界面主要由菜单栏、工具栏、预览窗格和转场设置等组成，如图 10-39 所示。

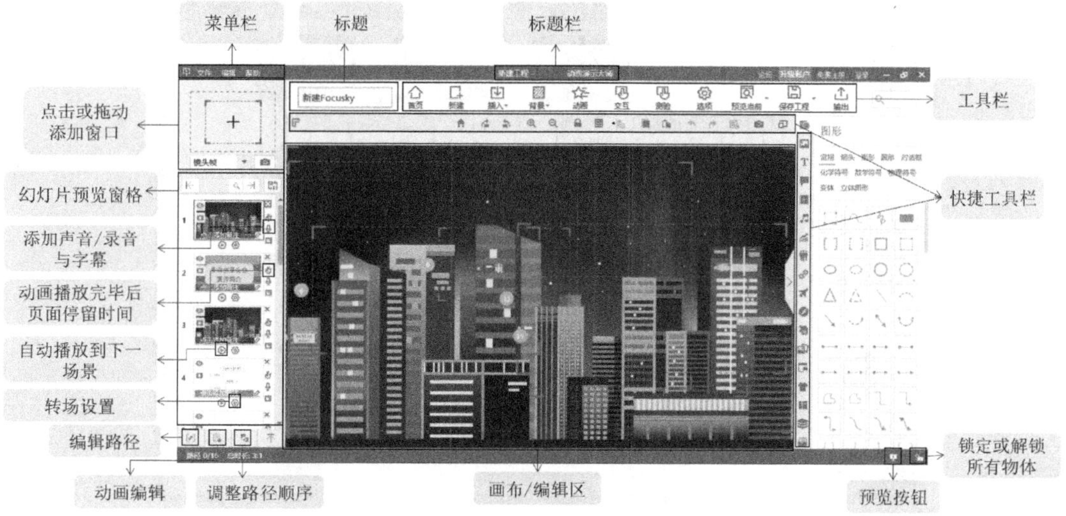

图 10-39　动画软件编辑界面

练习：

下载并打开 Focusky，熟悉软件编辑界面，选择自己喜欢的模板初步探索，请将你的探索写在下页的方框中。

活动二　动态 PPT 制作

【说明】在本活动中，我们将学习并实践如何在 Focusky 中添加背景、帧和动画效果，并输出。

①单击“新建空白项目”，按照需求和喜好调节各项参数后点击“创建”，如图 10-40 所示。

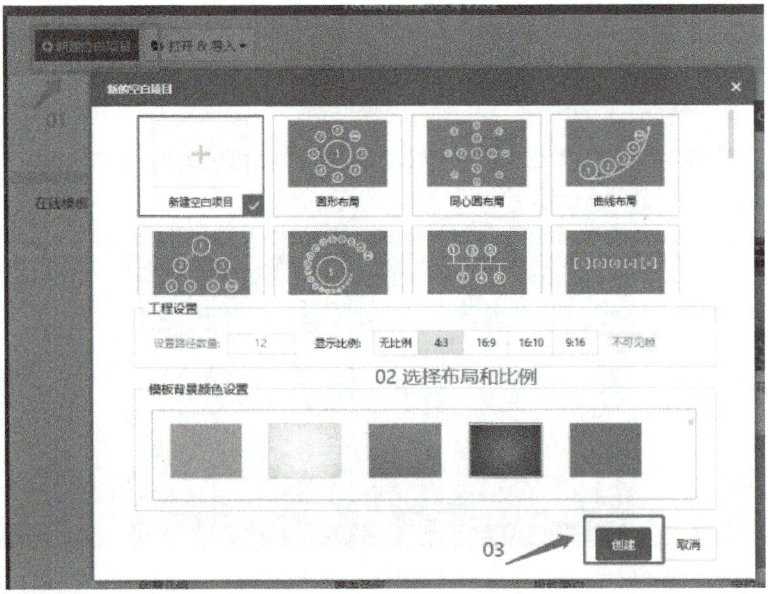

图 10-40　新建空白项目

②单击“背景”中“图片背景”下的“选择文件”，插入精美的背景图片，如图 10-41 所示。Focusky 的舞台是可以无限放大的，选择图片时要注意图片的大小。

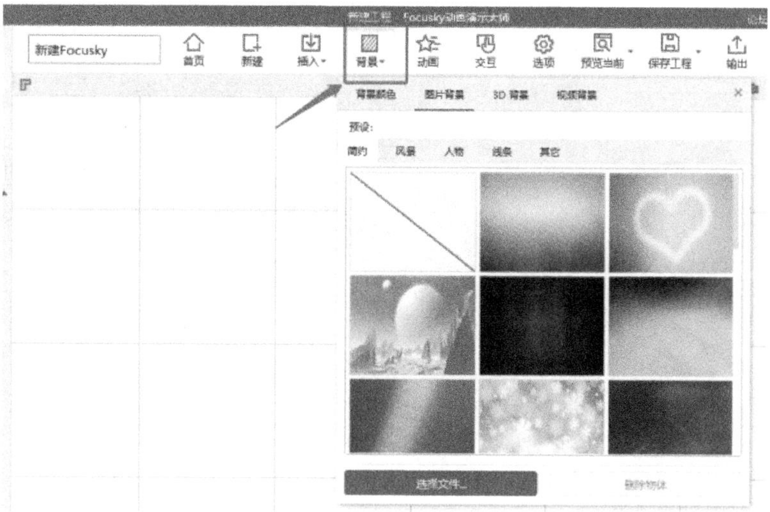

图 10-41 添加背景图片

③添加帧。选择帧的形状，并将帧拖拽到画布中，单击“添加当前视口到路径”，出现新的帧，如图 10-42 和图 10-43 所示。

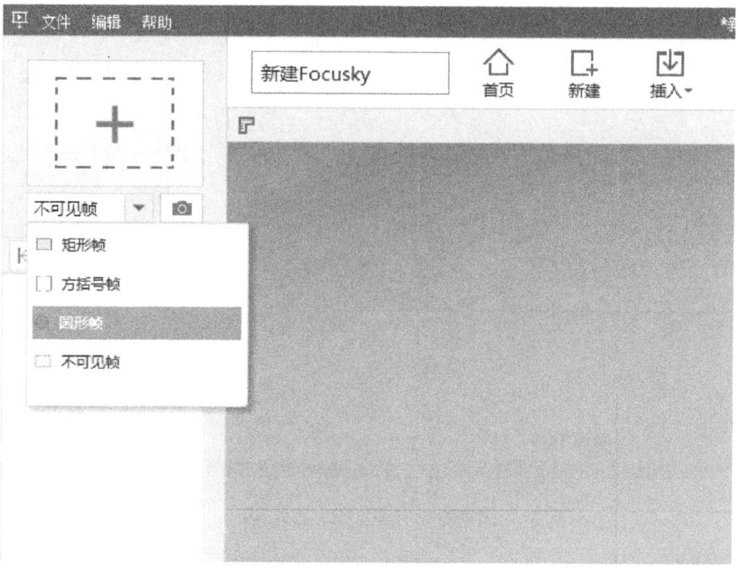

图 10-42 帧的属性

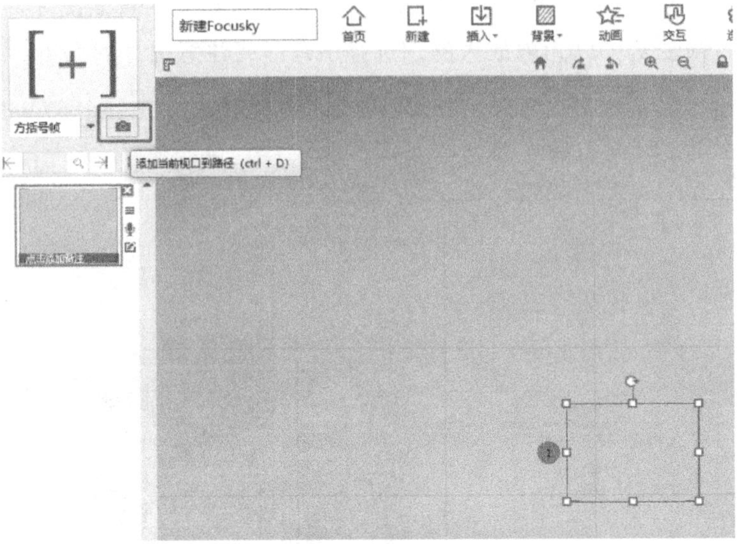

图 10-43 添加帧

④添加动画效果。从工具栏中选择我们需要的元素拖拽到第 1 帧和第 2 帧中，单击“动画”选择特效，如图 10-44 和图 10-45 所示。用同样的方法为各个帧的元素都添加上特效。

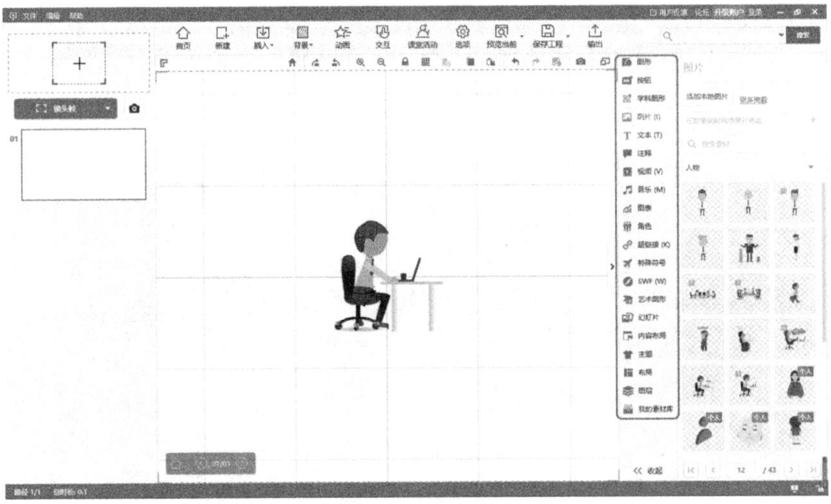

图 10-44　选择目标元素

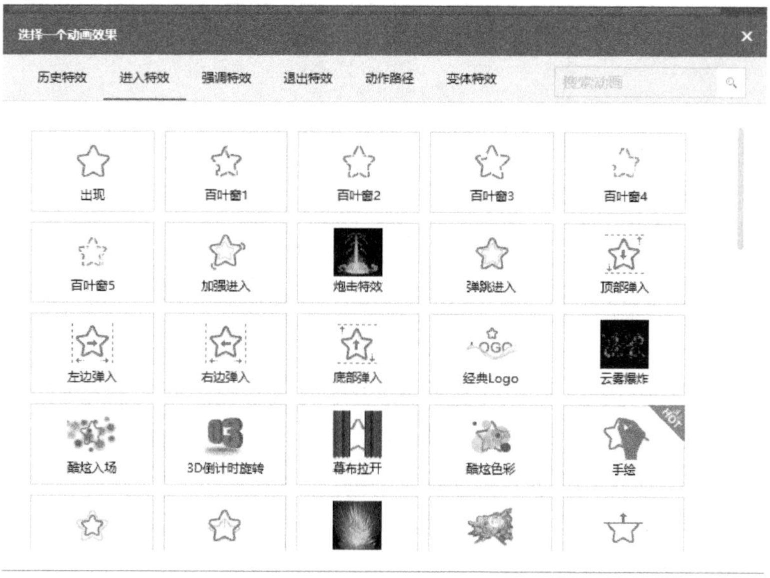

图 10-45　添加动画效果

⑤帧的元素特效添加完成后退出动画编辑，点击“预览当前的特效”，对我们做的动态 PPT 效果进行预览，如图 10-46 所示。

图 10-46　预览特效

练习：

在背景选项中，Focusky 还为我们提供了 3D 背景、视频背景和背景颜色，请大家结合所学专业，在软件中制作一个动态 PPT 课件，并进行预览。请将你的制作步骤简要写在下页的方框中。

活动三　添加字幕和声音

【说明】若给做好的 PPT 配音，或给 PPT 中的卡通人物配上课件讲解词，在 Focusky 中要怎么做呢？可以给动态 PPT 加字幕吗？请大家讨论后将结果写在下面的方框中。

【知识链接】

操作步骤如下：

①单击“新建空白项目”，按照需求和喜好调节各项参数后点击“创建”，如图 10-47 所示。

图 10-47　新建空白项目

②单击“添加窗口”并拖拽到画布任意区域，类似于 PowerPoint 中的新建幻灯片，如图 10-48 所示。用同样的方法插入 3 帧。

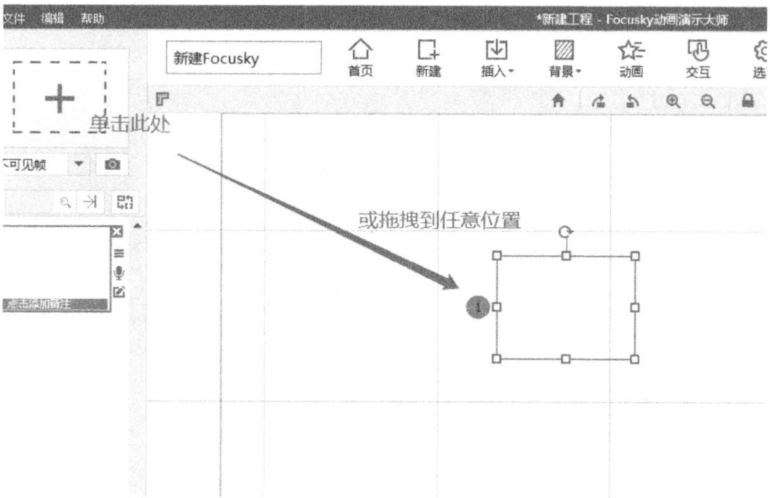

图 10-48 添加窗口

③滚动鼠标放大第 1 帧区域，在右边的工具栏里找到图片图标，选择一张图片添加到舞台区域(或者点击“添加本地图片”，上传自己的图片)，图片出现在中间舞台第 1 帧设定的区域，接着调节图片大小以及图片的位置，如图 10-49 所示。

图 10-49 添加照片或图片

④单击“添加声音跟字幕”，录入或导入录音，单击“新增字幕”，在提示框内输入字幕，软件中有多种配音可以选择，如图 10-50 和图 10-51 所示。

图 10-50　添加声音跟字幕

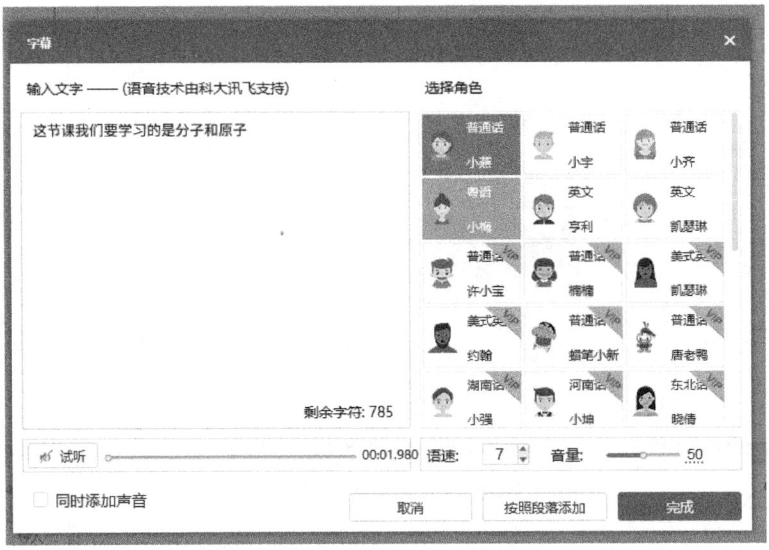

图 10-51　输入文字和选择配音

【知识链接】

Focusky 可以输出不同格式的文件，如 . exe 文件、. mp4 文件等。用户可根据不同格式的文件，用不同软件播放，还可以直接分享到微信，如图 10-52 所示。

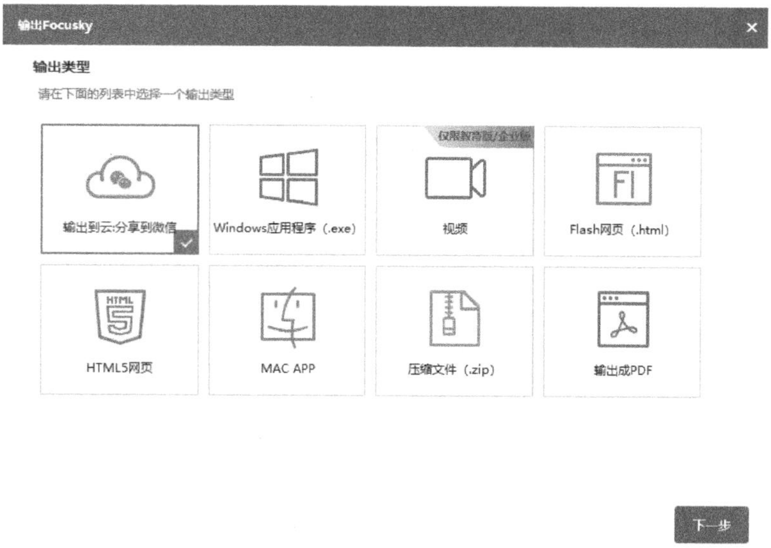

图 10-52　不同格式的文件

练习：

请大家为自己的作品加上配音和字幕。教师组织学生进行自评和互评，发表对自己作品和他人作品的看法，进行点评、总结，并写在下面的方框中。

【学习资源】

①千库网。该网站提供了大量的精品图片和素材，包括背景图片、背景素材和海报背景等。

②周庆麟，胡子平．精进 PPT：成为 PPT 高手[M]．北京：北京大学出版社，2019.

③仝德志．揭秘 PPT 真相[M]．北京：电子工业出版社，2020.

项目十一

动画制作入门

教育创新要聚焦于一线，聚焦于实践，其灵感源自“四面八方”。

——钟秉林

学习目标

①熟悉 Flash 软件界面，掌握各种工具的基本操作。

②掌握位移动画、形变动画、逐帧动画、遮罩动画等 Flash 动画的制作。

③利用 Flash 动画制作多媒体课件，辅助教学。

④会使用优芽互动电影、来画视频制作教学动画。

学习任务

任务一　位移动画制作

任务二　形变动画制作

任务三　逐帧动画制作

任务四　遮罩动画制作

任务五　优芽互动电影教学动画制作

任务六　来画视频教学动画制作

任务一
位移动画制作

活动一　了解 Flash 软件及基本操作

【说明】教师演示安装并打开 Flash 软件，介绍 Flash 软件的界面，Flash 中的图层、帧、场景、舞台、元件等基本概念以及 Flash 工具栏中各种工具的使用。在本活动中，大家将完成以下操作。

①新建一个 Flash 文档，选择自己喜欢的图片作为背景放到舞台上。

②使用文本工具，输入文字“认识图形”。

③使用“椭圆”“矩形”工具和“线条”工具在页面上绘制 1 个椭圆、1 个正方形和 1 个三角形，然后用填充工具填充自己喜欢的颜色。完成后页面效果如图 11-1 所示。

图 11-1　在 Flash 中输入文字与绘制图形

活动二　使用 Flash 制作《苹果落下》位移动画

【说明】大家了解了 Flash 软件及基本操作后，请仔细观看一段 Flash 文字位移动画视频。以 4～5 人为一组，观察文字如何发生位移，交流讨论，归纳总结 Flash 位移动画的特点，并将小组讨论的结果写在下面的方框中。

【知识链接】

实施步骤如下。

①打开 Flash 软件，导入一张苹果树的图片到库中，步骤为“文件”>“导入”>“导入到库”，然后将库中的苹果树图片拖入舞台。将图层 1 命名为“苹果树”。(如图 11-2 所示)

图 11-2 “苹果树”图层

②新建图形元件“苹果”。步骤为“插入”>“新建元件”>“图形”。将元件命名为“苹果”。然后在 Flash 中用工具栏中的“椭圆”工具绘制苹果的身体，并设置苹果颜色为渐变红色，用“铅笔”工具绘制苹果的柄，按“Ctrl+G”键，将苹果身体与柄组合成一个图形。

③新建影片剪辑元件“下落的苹果”。步骤为“插入”>“新建元件”>“影片剪辑”。将元件命名为“下落的苹果”。接着将图形元件“苹果”拖到舞台中心位置，在第 30 帧插入关键帧，并调整第 30 帧苹果的位置，使其下移一段距离，在第 1 帧和第 30 帧之间创建补间动画。(如图 11-3 和图 11-4 所示)

图 11-3 创建新元件界面

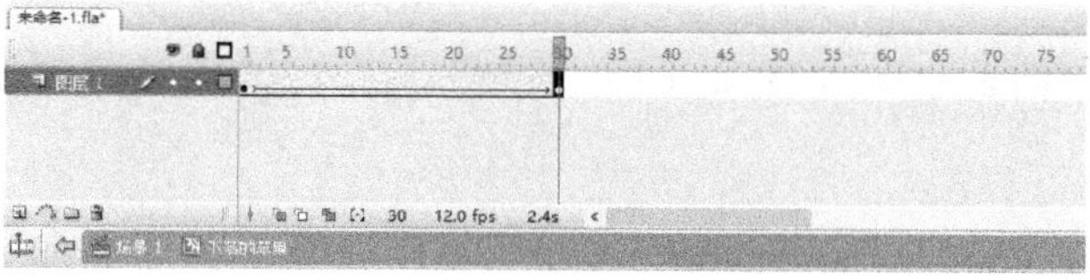

图 11-4　创建补间动画界面

④创建补间动画后，选中第 1 帧到第 30 帧的任意一帧，打开“属性”面板，将“旋转”设置为“顺时针 2 次”(如图 11-5 所示)，制作苹果旋转下落的效果，并在第 35 帧插入帧，延长苹果落地的时间。

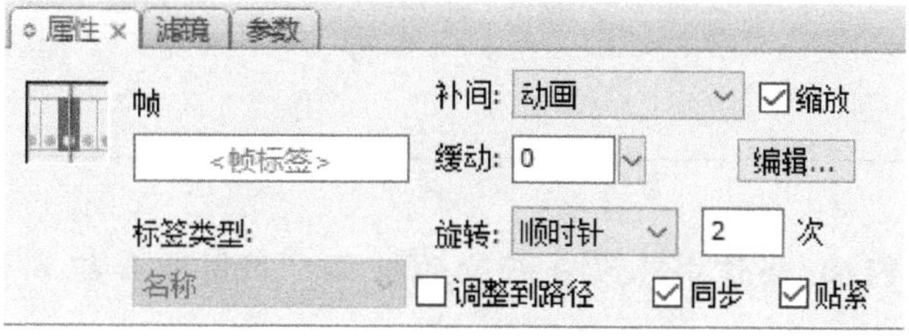

图 11-5　补间动画属性面板

⑤影片剪辑元件“下落的苹果”制作完成了，返回场景 1，将做好的影片剪辑元件“下落的苹果”拖到舞台苹果树上。(如图 11-6 所示)

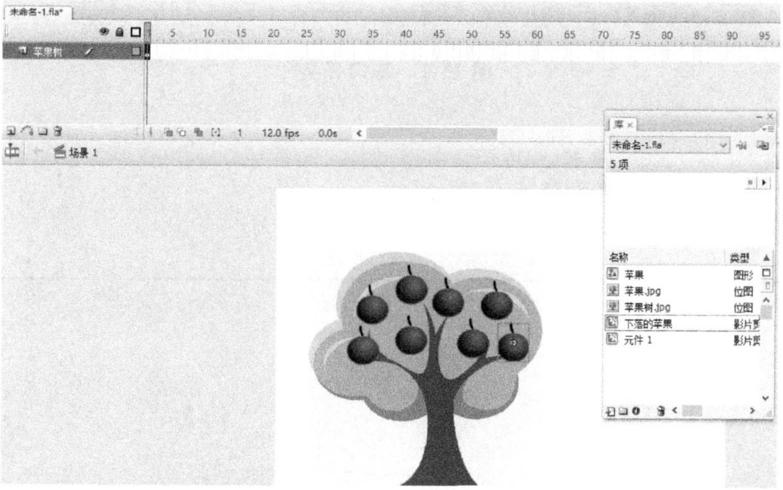

图 11-6　将“下落的苹果”拖到舞台苹果树上

⑥完成动画制作，按“Ctrl＋Enter”键，可预览制作完成的动画。点击“文件”＞“另存为”，保存该文件到指定文件夹，然后点击“发布设置”，可以选择生成动画的类型。选择好以后，点击“发布”，直接生成 Flash 动画文件。

活动三　互动交流

【说明】大家动手制作了《苹果落下》动画。各组挑选组员上台展示制作的动画，分别进行自我评价、小组互评。大家针对制作过程中遇到的问题，共同交流讨论。总结制作要点，将其写到下面的方框中。

练习：

课后请大家用 Flash 制作小球滚落斜坡的动画，用所学知识表示出小球运动的快慢，如图 11-7 所示，并将主要步骤记录在下面的方框中。

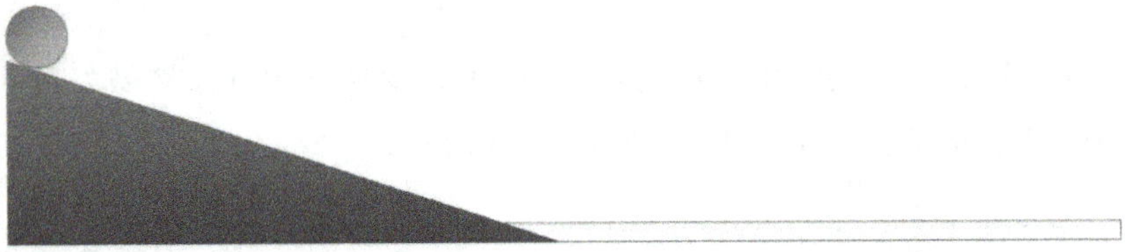

图 11-7　练习任务

注意事项：

①注意小球的起始位置和终点位置。

②注意设置小球运动的快慢。

任务二
形变动画制作

活动一　了解何为形变动画

【说明】形变动画属于补间动画的一种，是对象形状随时间发生变化的动画。在时间轴的某帧绘制一个对象，在时间轴的另一帧修改该对象的形状或绘制其他对象，由 Flash 计算并插入两帧之间的补间，创建出变形的动画效果。请大家以 4～5 人为一小组，通过上网查阅资料，进一步了解形变动画的相应知识，交流讨论，并将小组讨论的结果写在下面的方框中。

活动二　使用 Flash 制作《数字 1 变 2》形变动画

【知识链接】

实施步骤如下。

①在开始帧即第 1 帧用文本工具输入数字“1”，调整字体、字号和颜色，字体设置为“微软雅黑”，字号“90”，颜色设置为红色。（如图 11-8 所示）

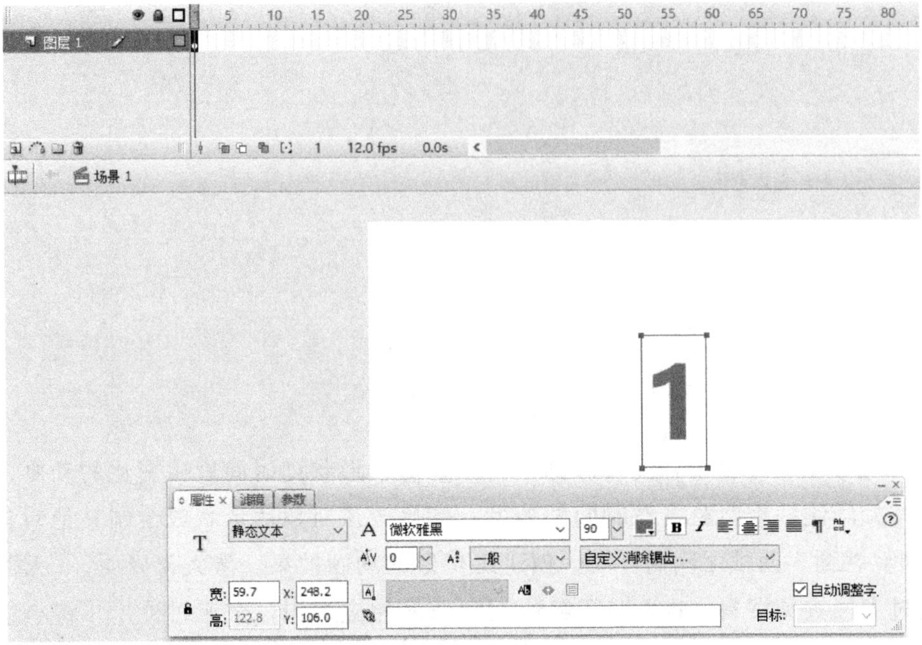

图 11-8　插入数字“1”界面

②在第 30 帧插入关键帧，然后删除数字“1”，用文本工具输入数字“2”。(如图 11-9 所示)

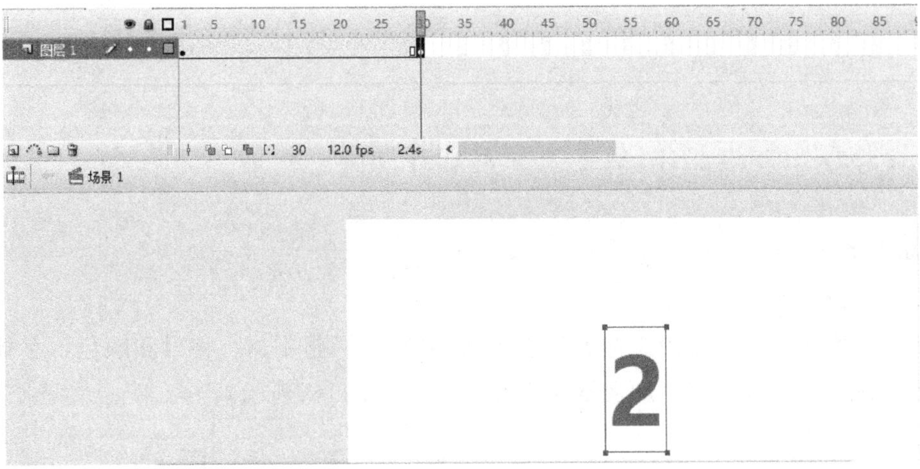

图 11-9　插入数字“2”界面

③为了让文字能进行形状变化，必须把文本“1”和“2”打散成图形，选择“修改”>“分离”或按“Ctrl+B”键，将两个数字都打散成图形。选择第 1 帧到第 30 帧之间的任何一帧，点击鼠标右键，选择“创建补间形状”。(如图 11-10 所示)

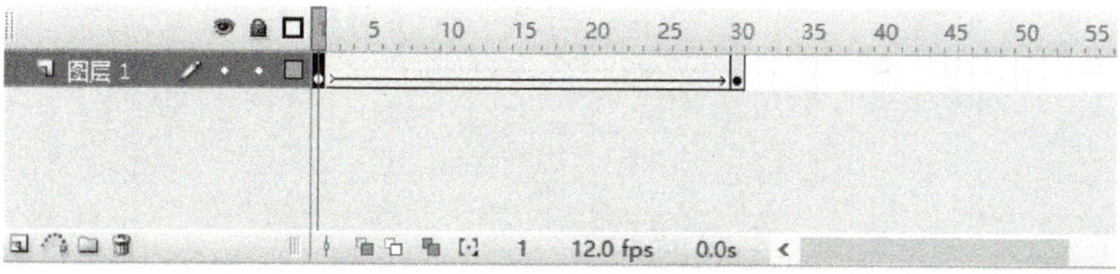

图 11-10　创建补间动画时间轴

④为了让“1”能够比较自然地变成“2”，可以添加变形参考点。选择补间形状序列中的第一个关键帧，执行“修改”>“形状”>“添加形状提示”命令，分别添加两个变形参考点“a”和“b”，将两个参考点分别放在数字“1”和“2”的合适位置。(如图 11-11 所示)

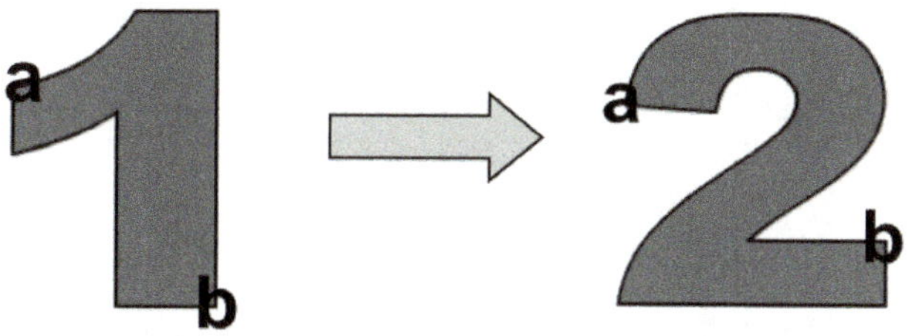

图 11-11　参考点“a”“b”的位置

⑤完成动画制作，按“Ctrl+Enter”键，可预览制作完成的形变动画。点击“文件”>“另存为”，保存该文件到指定文件夹，然后点击“发布设置”，可以选择生成动画的类型。选择好以后，点击“发布”，直接生成 Flash 动画文件。

活动三　互动交流

【说明】大家动手制作了《数字 1 变 2》动画。各组挑选组员上台展示本组制作的动画，分别进行自我评价、小组互评。大家针对制作过程中遇到的问题，共同交流讨论。总结制作要点，写到下面的方框中。

练习：

课后请大家完成下面的实践任务，并将主要步骤记录在下页的方框中。

实践任务：利用 Flash 软件制作长方形变圆形或其他图形变成文字的动画(注意打

散文字)。

任务三
逐帧动画制作

活动一　了解何为逐帧动画

【说明】教师带领大家一起回顾之前学过的位移动画和形变动画，归纳总结它们的异同点。然后引入这节课的教学内容：逐帧动画的制作。逐帧动画是在时间轴的每帧上逐帧绘制不同的内容，使其连续播放而形成的动画。请大家以 4～5 人为一个小组，通过上网查阅资料，观看《鲜花开放》动画视频，进一步讨论逐帧动画的特点，并将小组讨论的结果写在下面的方框中。

活动二　使用 Flash 制作《鲜花开放》逐帧动画

【知识链接】

实施步骤如下。

①提前在网上搜索 6 张鲜花开放的素材图片，将其按开放顺序命名保存。打开 Flash 文件，点击“文件”>“导入”>“导入到库”，将素材图片全部导入库中。按图片序

号，选中第 1 帧，从库中将第 1 张鲜花开放的图片拖到舞台，在属性中设置它的位置，X 为 250，Y 为 150。(如图 11-12 所示)

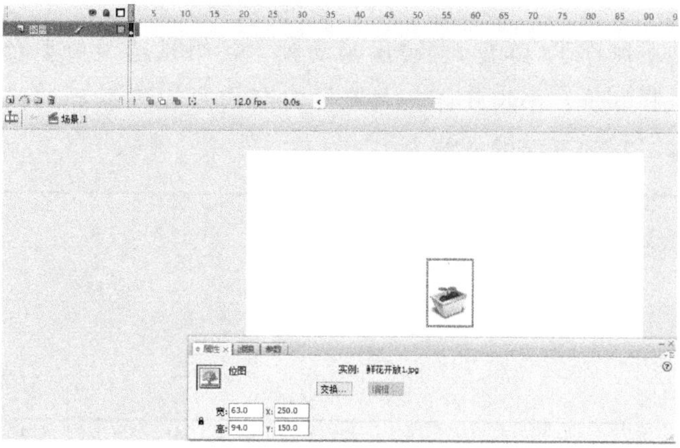

图 11-12　插入第 1 帧的界面

②在第 2 帧插入空白关键帧，然后从库中将第 2 张鲜花图片拖到舞台上，并在属性中设置与第 1 帧图片相同的位置。依次用同样的方法在第 3、4、5、6 帧分别将库中的图片按顺序插入。(如图 11-13 所示)

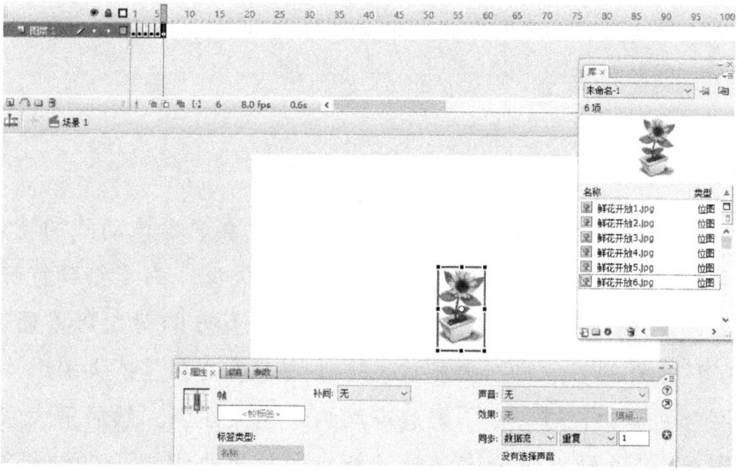

图 11-13　插入第 6 帧后的界面

③逐帧动画制作完成，按"Ctrl＋Enter"键，可预览制作完成的逐帧动画。如果觉得播放速度太快，可以点击时间轴上的帧频，调整帧频，如从 12fps 调整为 8fps。然后点击"文件">"另存为"，保存该文件到指定文件夹，点击"发布设置"，可以选择生成动画的类型。选择好以后，点击"发布"，直接生成 Flash 动画文件。

活动三　互动交流

【说明】大家动手制作了《鲜花开放》逐帧动画。各组挑选组员上台展示本组制作的动画，分别进行自我评价、小组互评。大家针对制作过程中遇到的问题，共同交流讨论。总结制作要点，写到下面的方框中。

任务四
遮罩动画制作

活动一　何为遮罩动画

【说明】教师展示一个简单的文字遮罩动画，让大家观察该动画的特点，引出本活动要讲的遮罩动画。在 Flash 图层中有一个遮罩图层类型，为了得到特殊的显示效果，可以在遮罩层上创建一个任意形状的“视窗”，遮罩层下方的对象可以通过该“视窗”显示出来，而“视窗”之外的对象将不会显示，这就是遮罩动画。请大家以 4～5 人为一个小组，通过上网查阅资料，进一步了解遮罩动画的相关知识。然后请大家观看《文字从左到右依次显现》遮罩动画，讨论该动画的特点，并将小组讨论的结果写在下面的方框中。

活动二　使用 Flash 制作《文字从左到右依次显现》遮罩动画

【知识链接】

实施步骤如下。

①大家了解了文字遮罩动画以后，教师演示动画制作过程。打开 Flash 软件，打开“属性”面板，将舞台背景颜色设置为黑色，在图层 1 中输入文字“flash”，在“属性”面板中设置文字大小“65”，字母间距“5”，颜色选择红色，字体选择 Arial Black，在第 30 帧插入普通帧。（如图 11-14 所示）

图 11-14　在 Flash 中插入文字的图层

②新建图层 2，在图层 2 的第 1 帧用椭圆工具绘制一个能覆盖一个字母的小椭圆，放在文字“flash”的左侧。在第 30 帧同样用椭圆工具绘制一个大椭圆，能够覆盖整个“flash”文字。然后在第 1 帧和第 30 帧中间选中任意一帧，点击鼠标右键，选择“创建补间动画”。选中图层 2，点击鼠标右键，选择“遮罩层”，将图层 2 设置为遮罩层。（如图 11-15 所示）

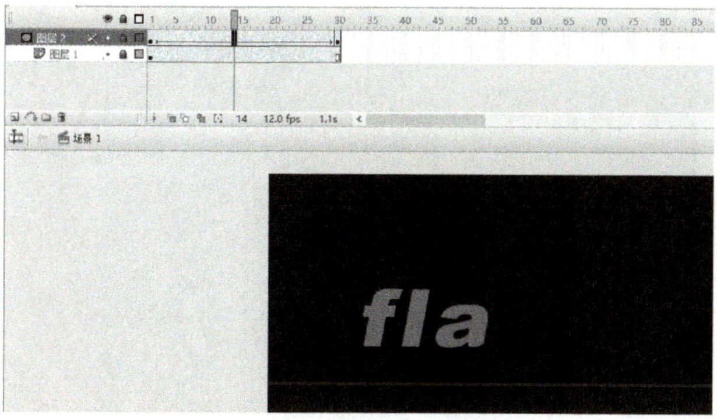

图 11-15　遮罩层与被遮罩层

③文字遮罩动画制作完成，按“Ctrl+Enter”键，可预览制作完成的逐帧动画。然后点击“文件”>“另存为”，保存该文件到指定文件夹，点击“发布设置”，可以选择生成动画的类型。选择好以后，点击“发布”，直接生成 Flash 动画文件。

活动三　互动交流

【说明】大家动手制作了 Flash 文字遮罩动画。各组挑选组员上台展示本组制作的动画，分别进行自我评价、小组互评。大家针对制作过程中遇到的问题，共同交流讨论。总结制作要点，写到下面的方框中。

练习：

课后请大家完成下面的实践任务，并将主要步骤写在下面的方框中。

实践任务：用 Flash 制作图片从中心椭圆慢慢扩大显现的动画效果。

注意事项：在图层 1 放背景图片，图层 2 作为遮罩层，在图层 2 舞台正中间第 1 帧绘制一个小椭圆，在第 30 帧插入关键帧，将椭圆放大到整个舞台，任选一帧创建补间形状动画。

任务五
优芽互动电影教学动画制作

活动一　优芽互动电影功能简介

【说明】优芽互动电影是一款简单易用的互动微课视频制作工具，搭载丰富的场景、角色、道具素材，多元的人物动作、多媒体应用模板，人人可轻松定义生动的交互情境动画。它同时搭载了常见动画模板、图像文本、旁白音效等教学所需模块，只需简单编辑即可制作个性化创意动画视频。请大家以 4～5 人为一组，交流讨论优芽互动电影有哪些功能，并将小组讨论的结果写在下面的方框中。

活动二　观看优芽互动电影视频案例

【说明】教师播放优芽互动电影平台上的动画视频《咏鹅》，在大家观看(建议观看三遍)短视频后，引导大家观察视频中用到了哪些动画效果，包括如何设置文字动画效果，如何为文字添加旁白，如何设置动画角色。请将观察结果写在下面的方框中。

活动三　用优芽互动电影制作《静夜思》教学动画视频

【知识链接】

实施步骤如下。

①打开优芽互动电影平台，点击“制作动画”，出现登录对话框，先注册，再登录。（如图 11-16 所示）

图 11-16　优芽互动电影平台注册页面

②登录后，点击“新建影片”，输入影片名称，点击“空白创建”，进入影片制作界面。（如图 11-17 所示）

图 11-17　新建影片页面

③选择场景。选择“月光”场景，在该场景中插入标题“静夜思”，点击“插入文本”按钮，打开文本设置栏，设置文字的字体、字号、行间距和字间距，用霓虹特效字体，字号“60”。（如图 11-18 所示）

图 11-18　字体设置

④用同样的方法，点击“插入文本”，插入文字“唐：李白”，并同样设置字体、字号、行间距和字间距。同学们还可以插入特效，点击“星星闪烁”特效，再设置这两行文字出现的动画。选择“缩放”效果，点击“确定”。（如图 11-19 所示）

图 11-19　动作设置

⑤为文字添加旁白，点击“插入”“旁白”，输入旁白内容“静夜思”，选择旁白人物“优优”，用同样的方法为“唐：李白”插入旁白。（如图 11-20 所示）

图 11-20 插入旁白

⑥点击“新建场景”，仍然选择“月光”场景，在该场景中按上述方法插入文字：“诗人简介：李白，字太白，号青莲居士，是中国唐代伟大的浪漫主义诗人，有‘诗仙’之称。”为文字设置“出现—擦除”动画效果，并用同样的方法为文字配上“旁白”。（如图 11-21 所示）

图 11-21 设置旁白

⑦点击“新建场景”，设置“星空”场景，在该场景中插入文字：“床前明月光，疑是地上霜。举头望明月，低头思故乡。”选择“角色”，为该场景添加一个优优的角色，然后设置角色说话内容和动作。(如图 11-22 所示)

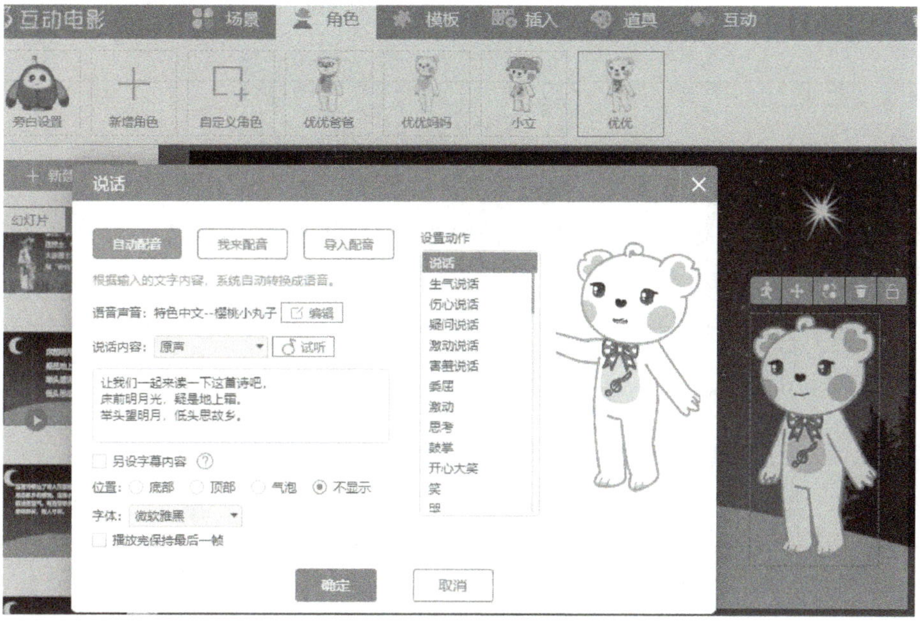

图 11-22　选择和设置角色

⑧点击“新建场景”，设置“星空”场景，在该场景中插入文字：“这首诗表达了诗人在寂静的月夜思念家乡的感受。这首小诗，用叙述的语气，写远客思乡之情，意味深长，耐人寻味。”给文字设置“出现－擦除”动画。然后选择“角色”，用上述方法同样为该场景添加一个优优的角色，设置角色说话内容和动作。

⑨点击“新建场景”，设置“星空”场景，在该场景中插入文字“谢谢观看！”。然后选择“角色”，用上述方法同样为该场景添加一个优优的角色，设置角色说话内容和动作。

⑩制作完成后，点击“保存”，再点击“播放”，可以预览制作完成的动画影片。如果要将其导出，点击“导出”，即可导出动画视频。

活动四　互动交流

【说明】大家动手制作了《静夜思》动画视频。各组挑选组员上台展示自己制作的动画，分别进行自我评价、小组互评。大家针对制作过程中遇到的问题，共同交流讨论。总结制作要点，写到下页的方框中。

练习：

课后请大家完成下面的拓展实践任务，并将主要步骤写在下面的方框中。

拓展实践任务：用优芽互动电影为古诗《清明》制作动画。（注意：可以准备相关内容的图片插入动画中）

任务六
来画视频教学动画制作

活动一　来画视频简介

【说明】来画视频是一个基于互联网平台的视频创作平台，有手机客户端、网页端两个入口，主要用于创作移动互联网中的短视频。其特色是采用智能 AI 技术，引导大家进行手绘视频创作，并拥有海量的模板素材。用户只需通过简单的几步，就能将手绘图片、文字、照片、音乐、声音、手势等素材结合，实现展示效果。它就像做 PPT 一样，轻松做出手绘视频，让没有绘画、视频制作基础的人也能享受到通过制作手绘动画视频传递自己创意的乐趣。

请大家以 4～5 人为一组，交流讨论，互联网上还有哪些类似的视频创作平台，并将小组讨论的结果写在下页的方框中。

活动二　观看用来画视频平台创作的视频案例

【说明】教师播放提前制作好的来画动画视频《开学防疫指南》。学生观看(建议观看三遍)短视频后，教师引导大家观察视频中用到了哪些动画效果。请你将观察结果写在下面的方框中。

活动三　用来画视频制作《开学防疫指南》动画

【知识链接】

实施步骤如下。

①在电脑搜索引擎搜索“来画视频”进入来画视频创作平台，在网页点击“制作视频”进入视频创作界面，也可以通过下载手机客户端制作视频。不过手机客户端的功能没有网页端强大。

②准备制作开学防疫指南的小视频。点击“制作视频”进入图 11-23 所示的页面，点击“新建作品”，进入图 11-24 所示的页面，选择“卡通动漫”风格，后续在一些素材推荐方面，系统会自动推荐卡通动漫风格的素材。

图 11-23　新建作品

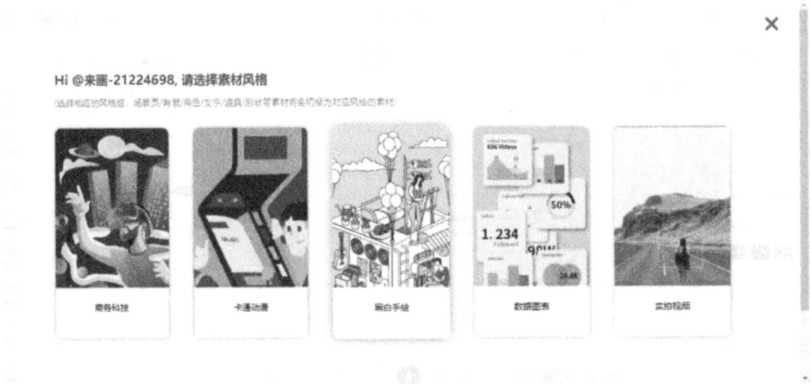

图 11-24　选择素材风格

③点击“场景”，通过搜索，选择一个学校作为场景图。（如图 11-25 所示）

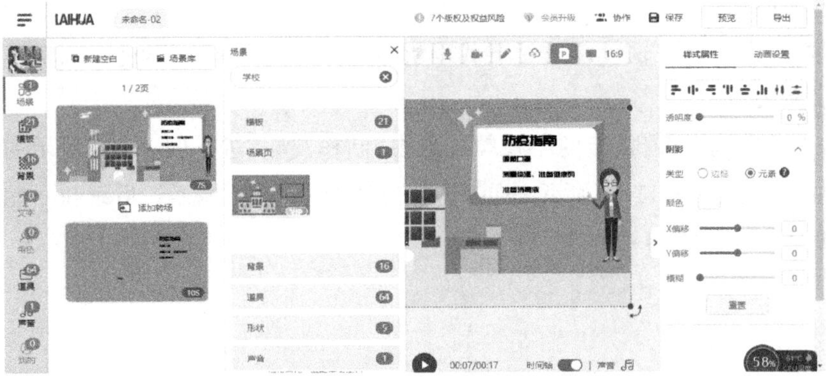

图 11-25　选择场景图

④点击“角色”增加“教师”元素，选中“教师”元素，点“动作”可以选择各种动作（讲解、打招呼、跑步等）。（如图 11-26 所示）

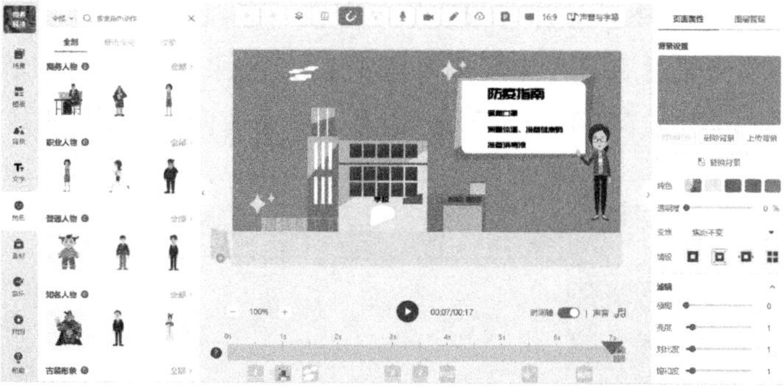

图 11-26　选择角色和设置动作

⑤双击“画布”，可以输入文字。这里输入“学校”“防疫指南”等字。

⑥点击“道具”，搜索“校车”，增加“校车”元素，并为“校车”元素增加进场与出场动画。（如图 11-27 所示）

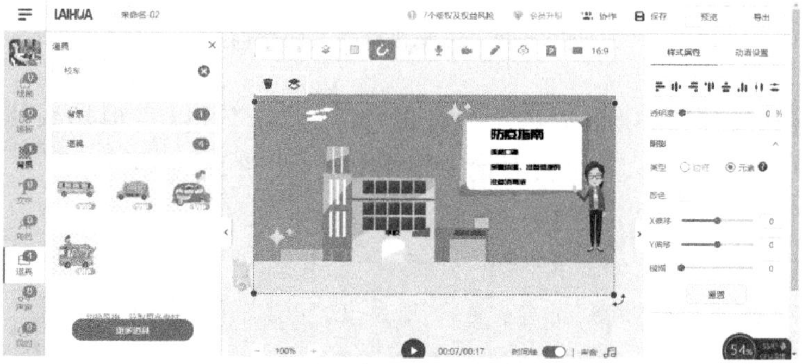

图 11-27　增加进场和出场动画

⑦选择“停留特效”中的“路径”，设定起点与终点，选择“匀速”，通过“时间轴”设定“校车”在整个场景中入场与出场的时间。（如图 11-28 所示）

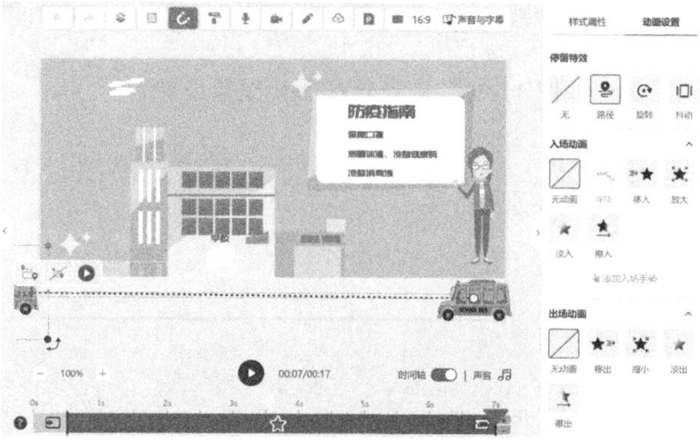

图 11-28　设置校车出入场时间

⑧点击“添加录音”为视频添加背景音乐与旁白，旁白可以通过智能 AI 合成的方式实现。这里录入：“疫情过后，终于迎来了期盼已久的课堂面对面教学，但为了安全，我们还是要做好防疫措施。”使用“AI 合成”方式，形成旁白。(如图 11-29 所示)

图 11-29　添加背景音乐和旁白

⑨点击“继续创作”可以增加场景，点击“添加转场”可以实现场景转换动画效果。在第二个场景中我们增加入校应准备的防疫物品。(如图 11-30 所示)

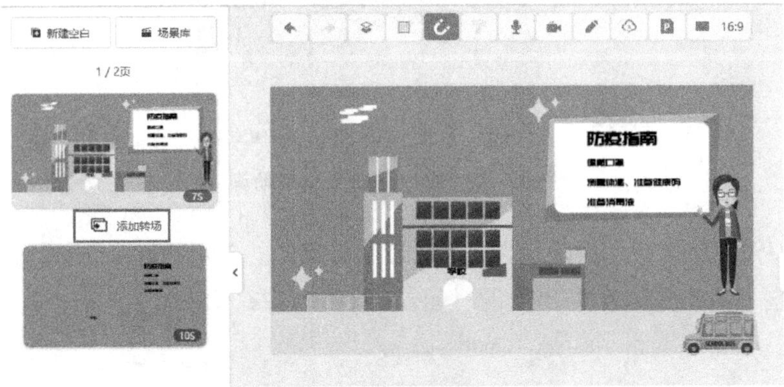

图 11-30　场景转换动画效果设置

⑩点击“道具”，搜索口罩、消毒洗手液、健康码等动漫图道具，并为它们增加入场动画。(如图 11-31 所示)

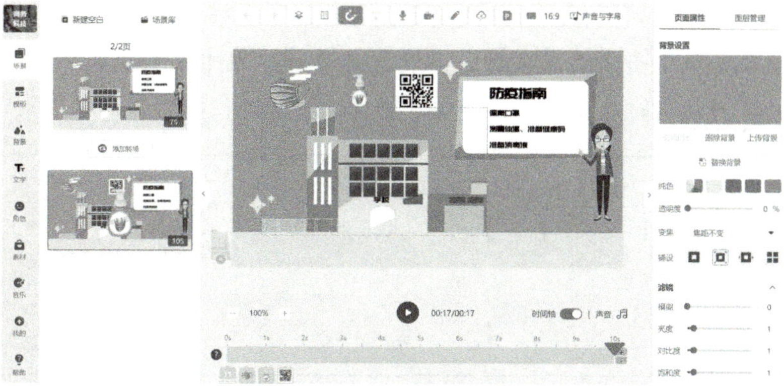

图 11-31　道具设置

⑪点击“导出”即完成作品。预览和导出作品如图 11-32 所示。

图 11-32　预览和导出作品

活动四　互动交流

【说明】大家动手制作了《开学防疫指南》动画。请同学们利用教室多媒体展示自己制作的动画，分别进行自我评价和小组互评，教师进行总结性点评。大家针对制作过程中遇到的问题，共同交流讨论，总结制作要点，写到下面的方框中。

练习：

课后请大家完成下面的实践任务，并将主要步骤写在下面的方框中。

实践任务：用来画视频制作一个动画。

【学习资源】

①Flash 课件网。该网站提供了大量的 Flash 课件制作素材、模板、制作技巧等资源。

②优芽互动电影网站。该网站提供了大量制作动画视频的模板，用户还可以进行动画作品赏析。

③来画视频网站。该网站提供了大量制作来画动画视频的模板、案例、教程等资源。

项目十二

图形图像处理入门

横眉冷对千夫指，俯首甘为孺子牛。

——鲁迅

学习目标

①认识 Photoshop 软件，熟悉软件界面菜单栏及工具栏。

②了解软件中各工具的使用效果，掌握各种工具的基本操作。

③掌握魔棒工具、滤镜工具、矩形工具及钢笔工具等的使用方法。

④学会使用 Photoshop 中的各种工具制作多媒体课件的图像素材。

学习任务

任务一　制作雨景

任务二　制作一个动画模型

任务三　给一英寸照片换底色

任务四　用手机软件修图

任务一
制作雨景

活动一　各种滤镜的使用效果

【说明】雨天里的照片是不容易拍摄的，那么怎么创造下雨效果呢？大家分成小组，根据以前所学的 Photoshop 的各种工具，想一想会使用到什么工具，写到下面的方框中。

活动二　使用滤镜工具制作雨景效果

【知识链接】

实施步骤如下。

①给现有的照片制作出雨景的效果，这里直接给出制作雨景前后的效果图，如图 12-1 所示。

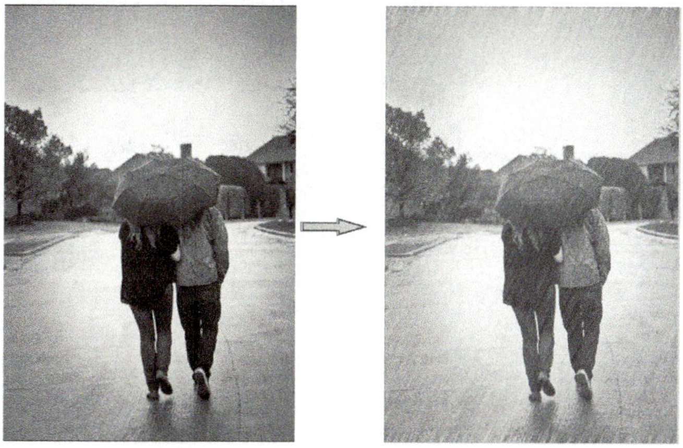

晴天　　　　雨天

图 12-1　雨景制作前后效果图

②在 Photoshop 中新建图层，命名为“雨”，将此图层填充为黑色。(如图 12-2 所示)

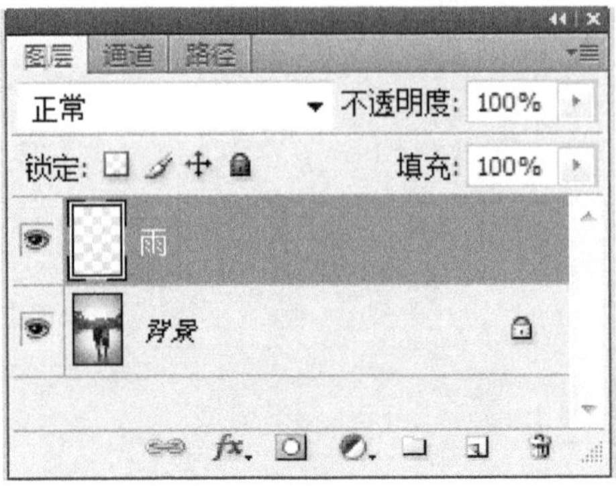

图 12-2　设置新图层颜色

③执行“滤镜”>“杂色”>“添加杂色”操作，设置“数量”的数值为 75%(也可自行设置数量，然后查看制作的雨景的效果，再进行修改)，选中“高斯分布”和“单色”复选框。(如图 12-3 所示)

④执行“滤镜”>“模糊”>“高斯模糊”操作，在此处，我们可将半径修改为 0.5 像素。(如图 12-4 所示)

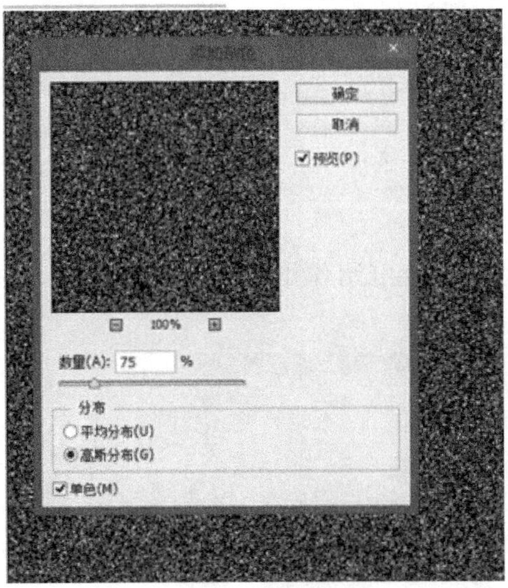

图 12-3　添加杂色

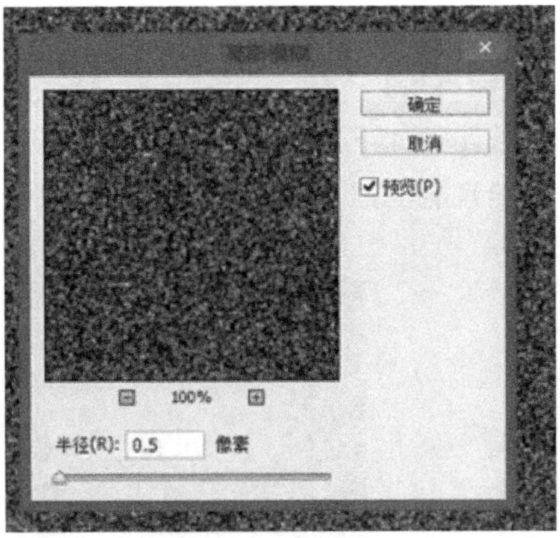

图 12-4　滤镜像素设置

⑤执行“滤镜”>“模糊”>“动感模糊”操作(如图 12-5 所示)，这里主要是对雨的倾斜度及倾斜方向进行调整。

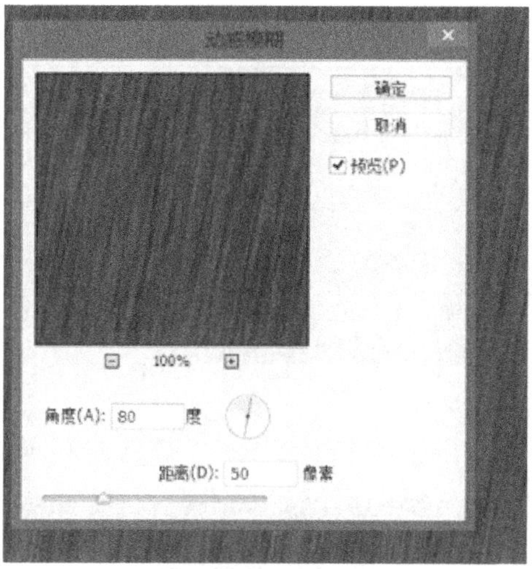

图 12-5　动感模糊设置

⑥执行“图像”>“调整”>“色阶”操作(如图 12-6 所示)，此时在图像预览中出现雨的雏形。

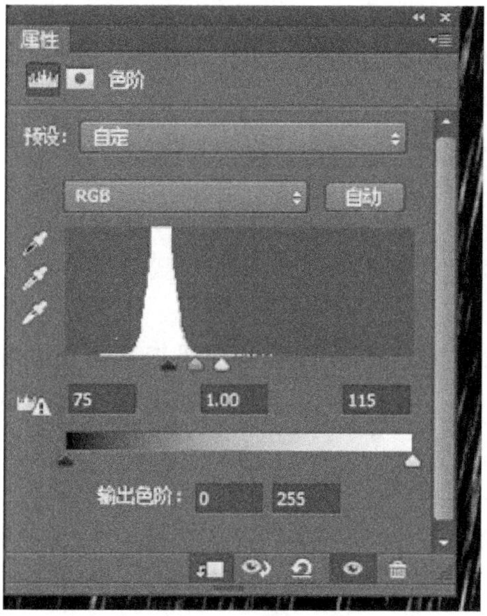

图 12-6　色阶设置

⑦执行“滤镜”>“扭曲”>“波纹”操作(如图 12-7 所示)，这一操作会使雨的形状更加逼真。

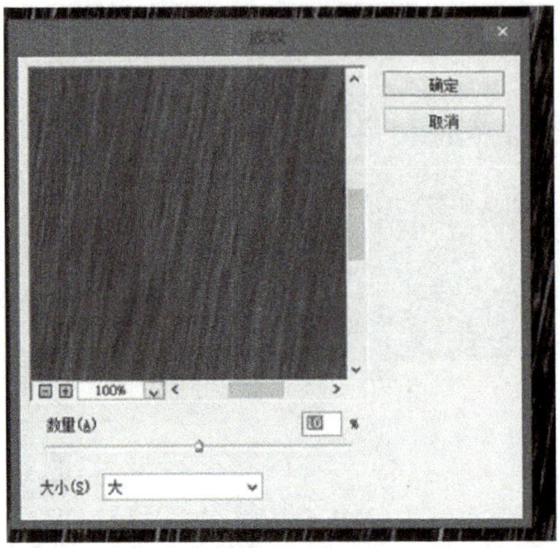

图 12-7　波纹设置

⑧在图层面板上，更改“雨”图层混合模式为滤色，透明度为 50%，即可看到雨景的效果。

【知识链接】

添加前景色的快捷键：Alt+Delete。

添加背景色的快捷键：Ctrl+Delete。

打开文件的快捷键：Ctrl+O。

连续擦除的快捷键：Shift+橡皮擦工具。

活动三　互动交流

【说明】大家现在将自己的作品上传到教师机中，然后互相观看并提出建议。在学习滤镜的混合使用制作雨景的过程中，你遇到了哪些实践性的问题，在制作过程中有哪些感悟，都写在下面的方框中。

活动四　练习

【说明】大家在完成了雨景制作之后，请为图 12-8 添加雪景效果，仔细思考这会与雨景图的制作有何区别，请大家尝试着做一做。

图 12-8　雪景图

【知识链接】

上面的任务是用 Photoshop 电脑端来完成的。很多手机端的图像处理 APP 软件，其功能也很强大。如 Snapseed，一款免费的图像处理软件，需要 Android OS 4.0 以上系统，有中文界面，支持平板电脑与手机使用；相机 360，一款手机拍照 APP，滤镜使用效果好；Mix 滤镜大师是一款图片处理软件，提供了大量的滤镜及图片处理功能。

应用举例：使用 Snapseed、相机 360 和 Mix 滤镜大师这三款软件，给图 12-9 添加人造雨滴效果，注意图片用仰视的方式拍摄。

图 12-9　雨滴效果背景图

实施步骤如下。

①用 Snapseed 视角功能调节照片，如图 12-10 所示，上下调节，将灯带仰视视角透视调整成平视效果，如图 12-11 所示。

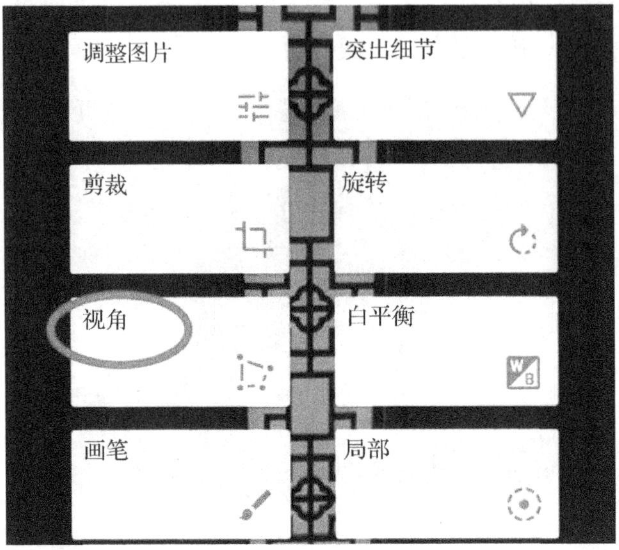

图 12-10　视角功能

图 12-11　视角设置

②在相机 360 里用自动增强滤镜一键将照片背景设为黑色。

③打开 Mix 滤镜大师，选择“效果”功能，在里面选择“S2”，将灯的上半部分调成日落效果，增加画面的动感复古效果，如图 12-12 所示。

图 12-12　添加日落效果

④选择“纹理”→“雨滴”(如图 12-13 所示)，这里有多种雨滴效果，不同的雨滴效果对应不同的图片，在雨滴里选择一种合适的雨滴效果，适当调节滤镜强度(如图 12-14 所示)，点击右上角“保存”。

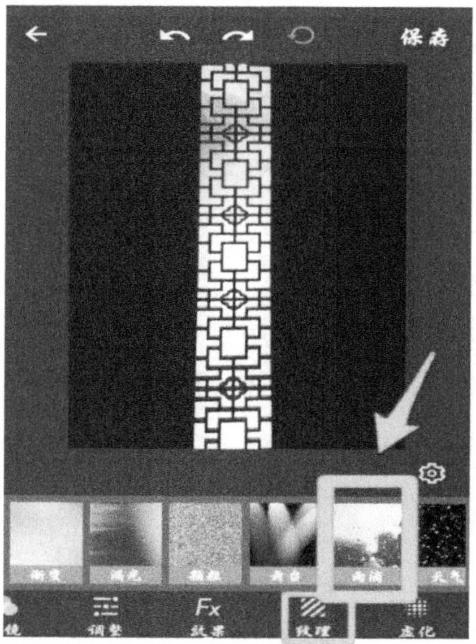

图 12-13　添加雨滴

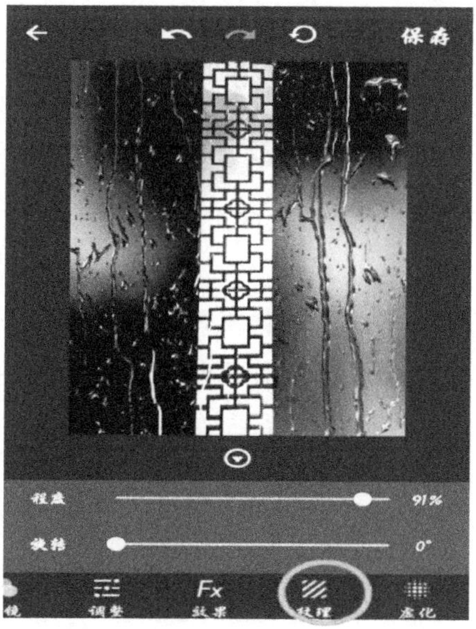

图 12-14　调节滤镜强度

⑤最终效果如图 12-15 所示。

图 12-15　最终效果图

任务二
制作一个动画模型

活动一　认识图形工具和钢笔工具

【说明】卡通图片既简单又形象，我们使用什么工具可以制作出简单的卡通图片呢？大家认识的卡通兔子是什么形象呢？由哪些结构组成？在制作的过程中需要从哪一步开始呢？大家可将自己的想法写在下面的方框中。

活动二　使用图形工具和钢笔工具制作卡通兔子

实施步骤如下。

①首先看一下粉色卡通兔子的效果图，如图 12-16 所示。

图 12-16　卡通兔子效果图

②新建图像文件，可选择“文件”>“新建”菜单，或按“Ctrl+N”组合键，在打开的对话框中设置相关参数，单击“创建”按钮即可，如图 12-17 所示。

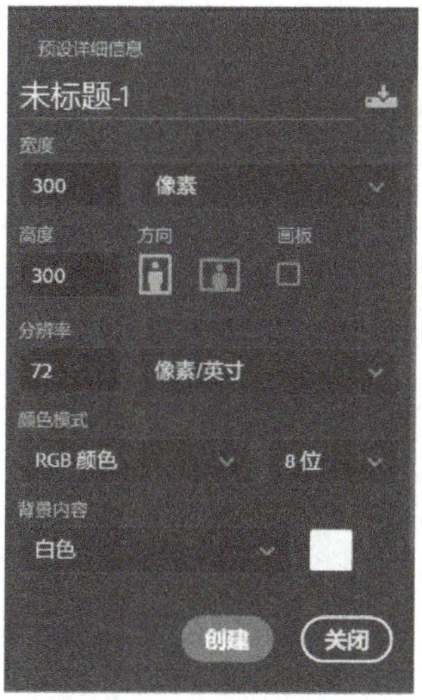

图 12-17　参数设置

③我们给新建的图层添加上黄色渐变的背景(这里可以自己选择，也可以添加纯色背景)，然后新建一个图层，在新建的图层中使用“椭圆工具”画一个圆，如图 12-18 所示。给圆添加白色，然后按“Ctrl+T”组合键选择变形，将其变成脸状的图形，如图 12-

19 所示。

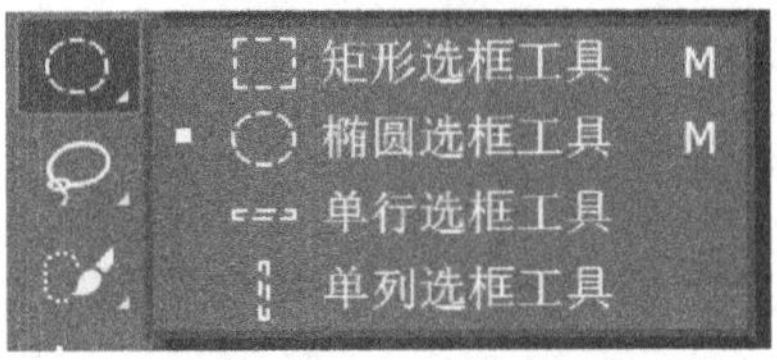

图 12-18　选择形状

图 12-19　变形后图案

④新建一个图层，同样使用“椭圆工具”在图层中画两个椭圆，按“Ctrl＋T”组合键变形，使其看起来像耳朵的形状。将其效果设置为“内发光”，使耳朵看起来更立体，然后放在合适的位置。绘制第二只耳朵时可以使用复制图层，也可以自己再制作一个，如图 12-20 所示。

图 12-20　添加耳朵

⑤在这一步骤中，画出兔子的眼睛，同样使用“椭圆工具”。具体操作同前，“新建图层”＞“椭圆工具”＞“变形”，可以先绘制出一只，再通过复制图层制作另一只眼睛。

为了使兔子的眼睛看上去更逼真，我们可以给绘制的圆添加“内发光”的效果。（如图 12-21 所示）

图 12-21　添加眼睛

⑥绘制眼珠和瞳孔，按“Ctrl＋R”组合键显示标尺，画出参考线。选择“椭圆工具”先画一个圆，设置颜色，然后再画一个椭圆，这个是瞳孔，添加“内发光”的效果。再次使用“椭圆工具”绘制出两个小圆，添加“外发光”的效果。复制绘制眼睛的这几个图层并将其组合，移动到相应的位置，完成另一只眼睛的绘制。（如图 12-22 所示）

图 12-22　添加眼珠与瞳孔

⑦绘制嘴巴和鼻子，这里主要使用“钢笔工具”。首先，选择“钢笔工具”，在新建的图层中绘制出嘴巴的形状，添加颜色；其次新建图层，选择“钢笔工具”，在嘴巴中绘制出舌头的形状，添加“外发光＋内发光”的效果；再次新建图层，用“钢笔工具”勾画出牙齿，添加“渐变叠加”的效果；最后，新建图层，选择“钢笔工具”绘制出兔子的鼻子，添加颜色。兔子的脸部就基本完成了，如图 12-23 所示。

图 12-23　绘制嘴巴与鼻子

⑧为了突出这只兔子和别的兔子不一样，我们给兔子的头顶加撮毛。新建图层，使用“钢笔工具”绘制毛发，添加“渐变叠加”和“阴影效果”，这样头部就绘制完成了，如图 12-24 所示。

图 12-24　添加毛发

⑨接下来绘制兔子的身体，使用“图形工具”和“钢笔工具”绘制，这里不再重复。绘制兔子的身体使用的是“圆角矩形工具”和“变形”，然后添加上不同的样式效果(双击图层即可选择样式效果)，如图 12-25 所示。

图 12-25　兔子身体

⑩整体绘制完成，但是兔子的脸太白了，接下来复制图层(新的图层要根据原图层创建剪切蒙版)，用“选区工具”勾选要添加阴影的部分，选择“高斯模糊”。由于兔子的衣服是粉色的，下巴的位置应该会映射出一点粉色，头上的毛发也会映射出阴影部分，这些都是应用相同的方法处理添加完阴影。(如图 12-26 所示)，卡通兔子就制作完成了。

图 12-26　添加阴影

活动三　互动交流

【说明】大家现在将自己的作品上传到教师机中，然后互相观看，提出建议。在学习“图形工具”和“钢笔工具”的混合使用制作卡通兔子的过程中，你遇到了哪些实践性的问题，在制作过程中有哪些感悟，请你将它们写在下面的方框中。

活动四　练习

【说明】大家完成卡通兔子的制作之后，相互查看作品，交流心得，然后尝试着使用“椭圆工具”“钢笔工具”等绘制一个皮卡丘的卡通立体图片，如图 12-27 所示。

图 12-27　练习图

任务三
给一英寸照片换底色

活动一　认识工具

【说明】很多时候我们要用到一英寸照片，但是我们去照相馆照相的时候往往要么就只是蓝色的背景，要么就只是红色的背景，可是公司或学校有时要用红色背景的一英寸照片，有时又要用蓝色背景的一英寸照片，那么我们如何修改一英寸照片的底色呢？大家可将可能用到的工具写出来，然后互相交流每种工具的优缺点。请将交流结果写在下面的方框中。

活动二　学习给一英寸照片换背景

【知识链接】

实施步骤如下。

①打开要修改背景的图片，如图 12-28 所示。选择“文件”>“打开”菜单，或按“Ctrl+O”组合键打开“打开”对话框，在其中选择文件，单击“打开”按钮即可。注意：一英寸相片的有效尺寸为宽 2.7 厘米，高 3.6 厘米，以分辨率为 300 像素/英寸换算，像素值应该是 300×450。

图 12-28　打开图片

②复制背景图层，得到“背景副本”图层，将“背景”图层可视按钮隐藏，如图 12-29 所示。

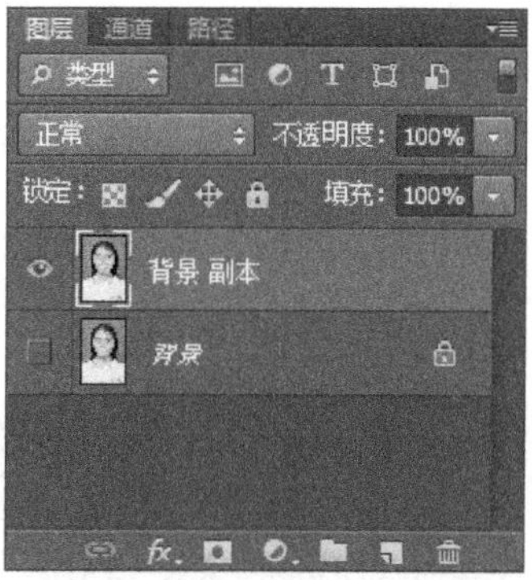

图 12-29　隐藏背景图层

③选取背景色，操作为“选择”＞“色彩范围”，取样点为背景色，容差设为“200”，如图 12-30 所示。然后单击“确定”。

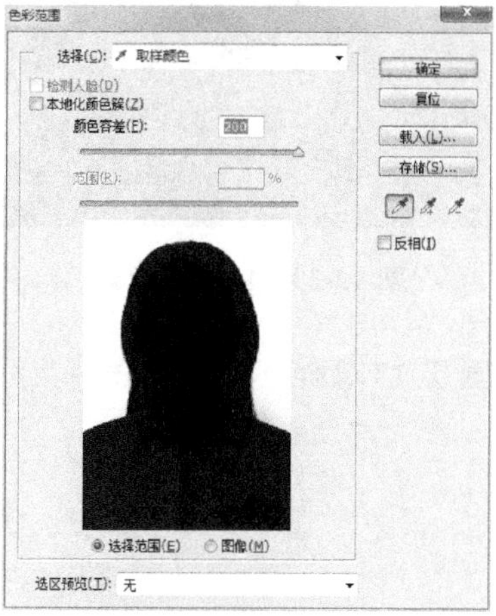

图 12-30　设置背景色

④调整边缘，参数如图 12-31 所示，单击“确定”。按“Delete”键，两次删除，调整后如图 12-32 所示。

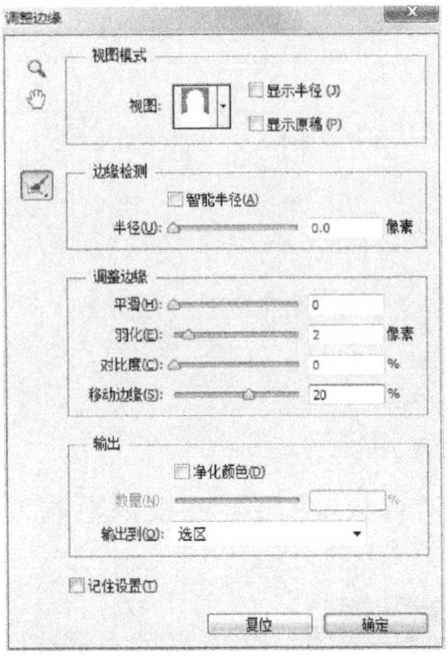

图 12-31 调整边缘

图 12-32 调整后效果图

⑤新建图层，前景色设置为红色，按“Alt＋Delete”组合键填充颜色，如图 12-33 所示。

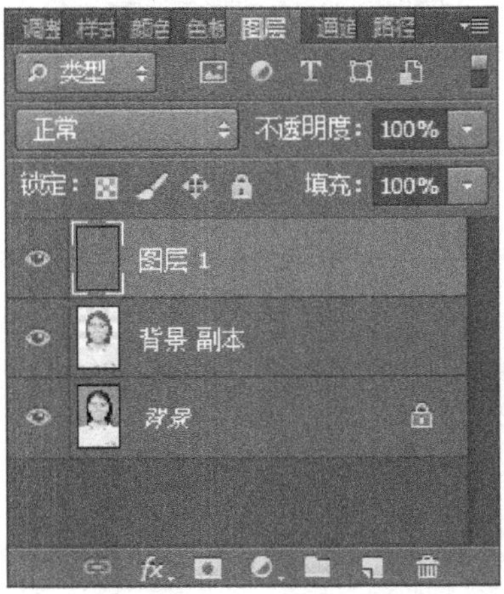

图 12-33 前景色设置

⑥将“背景副本”图层与“图层 1”调换位置。这样一英寸照片换背景色的工作就完成了，如图 12-34 所示。

图 12-34　完成图

活动三　互动交流

【说明】大家现在将自己的作品上传到教师机中，然后互相观看，提出建议。在学习给一英寸照片换背景的过程中，你遇到了哪些实践性的问题，在制作过程中有哪些感悟，请将它们写在下面的方框中。

活动四　练习

【说明】大家在学会了给一英寸照片换背景之后，是不是已经掌握了相关工具的使用方法呢？下面请大家使用相关工具将素材中人物的衣服换成其他颜色，如图 12-35 所示。

图 12-35　练习图

【知识链接】

不用单反，不用 Photoshop，只要用手机就能制作一张美美的证件照。

应用举例：使用手机 APP 最美证件照制作证件照。

实施步骤如下。

①最美证件照 APP 的优点：有美颜瘦脸的功能，背景智能优化处理，多重底色任意更换。打开最美证件照手机 APP，对准蓝色人像框拍照即可，如图 12-36 所示。

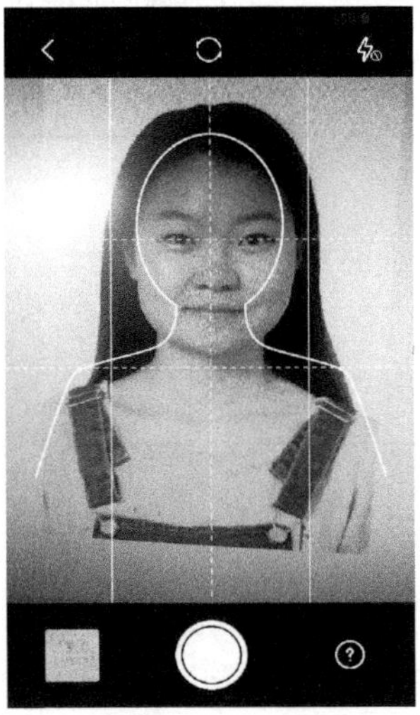

图 12-36　拍照

②可以更换背景色，如图 12-37 所示。

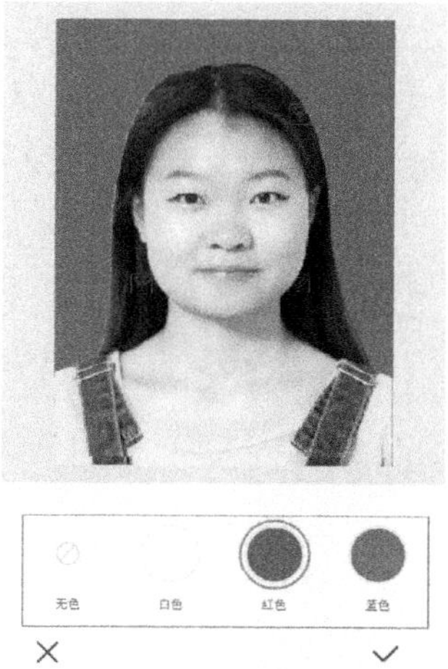

图 12-37　更换背景色

③使用最美证件照 APP 可以给照片更换衣服，你可以选择一件适合的衣服，男装女装都可以换，如图 12-38 所示。

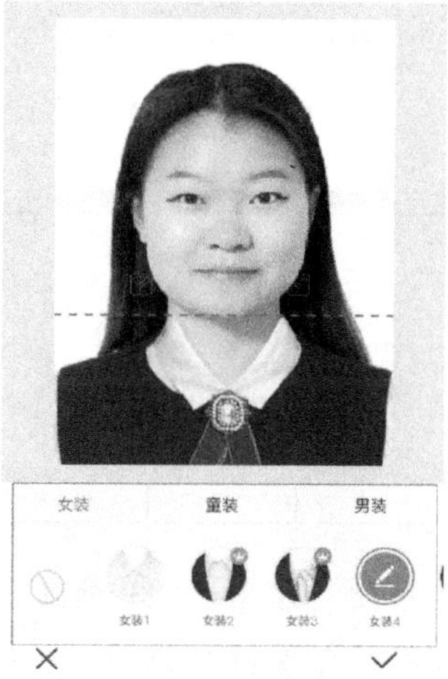

图 12-38　更换服装

任务四
用手机软件修图

活动一　认识手机修图软件

【说明】手机修图软件简单易操作。大家使用过哪些修图 APP 和美颜相机？如何利用修图工具修饰图片？利用美颜相机可以达到什么效果？不同的美颜相机都有什么特点？大家可将自己的想法写在下面的方框中。

活动二　学习修图方法

【知识链接】

实施步骤如下。

①利用美图秀秀对图片进行剪裁，如图 12-39 所示。

②利用美图秀秀对图片的色彩及亮度进行调节，如图 12-40 所示。

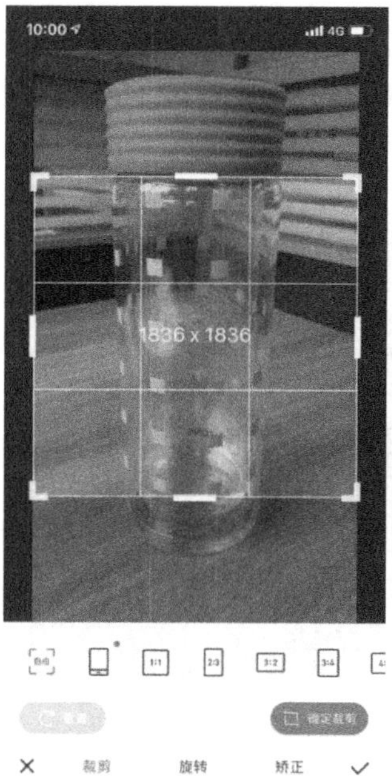

图 12-39　图片剪裁

图 12-40　图片色彩亮度调节

③利用美图秀秀给图片添加边框，如图 12-41 所示。

④利用美图秀秀虚化背景，根据需求可以选择智能虚化、圆形虚化或者直线虚化，如图 12-42 所示。

图 12-41　给图片添加边框

图 12-42　虚化图片背景

⑤利用美图秀秀为图片加上文字，根据自己的需求可以选择绘画气泡或者改变字

体，如图 12-43 所示。

⑥利用美图秀秀为图片贴纸，我们可以选择合适的贴纸与位置对图片进行修饰，如图 12-44 所示。

图 12-43　给图片添加文字

图 12-44　给图片添加贴纸

⑦利用美图秀秀可以抠图，将目标从原图中抠出放在合适的背景中，如图 12-45 所示。

⑧利用美图秀秀给图片涂鸦打马赛克，如图 12-46 所示。

图 12-45　抠图

图 12-46　给图片涂鸦，打马赛克

⑨除了上述功能以外，美图秀秀还有很多其他实用工具，利用这些工具可以简单而高质量地处理图片，如图 12-47 所示。

图 12-47　其他实用工具示例

活动三　互动交流

【说明】大家利用美图秀秀修饰水杯照片，并将自己的作品上传到教师机中，然后互相观看，提出建议。在学习使用美图秀秀修图的过程中，你遇到了哪些实践性的问题，在制作过程中有哪些感悟，请将它们写在下面的方框中。

活动四　练习

【说明】相信大家在学习了美图秀秀软件后，已经学会了利用它来修图。接下来请大家使用美图秀秀美化图 12-48 所示的图片。

图 12-48　练习图

【学习资源】

①Adobe 网站：创意、营销和文档管理解决方案，提供了 Photoshop 初学者教程、常见问题解决方法等资源。

②美图秀秀网站：提供软件下载及功能介绍等服务。

【拓展练习】

①制作雨景与雪景的关键是什么？制作过程中须注意什么问题？

②对比 Photoshop 和美图秀秀两个软件更换照片底色的方法，它们各自都有什么优缺点？

③调查受欢迎的美颜相机 APP，研究它们各自都有什么优点，有什么缺点。

项目十三

微课和微视频录制

要记住，你不仅是教课的教师，也是学生的教育者，生活的导师和道德的引路人。

——[苏]苏霍姆林斯基

学习目标

①了解微课及微课视频制作软件，明确微课视频制作流程并熟悉 Camtasia Studio 9 软件的使用流程。

②了解电脑屏幕、PPT 两种录制形式，区别二者的操作过程。

③通过观看微课案例，掌握 Camtasia Studio 9 后期编辑的操作方法。

④学会几种简单有趣的微课视频录制形式。

⑤熟练使用微视频拍摄与剪辑 APP，快速录制微视频。

学习任务

任务一　了解微课制作流程

任务二　屏幕录制及 PPT 录制

任务三　掌握 Camtasia Studio 9 后期编辑

任务四　用手机与白纸录制微课视频

任务五　拍摄并剪辑微视频

任务一
了解微课制作流程

活动一　了解微课及制作软件

【说明】“微电影”“微博”“微信”“微视频”等逐渐在我们的生活中活跃起来，“微”时代已经来临，微课也随之兴起并变热。

那么什么是微课呢？微课是教学视频的切片？微课短小没有深度？微课太单一，没有实用价值？请大家带着这几个问题思考何为微课，结合“知识链接”和同伴讨论交流，将结果写在下面的方框中。同时了解屏幕录像编辑软件——Camtasia Studio 9 的相关功能界面。

【知识链接】

一、微课

微课简言之就是数字化学习资料包，是支持翻转学习、混合学习、移动学习、碎片化学习等多种新型个性化学习方式和网络教研方式的一种资源工具；利用 5～10 分钟时间以短小精悍的微型流媒体教学视频为主要载体；选择的是教学重点、难点、疑点、易错点、易混淆点，针对某个知识点或教学环节而精心设计开发的一种情景化、趣味性、可视化的数字化学习资料包；为便于分享、交流和重复使用，微课资料包除了微视频，还应包含与教学主题相关的教学设计、素材、课件及其源文件、教学反思、练习测评及学生反馈、教师点评等辅助性教学资源。

微课的类型主要有以下几种：讲授类、问答类、启发类、讨论类、演示类、练习类、实验类、表演类、自主学习类、合作学习类和探究学习类。

二、Camtasia Studio 9

工欲善其事，必先利其器，手上有一款优秀的编辑制作软件可以让微课视频录制工作轻松不少。Camtasia Studio 9 是录制软件中易上手、功能强大的一款屏幕录像软件。它便于使用者进行屏幕录制、配音录制、视频剪辑、添加转场动画、添加字幕和水印、制作视频封面和菜单等操作，并可进行视频压缩和播放。

Camtasia Studio 9 具有如下特点。

①易操作：界面简单、操作易上手。

②高质量：录制出的视频质量非常高，既可以录制成 MP4 格式也可以录制成 AVI 格式，可录成 1080P 或 720P。

③小空间：软件内存较小，对电脑配置的要求不是很高，能够很好地满足后期制作的需求。

④大功能：既支持视频编辑又支持屏幕录制，其他类似软件仅能满足单方面的需求。

Camtasia Studio 9 屏幕录像软件编辑界面主要由菜单功能区、素材区、预览区、编辑功能区等组成，如图 13-1 所示。编辑功能区各选项功能如图 13-2 所示。

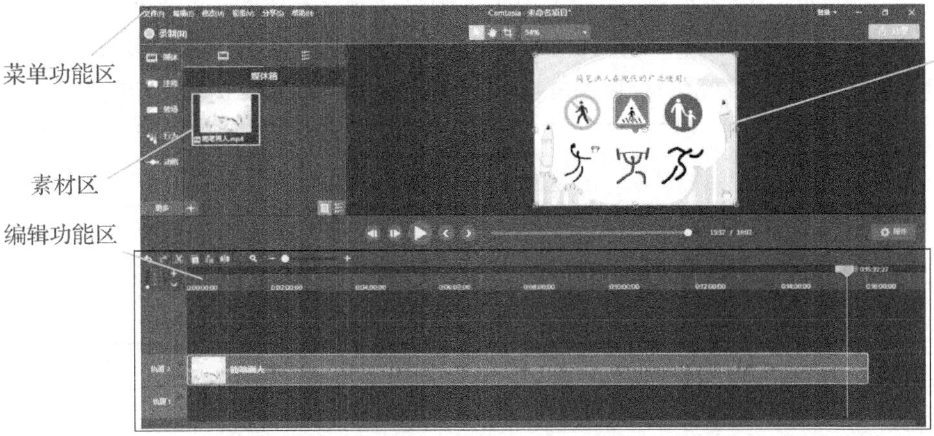

图 13-1　软件编辑界面

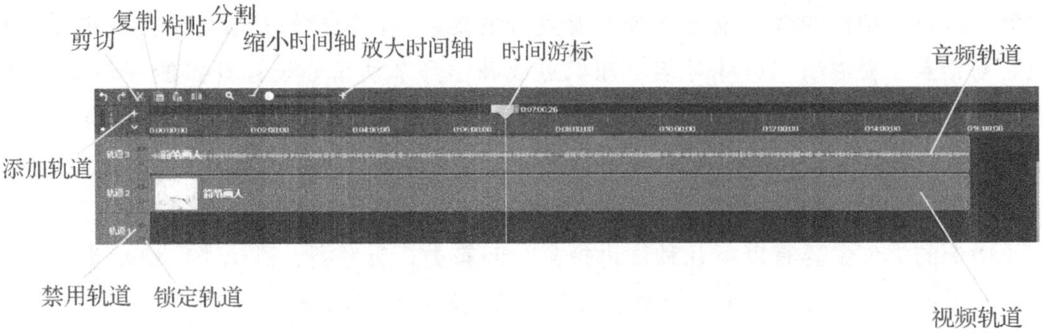

图 13-2　编辑功能区介绍

活动二　微课制作流程与步骤

【说明】观看地理微课视频《风向的判断》，以 4～5 人为一个小组，通过小组讨论，总结概括《风向的判断》微课视频的制作流程，并结合搜集到的资料，将小组合作完成的微课视频制作流程简单写在下面的方框中。

【知识链接】

微课以视频形式呈现，视频需要一定的制作流程与步骤。微课的制作流程可大致分为如图 13-3 所示的几大板块。

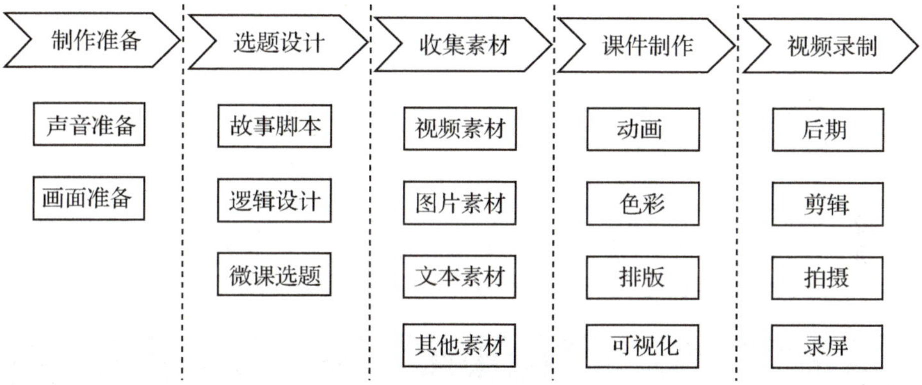

图 13-3　微课制作流程

任务二
屏幕录制及 PPT 录制

活动一　电脑屏幕录制

【说明】如何将电脑上的屏幕操作录制下来？怎么录制一些视频教程？用 Camtasia Studio 9 可以录制哪些内容？和同学讨论后将结果写在下面的方框中。

【知识链接】

操作步骤如下。

①打开 Camtasia Studio 9 软件，点击“屏幕录制”，屏幕的右下角会出现屏幕录制的专用窗口。这个窗口囊括了屏幕录制的所有选项，如图 13-4 所示。

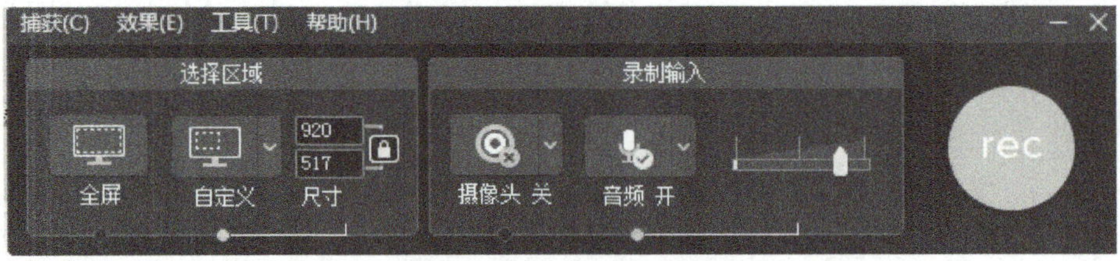

图 13-4　屏幕录制窗口

②注意确定两个选项，如图 13-5 所示。

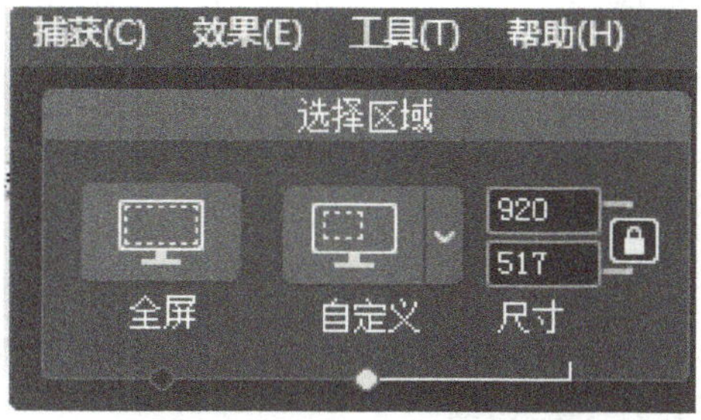

图 13-5　视频参数选项

选择录制区域：选择录制区域分为全屏(一般录制选择)和自定义(软件提供下拉菜单，用户可以选择录制的区域以及录制的应用程序窗口)。

设置：提供摄像头和音频的录制选项，用户可以根据需要通过下拉菜单设置摄像头和音频的参数(说话时如果音频后的绿条在跳动，表明音频打开正常；否则须点击下拉菜单调整麦克风。若操作后仍无变化，可能相应功能关闭，须在系统层面调整，也可能电脑硬件已损坏)。(如图 13-6 所示)

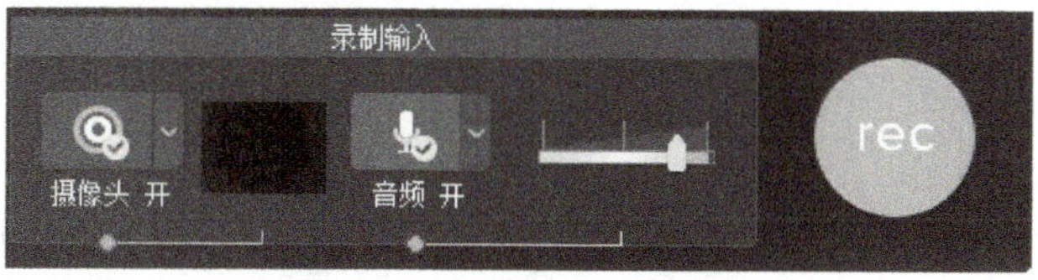

图 13-6　视频和音频录制选项

③开始录制，点击幻灯片放映(全屏模式、音频正常)，再点击红色按钮“REC”，点击之后注意屏幕提示字母 F10(点击“F10”停止录制，点击“F9”开始录制)，如图 13-7 所示。用户可在 Camtasia Studio 9 录屏中进行屏幕操作的同时进行语音讲解。

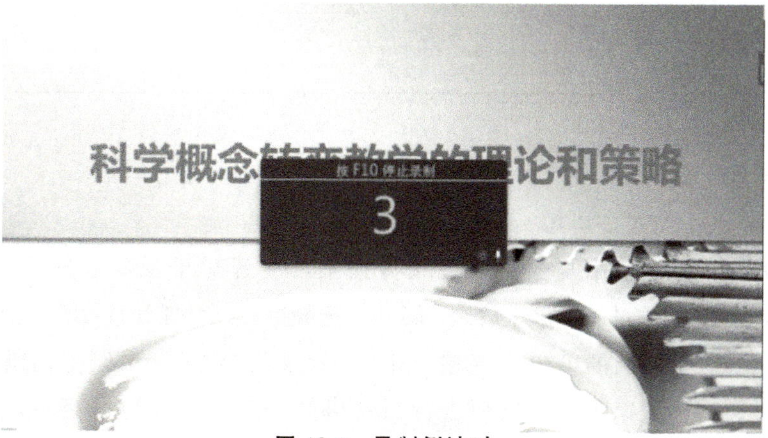

图 13-7　录制倒计时

④用户点击“F10”停止录制之后，屏幕会自动进入编辑窗口，如图 13-8 所示。用户可根据录制情况自行编辑视频。

图 13-8　视频编辑界面

活动二　PPT 录制及语音旁白

【说明】我们都会制作 PPT，上课时也会使用 PPT 辅助自己的讲解，那么 PPT 是如何生成微课的呢？(需要安装 PPT 2010)使用 PPT 2010 录制微课需要哪些步骤？和同学讨论后将结果写在下面的方框中。

【知识链接】

操作步骤如下。

①制作 PPT(不做过多讲解)。

②录制旁白：建议使用耳麦。在视频传播中，声音对于观看者的观感影响很大。打开“PPT 2010”界面中的“幻灯片放映”菜单，选择“录制幻灯片演示”，我们通常选择“从头开始录制”。在弹出的窗口中直接点击“开始录制”即可。录制旁白就像平时播放幻灯片一样，类似于大家听讲，教师进行语音讲解。点击鼠标可以翻页，放映结束时可点击“Esc”键。当录制旁白发生口误时，只需要点击“录制幻灯片演示”>“从当前幻

灯片开始录制”，这样只需录制旁白录错的那一页。推荐一页一页地录制，每录完一页按“Esc”键，然后进入下一页的录制，这样能有效提高录制效率。适当使用激光笔功能（调用激光笔的快捷键：Ctrl＋按住鼠标左键不放），可有效吸引学习者的视觉关注。

③另存为视频文件：录制完毕，可以将其保存为视频格式。选择“文件”菜单中的“另存为”，选择存储位置，文件类型选择视频文件，如 MP4 格式，最后单击“保存”生成视频。

练习：

在学习了屏幕录制和 PPT 录制的过程后，自己动手操作，完成课堂基本练习。请将你在操作过程中遇到的困惑或喜悦写在下面的方框中，并与大家分享。

任务三
掌握 Camtasia Studio 9 后期编辑

活动一　基本编辑

【说明】观看美术微课视频《简笔画人》。大家相互讨论，结合之前讲到的 Camtasia Studio 9 编辑界面及功能内容的介绍，思考这个视频中涉及的基本编辑功能和制作要素有哪些，将结果写在下面的方框中。

【知识链接】

基本操作如下。

一、导入媒体文件

点击“导入媒体”按钮，可导入图像、音频、视频(某些手机录制格式须统一转换成MP4格式，可使用格式工厂、QQ影音等软件转换)等文件。导入的媒体文件可在剪辑编辑界面查看，如图13-9所示。

图 13-9 视频编辑界面

①选择一个媒体文件，将时间游标定位(插入点)，直接将媒体文件拖动到时间轴或者鼠标点击右键“添加到时间轴”。用户可点击“裁剪”，改变视频的长和宽，如图13-10所示。

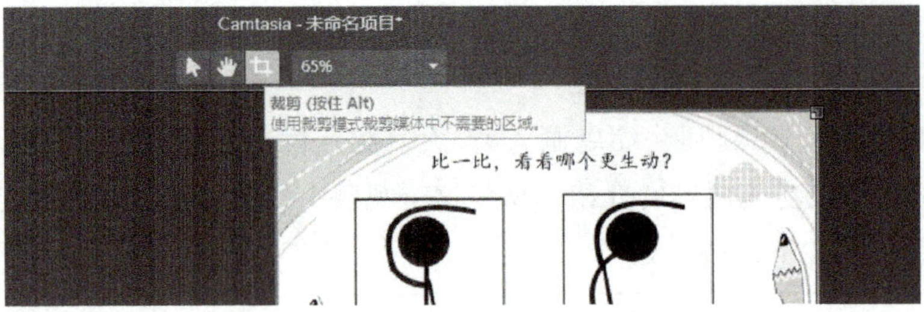

图 13-10 裁剪选项

②通过“项目设置”对视频的长和宽进行修改，如图13-11所示。

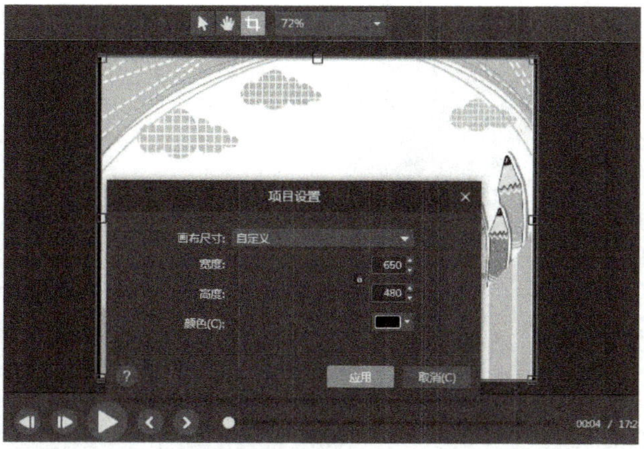

图 13-11　项目设置选项

③点击预览窗口的播放按钮可详细查看媒体的情况，可在时间轴进行后续的剪辑，适当拖动时间游标预览剪辑效果，如图 13-12 所示。

图 13-12　剪辑功能

二、剪切操作

在时间轴上拖动播放头预览素材，查找出素材开头多余的部分，利用剪切工具直接剪掉。注意处理特别细微的地方可以利用放大或缩小工具准确查找。

三、封面处理

导入两张图片分别作为片头、片尾，了解各种素材的导入和在剪辑箱的存放情况。如图 13-13 所示。

图 13-13　封面处理

四、标题剪辑及字幕

①在片头的背景图中加标注，在文本框内输入题目，播放查看效果，如图 13-14 所示。在右侧的“文本属性”中可对已经制作好的片头信息进行修改，用这种方法也可以制作片尾信息。

图 13-14　标题设置

②在需要添加字幕的视频处选择“cc 字幕”，并根据需要修改文本样式，如图 13-15 所示。

图 13-15 插入字幕

五、背景音乐与音频处理

导入音乐作为片头和片尾的背景音乐。音乐在一个单独的轨道里，可以单独编辑，如降噪、音量均衡、淡入/淡出音量等，如图 13-16 所示。

图 13-16 音频处理

插入的音频同视频一样，同样可以进行剪切、分割。

六、生成发布

我们录制屏幕或者剪辑完成后，可在预览窗口看到整体画面，但是它本身并不是视频文件，我们要把它生成视频格式(建议在生成视频文件前先保存项目以便进行其他操作)。我们要点击“分享”，分享至所需的 APP 或本地文件，选择文件为需要的格式，并对视频的播放进行修改，即可生成所需的视频，如图 13-17 所示。

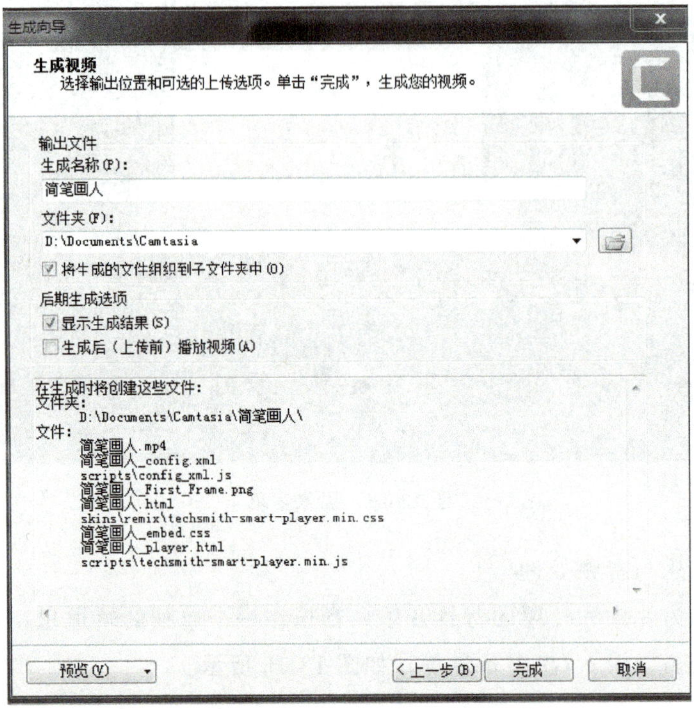

图 13-17　视频发布

【学习资源】

①PPT 之家背景音乐网站：提供多款适合 PPT 播放时使用的背景音乐(以纯音乐为主)，支持免费下载。

②配乐网：提供覆盖百余种风格类型的海量背景音乐。网站对每种风格类型进行了细致的描述，帮助使用者快速确定所需的背景音乐。

活动二　高级功能：变焦面板、扩展帧、过渡效果及语音旁白

【说明】一个优秀的微课视频在制作上除用到基本编辑功能之外，还会使用高级功能增添特效，提升微课视频的趣味性和生动性等。请你上网查找相关微课视频，看看它们使用的高级功能有哪些，发挥的作用是什么，将其写在下面的方框中。

【知识链接】

基本操作如下。

一、变焦面板

用户可以利用变焦实现强调重点和创造动感的目的，达到赏心悦目的观看效果。变焦时需要确定变焦的时间点，时间轴会出现可通过时间游标移动的蓝色小三角即为变焦的位置，点击“动画”即可设定变焦。用户可以设置比例、持续时间、移动框选变焦部分，还可以添加、移除关键帧等，如图 13-18 所示。

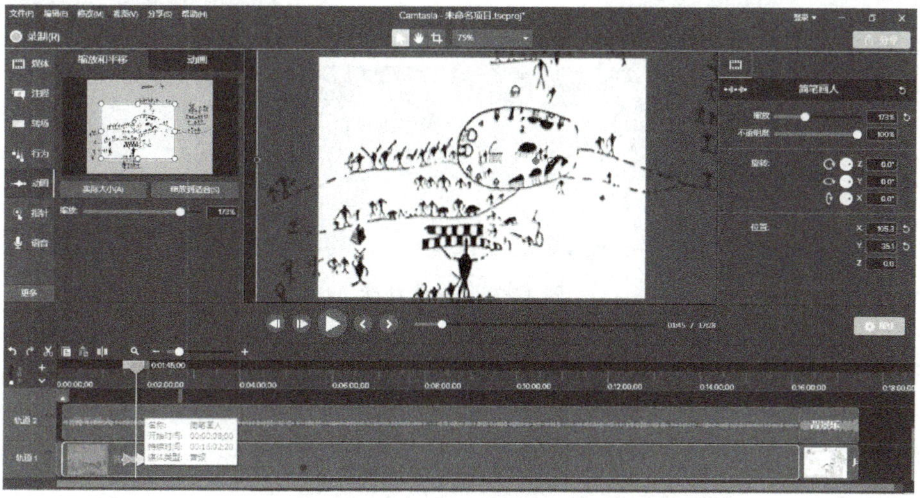

图 13-18　变焦功能

二、扩展帧

对于微课录制中 PPT 翻页太快的情况，用户可利用此类编辑功能将画面保持稍长的时间，以便进行详细讲解。时间游标定位，选择“编辑”菜单中的“扩展帧”设置时间即可，如图 13-19 所示。

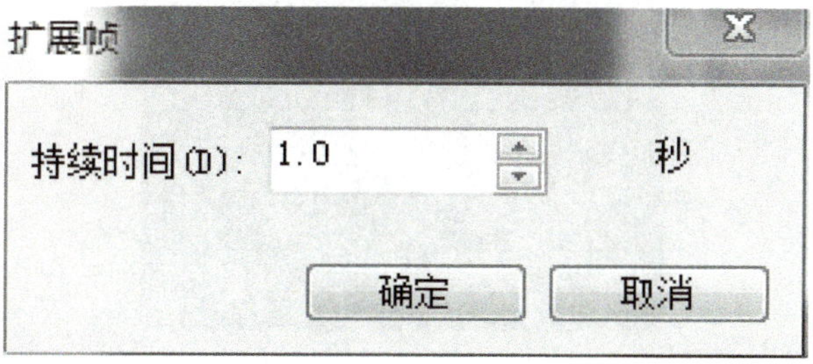

图 13-19　扩展帧

三、过渡效果

它可针对多段视频或者图片进行编辑，单段视频或图片不可进行编辑。点击“转场”会出现多种效果编辑界面，拖动效果到段落之间的空白处即可，如图 13-20 所示。用户利用过渡效果可以增强画面的生动性和趣味性。

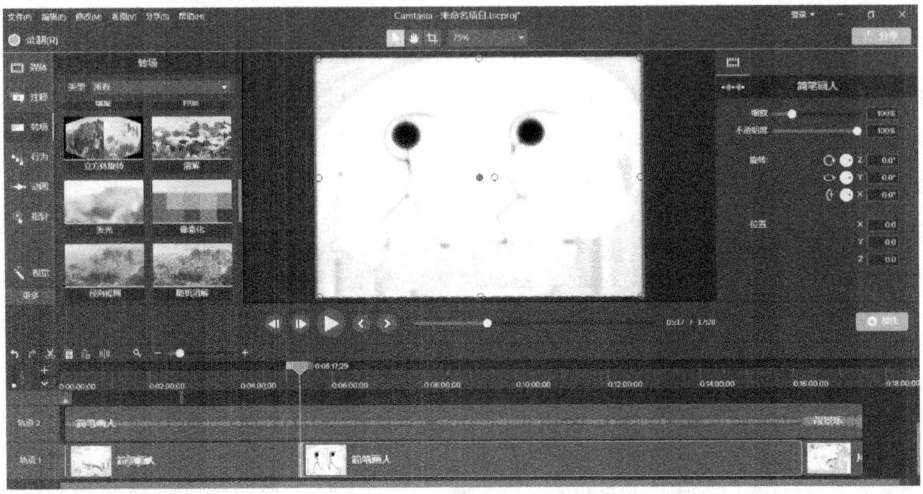

图 13-20　过渡功能

四、语音旁白

用户可视情况处理原始视频素材的配音(如静音等)，时间游标定位到开始录制旁白的地方，点击“语音”开始录制。解说完停止录制并保存配音文件，文件会自动导入剪辑箱和时间轴上，剪裁并调整旁白位置，如图 13-21 所示。

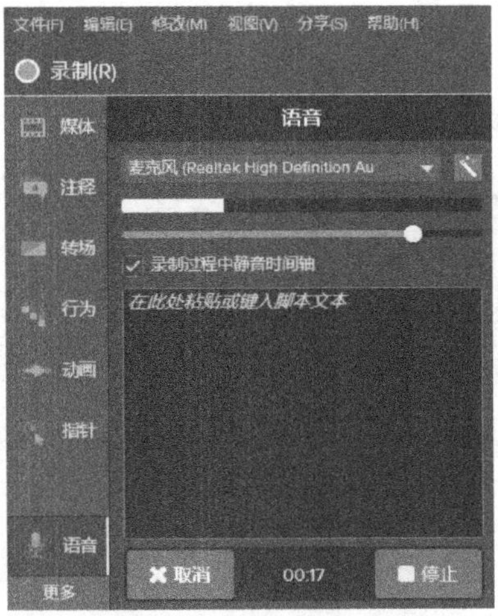

图 13-21　设置语音旁白

活动三　拓展练习

【说明】通过学习，请同学们根据制作要求运用 Camtasia Studio 9 软件制作一个简单的微课视频。小组(4～5 人)协作，讨论我们应该从哪些方面对微课视频进行评价。请大家设计评价量表，评选出最优秀的微课视频，并将理由写在下面的方框中。

制作要求：

①选择与所学专业相关或者个人感兴趣的主题。

②时长 8 分钟左右。

③形式灵活，如果是课件录屏，每一页必须做简介，注意界面设计，如字体、背景以及画面构图等；必须有文字、图片、关系图形、动画、视频、声音，且在 PPT 中或者微课中恰当使用；不能出现满屏文字或者全部是文字的页面。

④录制声音时注意声音的节奏。

⑤录屏后注意剪辑处理，可以使用微课录制工具处理，也可使用爱剪辑等软件。

⑥微课视频开始部分有标题，结尾处有录制者基本信息。

温馨提示：在制作微课视频时，视频录制质量，直接关系到微课视频的使用效果。在使用 Camtasia Studio 9 录制微课视频时，大家都会遇到一段简短的视频录制多次都无法满意的情况，如何提高录屏的效率是每一个微课制作者都要面对的问题。下面对录屏过程中需要注意的一些技巧进行介绍。

①录课前做好准备工作或预演，会减少后期工作的编辑量。

②正式录制前先录一小段进行视频和音频的检查。

③录制时间不宜过长，防止最后渲染软件崩溃。

④保存格式采用 Camtasia Studio 的 .camrec 格式，方便后期剪辑。

⑤录制和编辑时多用快捷键，避免噪声干扰。

⑥协调好电脑分辨率和 PPT 尺寸的关系。

【学习资源】

①微课网：提供中小学各年级各学科在线教育微课视频。

②i-训网：提供了大量微课资源，以职业教育课程为主。同时，为教师提供课程开放的功能。

任务四
用手机与白纸录制微课视频

活动一　录制操作

【说明】观看数学微课视频《两位数的乘法》(视频截图如图 13-22 所示)，通过小组(4～5 人)交流的方式，总结这种形式的微课视频录制须准备什么工具，如何进行录制，将交流结果写在下面的方框中。

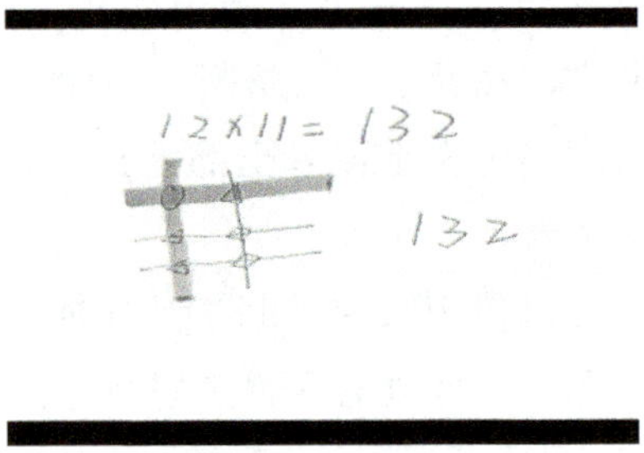

图 13-22　《两位数的乘法》视频截图

【知识链接】

录制过程如下。

一、准备工具

相对安静的环境、手机、手机支架、白纸、不同颜色的笔、红色胶带、美工刀。

二、操作步骤

①将手机支架夹在桌子边缘，将手机固定在支架上。打开手机的相机功能，拍摄模式选择视频拍摄，调整手机的取景使其合适，如图 13-23 所示。

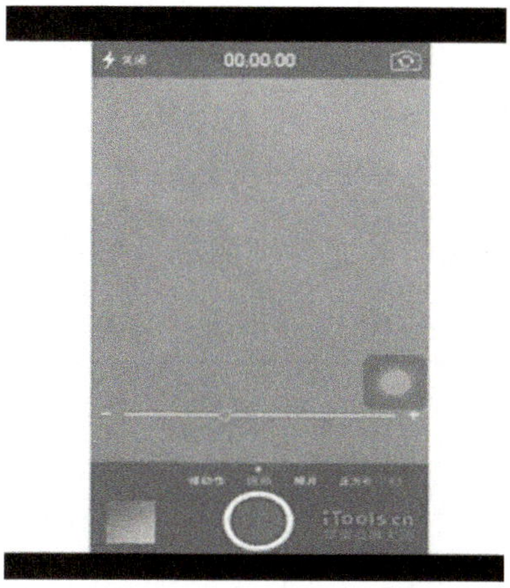

图 13-23 手机的视频拍摄功能

②用红色胶带在桌子上做标记，将白纸放到标记好的定位框内(如图 13-24 所示)。按下手机的录像按钮开始拍摄，授课结束后按下停止录像按钮结束拍摄。

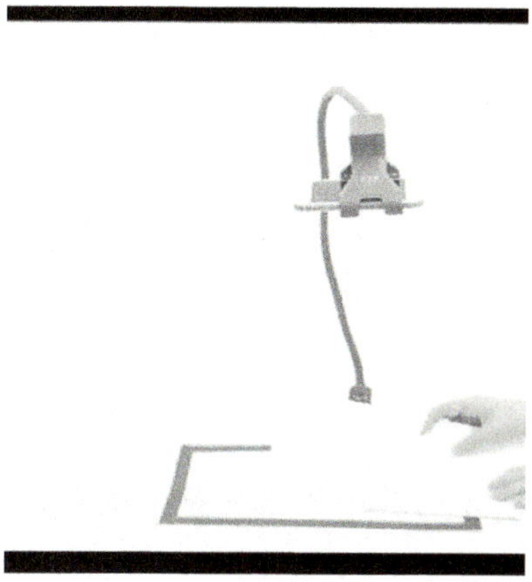

图 13-24 将白纸放到标记好的定位框中

③视频拍摄结束可直接上传到网站上，如优酷、土豆网等，也可以导入 Camtasia Studio 9 先进行后期编辑再上传。

三、注意事项

①书写者手上不能佩戴饰品。

②注意坐姿，头部不能进入取景框。

③书写时不能将白纸移出定位框。

活动二　展现成果

【说明】在学习了用手机与白纸录制微课视频的操作过程后，每个人都录制了一段简短的手机微课视频，课上就录制的微课视频进行展示，互相交流。请选出你认为最优秀的微课视频，将理由写在下面的方框中。

任务五
拍摄并剪辑微视频

活动一　了解微视频

【说明】日常生活中我们常会观看一些微视频，也会自己拍摄一些微视频，大家常用的拍摄软件或工具有哪些？你对VUE短视频拍摄软件了解多少？与小组成员分工合作，借助图书馆、线上资源等获取相关信息，并将成果写在下面的方框中。

【知识链接】

①滤镜：VUE的滤镜能够全面提升手机拍摄的视频的表现力。很多滤镜是以电影名字来命名的，套用这些滤镜后拍摄的手机视频，有着浓浓的电影感(如图13-25所示)。

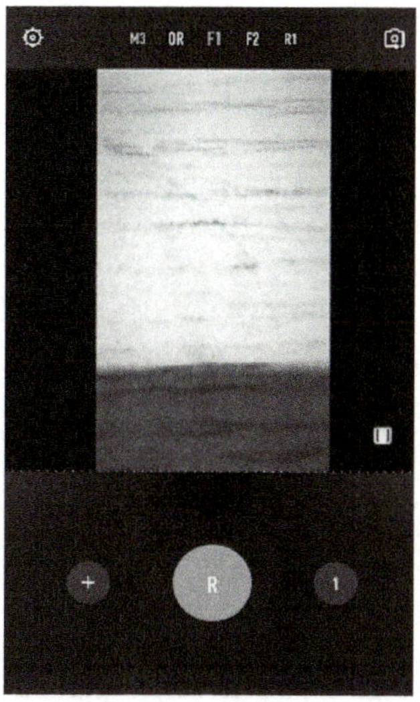

图 13-25　套用 VUE 滤镜拍摄视频的截图

②多画幅：VUE 支持多种视频画幅，除了竖屏全屏画幅之外，还有经典、正方形、16∶9、电影屏幕超宽屏等，用户可在设置中选择适合的画幅，如图 13-26 所示。用户即使对影像构图理论一窍不通，也可以实时切换画幅，逐个套用模板，调整分镜数、时长等。

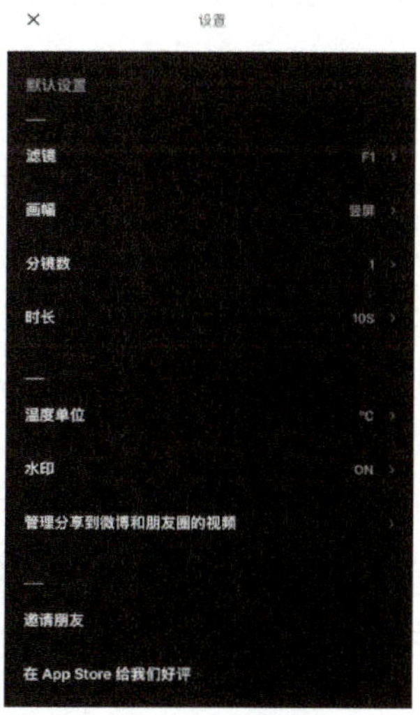

图 13-26　拍摄设置

③生成视频之后，用户还可以进行画面调节、分镜编辑、数码变焦、排序及添加字幕等，也可以给视频添加音乐、贴纸等。视频编辑如图 13-27 所示。

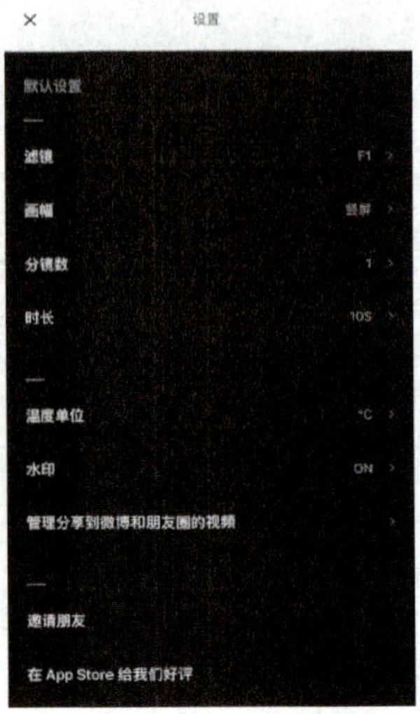

图 13-27　视频编辑截图

【知识链接】

一、基本认识

微视频(又称视频分享类短片)是指个体通过电脑、手机、摄像头、摄像机、相机等多种视频终端摄录、上传互联网进而播放共享的，短的 30 秒、长的一般在 20 分钟左右，内容广泛，视频形态多样，涵盖小电影、纪录短片、DV 短片、视频剪辑、广告片段等的视频短片的统称。

二、教学微视频的制作要求

①视频要短小。教学微视频应以一个小专题或一个问题作为教学内容进行授课，视频的长度应控制在 10 分钟左右。

②声音要生动有活力。教师在制作教学视频时会使用一些放映工具(如 PPT)。除了 PPT 界面之外，视频中唯一吸引学生注意力的便是教师的声音。有激情的讲解会使学生有较高的学习效率。当教师能够熟练使用设备时，他们在录像中的表现会更加自如。

③增加幽默感。视频开头适当地添加有趣味的话题会提高学生的学习兴趣，在授课中使用轻松愉快的语言有助于吸引学生的注意力，减少利用电子产品授课带给学生的距离感。

④视频要突出重点。在后期的视频处理过程中，教师可以通过增加注释、关键知识点的放大特写来突出重点知识。例如，在化学实验演示过程中，带有标号的步骤描述、关键操作的特写都会让学生更好地掌握课堂知识。

活动二　制作微视频

【说明】小组(4～5 人)协作：请大家用 VUE 软件录制一段微视频，可利用其他工具进行后期剪辑。内容自选，主题明确，说明设计的思路及视频主要表达的内容或蕴含的精神。请将小组的分工及视频制作过程写在下面的方框中。

基本要求：

①主题思想明确，题目自拟。

②时长 8 分钟左右。

③场景布局、故事编排合理。

④各种声音配合恰当，不出现现场背景的嘈杂声音。

⑤大家都要扮演角色和出境，演员角色定位准确。

⑥要有片头和片尾。

⑦制作精细。

【学习资源】

①国家教育资源公共服务平台：教育部主导的优质教学类视频资源平台。

②第一 V 视频网站：汇集大量优秀的短视频、微电影，还提供各类微剧本、微视频前沿资讯和微视频大赛参与方式。

【知识链接】

360 快剪辑——在线视频剪辑软件

①需要用 360 浏览器播放视频。用户将鼠标放在视频框内，就会在视频右上角出现录制小视频的选项。插件提供了超清录制、高清录制和标清录制三种录制模式，支持录制全网范围内所有视频，还可自定义区域录制。(如图 13-28 所示)

图 13-28　视频录制界面

②视频录制完之后，插件还提供了简单的视频编辑功能，包括裁剪、特效字幕、去水印等，用户可对视频进行简单加工。(如图 13-29 所示)

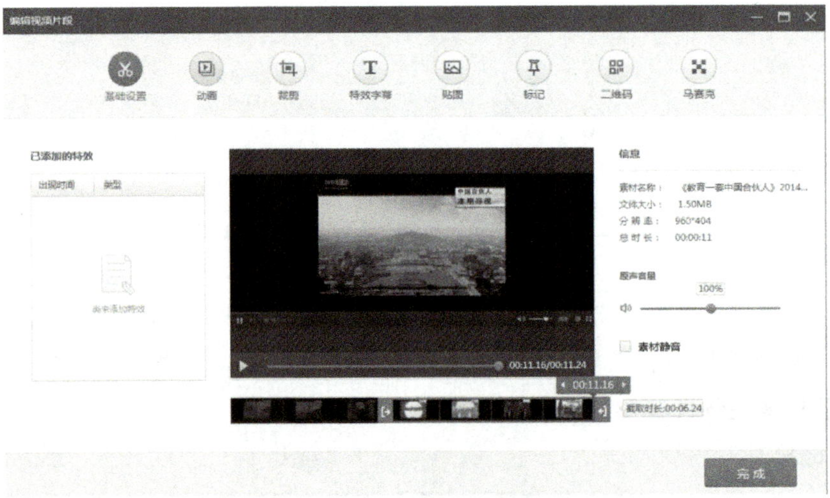

图 13-29　视频编辑界面

③可一键分享至多平台。插件内关联了众多自媒体号，用户剪辑完成后即可直接上传发布，省去烦琐的上传分享操作。(如图 13-30 所示)

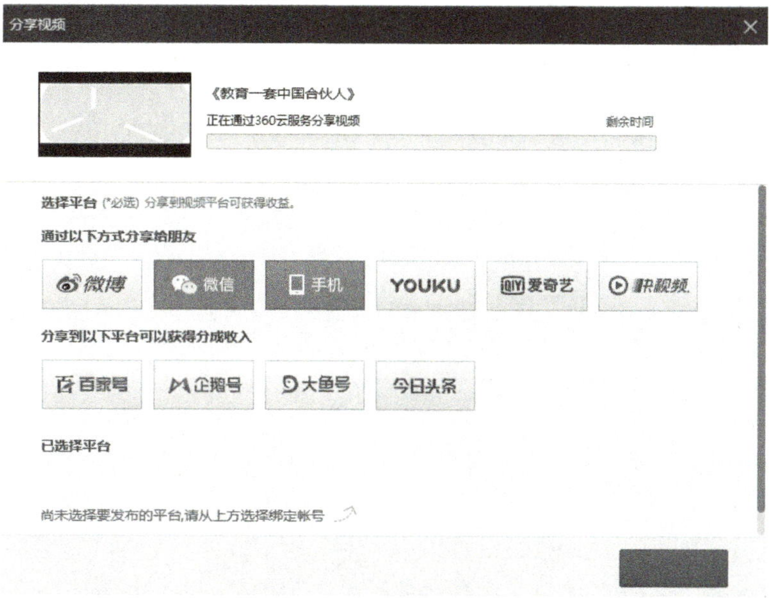

图 13-30　视频分享界面

项目十四

交互式电子白板教学应用

每个学生以完整的生命个体状态存在于课堂生活中，他们不仅是教学的对象，学习的主体，而且是教育的资源，是课堂生活的共同创造者。

——叶澜

学习目标

①了解交互式电子白板的特点和基本功能。

②熟悉交互式电子白板软件的操作方法。

③能够根据学科特点和教学设计灵活地选用学科工具和课堂活动。

④初步感受交互式电子白板如何支持学生开展自主、合作和探究学习。

⑤初步具有在信息技术支持下变革教学和学习方式的意识。

学习任务

任务一　初识交互式电子白板

任务二　初探交互式电子白板的基础工具

任务三　感受交互式电子白板的交互性和生成性

任务四　巧用交互式电子白板的学科工具

任务五　探索交互式电子白板的课堂活动

任务一
初识交互式电子白板

活动一　感受交互式电子白板对教学的支持

【说明】大家在之前的学习过程中，对 PPT 已经有一定的了解。本环节的主要目的是引起大家对交互式电子白板的使用兴趣。

查找互联网上关于交互式电子白板教学创新的课堂录像，并思考以下问题：在该课堂片段中，教师使用了交互式电子白板的哪些功能？使用的目的是什么？与 PPT 相比其优缺点是什么？然后，完成表 14-1 的填写。

表 14-1　交互式电子白板与 PPT 的优缺点比较

课堂片段的摘录：		
课堂片段中涉及的交互式电子白板功能的描述	使用目的	与 PPT 相比其优缺点

活动二　交互式电子白板的使用准备

【说明】市场上的交互式电子白板有很多种，如普罗米修斯、鸿合、SMART、希沃等。不同品牌交互式电子白板的基础功能是相似的，但也有其各自的特色。接下来的学习以“希沃白板 5”为例。在该活动中，请你按照下面的“知识链接”，完成以下操作。

①分别在电脑和手机端安装希沃白板 5，然后根据自己的专业设置教材学段、学科

等相关信息。

②利用“新建课件组”，规划课件组文件夹，为后面的学习做好准备。

③从“课件库”中打开一个别人已经做好的课件，通过“云课件”，将该课件移入相应的文件夹。

④完成后与同学共享交流：对于我们来说，交互式电子白板的课件管理方式有哪些优点？将交流结果写在下面的方框中。

【知识链接】

一、电脑安装希沃白板 5

在希沃网站下载希沃白板 5 的安装程序。第一次使用需要输入手机号注册。

二、手机安装希沃白板 APP

在安卓的软件市场或苹果的 AppStore 中搜索希沃白板，完成安装。手机安装希沃白板 APP 的便捷之处在于，用户可以直接使用手机端的希沃白板移动端扫描二维码登录。

三、设置个人信息

登录希沃白板 5 后，用户最好及时设置个人信息。设置方法如下：点击左上角的头像，出现如图 14-1 所示的对话框，选择学段、学科相关信息后，单击“完成”即可。

图 14-1　设置个人信息

【知识链接】

一、课件库

希沃白板课件库中的课件是由程序智能挑选出符合条件的并进行上传的。用户单击右侧的“教材选择”，出现如图 14-2 所示的对话框。用户选择“学段、学科、教材、年级”，例如“小学、语文、部编版、一年级下册”，单击“确定”后，即可获得相关的课件库列表。

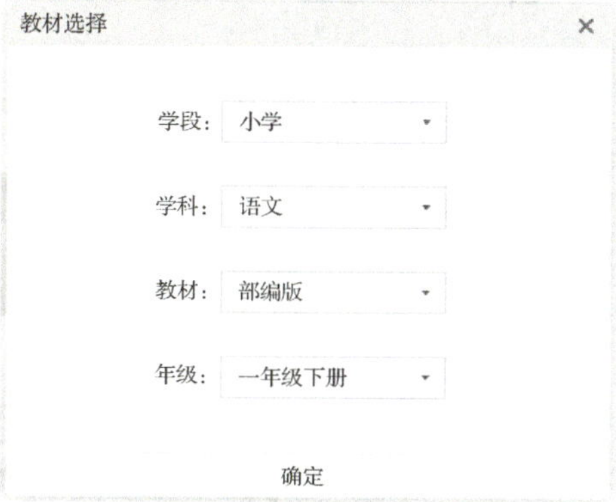

图 14-2　“教材选择”对话框

用户选择其中某个课件，可以单击向左、向右的按钮预览课件，如图 14-3 所示。点击“限免获取”后，即可在云课件中查看该课件。

图 14-3　预览课件库中的课件

二、云课件

如果把“课件库”比作公共的课件库，那么“云课件”就相当于用户私人的网络课件库。用户可以直接从课件库列表中选取课件进行备课编辑以及授课，也可以新建空白课件。

在图 14-4 所示的界面中，双击打开“语文精品课例”，即可进入备课模式。在备课模式下，用户可以对该课件进行编辑。备课模式下的工具栏如图 14-5 所示。

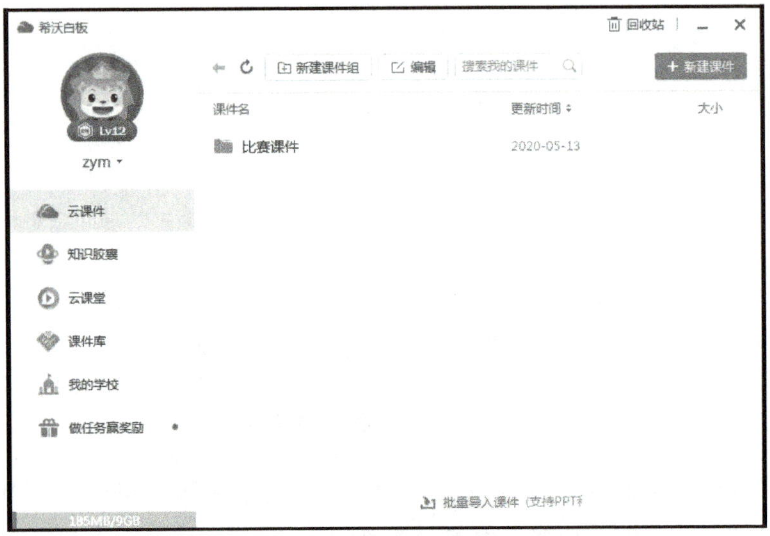

图 14-4　云课件界面

图 14-5　备课模式的工具栏

在备课模式下制作的课件会自动同步到该账号的云课件中。单击图 14-5 中“云课件”按钮，可以返回云课件界面。点击图 14-5 中“同步”按钮可以将当前课件同步到云端，保证云课件中的内容是当前最新编辑的。当然，软件也会每隔 2 分钟自动同步一次，以避免用户在编辑过程中由于出现突发情况而丢失资料。

任务二
初探交互式电子白板的基础工具

活动一　小试交互式电子白板的基础工具

【说明】交互式电子白板基础工具中的文本、形状、多媒体、表格等的操作方法和PPT很相似，所以本环节的学习主要以聚光灯、蒙层等特色工具为主。在该活动中，你将完成以下操作。

①新建一个课件，选择自己喜欢的背景。

②使用文本工具，输入图 14-6 中的文字。

③使用“形状”工具在页面上绘制 8 个四边形，然后填充自己喜欢的颜色。完成后页面效果如图 14-6 所示。

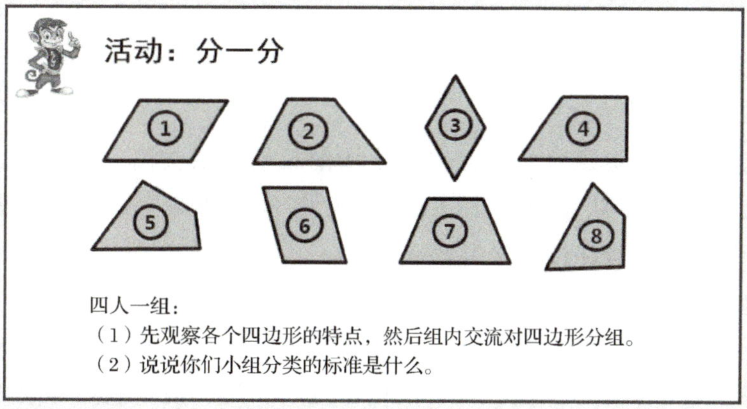

图 14-6　完成后的页面效果

④单击“开始授课”，进入授课模式，删除页面中的图片、文字，拖动这些图形，自己动手分一分。课件使用效果如图 14-7 所示。

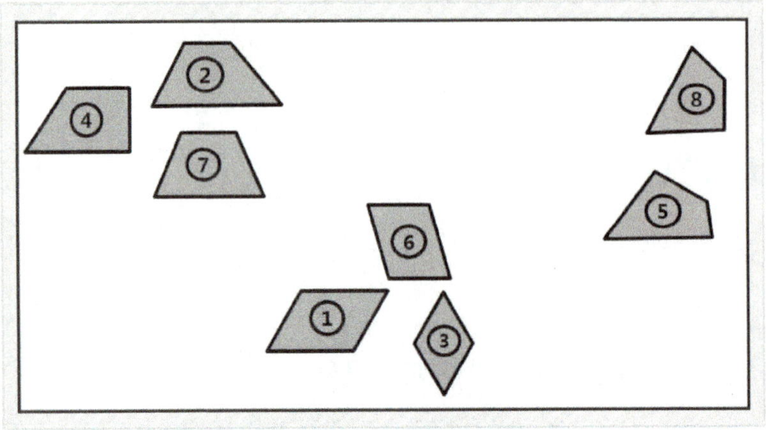

图 14-7　授课模式下的课件使用效果

⑤完成上述操作后，请在下面的方框中简述希沃白板 5 和以前使用的 PPT 与 WPS 软件有什么不同。

【知识链接】

一、备课模式

交互式电子白板的备课模式类似于 PPT 中的编辑演示文稿。用户可以在备课模式下编辑课件元素，如文字、形状、图片、动画、音频和视频等，也可以使用课堂活动模板、思维导图等进行趣味性的课堂教学。

二、授课模式

交互式电子白板的授课模式类似于 PPT 中的放映演示文稿。在授课模式下，用户可以使用选择、笔、橡皮等工具，也可以使用形状、放大镜、截图等通用工具以及学科工具，如图 14-8 所示。例如：用户可以使用图 14-8 中的选择工具，拖动页面上的图形、文字等多媒体元素。

在授课模式下，用户可以使用图 14-9 中的工具对绘制的图形进行设置边框、填充、置顶、克隆、删除等操作。例如：若要删除图 14-7 中绘制的图形，只需用鼠标右键单击要删除的图形，然后会弹出如图 14-9 所示的工具，选择“删除”即可。

图 14-8　授课模式的工具

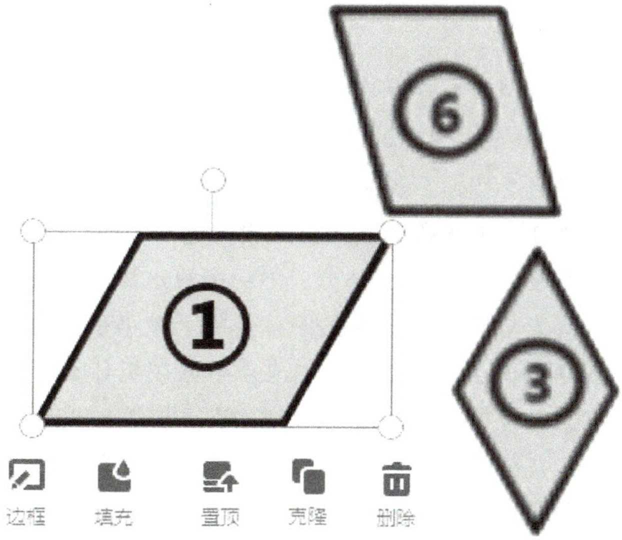

图 14-9　在授课模式下对图形进行操作

练习：

教师 D：在学习完认识图形后，我想请同学到交互式电子白板前，利用这节课学习的图形，组成自己喜欢的图案，如图 14-10 所示。

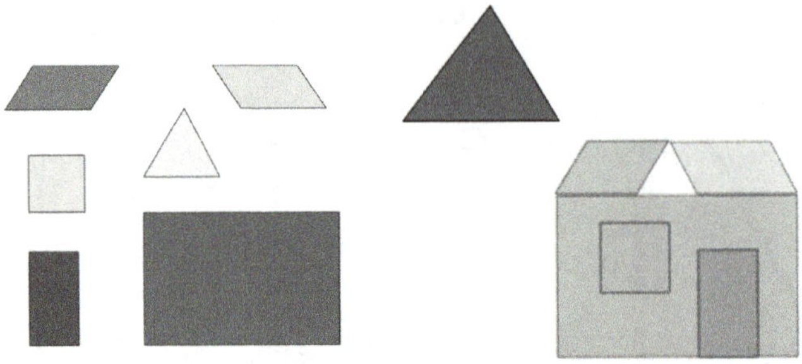

图 14-10　动手拼一拼

请你运用本环节所学的内容，充分发挥交互式电子白板的特点，帮助被老师叫到的同学完成任务。

活动二　阅读案例“聚光灯的巧妙应用”

【说明】交互式电子白板的“聚光灯”功能，可以使学生充满新鲜感和神秘感。打开“聚光灯”后，整块交互式电子白板被一层颜色覆盖，只留下灯光聚焦的地方，从而吸引学生的眼球。在下面的案例中，教师巧妙地运用交互式电子白板聚焦重点。学生在与交互式电子白板的互动体验中，理解课文内容，发挥想象力提高语言感悟力。

【案例展示】

《浅水洼里的小鱼》一课的教学重点是通过品读“这条在乎，这条也在乎，还有这一条、这一条、这一条……”等重点语句，挖掘文本蕴含的人文精神。随着课文学习的深入，教师一边深情地渲染：“用不了多久，浅水洼里的水就会被沙粒吸干，被太阳蒸干。”一边不动声色地在交互式电子白板上调出课文的电子插图，轻点“聚光灯”。此时，所有的画面都被覆盖，只留下聚光灯的部分——一个浅水洼，以及水洼里可怜的、即将干死的小鱼。神奇的聚光灯吸引了大家的眼球，加上渲染引导，小鱼的命运一下子牵动了学生的心。教师进而启发学生思考：“这条小鱼在想什么?”学生纷纷举手。接着，教师请学生到交互式电子白板前，移动“聚光灯”，屏幕上出现了另一条小鱼。“那这一条呢？这一条小鱼又在想什么?”随着“聚光灯”的移动，师生一起“聚焦”每一条小鱼，感受每一条小鱼的独一无二。大家的心一次次地揪紧：“每一条小鱼都是一条生命啊！它们都挣扎着求生，都那么在乎自己的生命……”最后，学生一起深情朗读：“这条在乎，这条也在乎，还有这一条、这一条、这一条……”课堂达到高潮，学生情感得到升华。①

---

① 林月清：《低年级语文交互式电子白板应用研究》，载《福建教育学院学报》，2019，20(12)。收入本书时有改动。

①请你仔细阅读本案例，使用资源库中的图片“小鱼.jpg”，如图 14-11 所示，借助交互式电子白板完成上述聚光灯效果。

图 14-11　小鱼

②请在下面的方框中，写下你的操作步骤。

希沃白板 5 实现聚光灯的效果需要借助授课模式下的“更多”＞“通用”＞“放大镜”，然后选择“关灯”。聚光灯效果如图 14-12 所示。

图 14-12　聚光灯的效果

活动三　蒙层的使用

【说明】我们在交互式电子白板中“添加蒙层”可快速赋予元素遮罩属性，此时元素不可见。点击“开始授课”按钮，在授课模式下点击“橡皮”，可擦出被蒙层覆盖的内容。例如：在“比尾巴.enbx”中，授课模式下我们先出示谜语，把谜底用“蒙层”隐藏，根据大家回答情况，使用“橡皮”揭示谜底，如图14-13所示。在该活动中，你将完成以下操作。

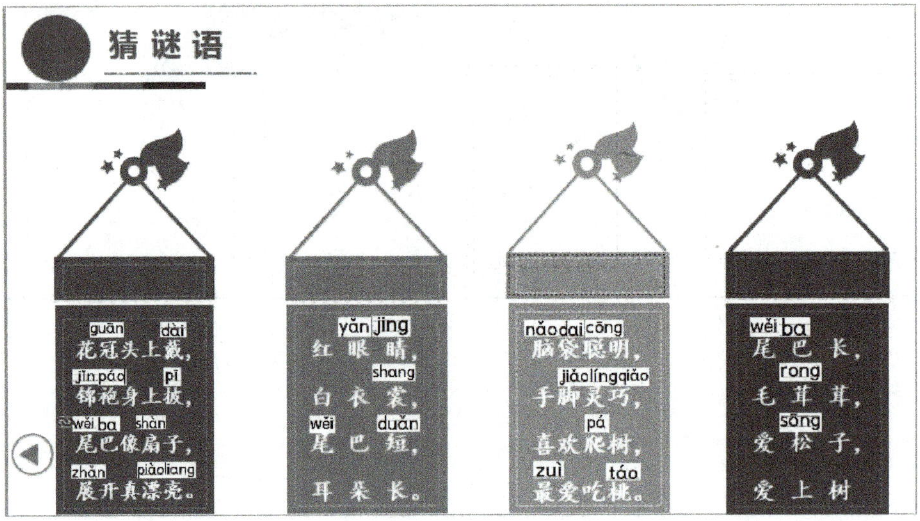

图 14-13　比尾巴截图①

①打开资料库中的文件“比尾巴1.enbx”，该文件改编自胡颖老师的课件。

②在备课模式下，选择要隐藏的“孔雀”文本框，单击鼠标右键，选择“更多操作”>“添加蒙层”，如图14-14所示。添加蒙层以后，文字被白色的有虚线边框的长方形覆盖。使用同样的方法，给孔雀图片添加蒙层。兔子、猴子、松鼠文字和图片的蒙层的添加方法相同。

---

① 图片源于希沃白板5的课件库，本课由浙江乌镇植材小学的胡颖老师执教。

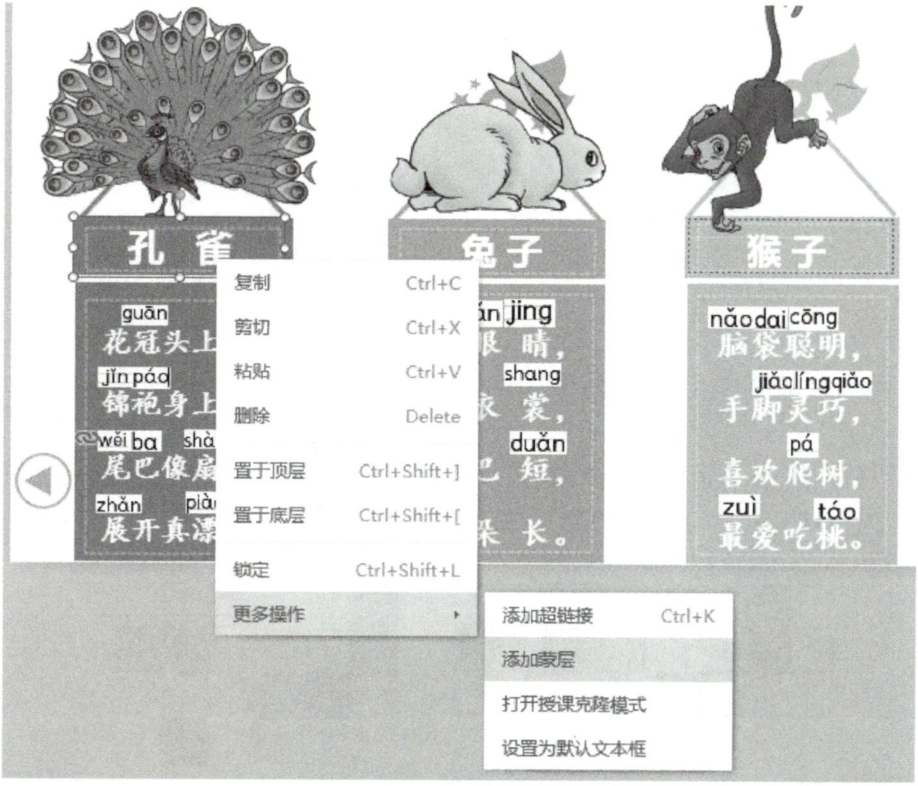

图 14-14　添加蒙层

③若要显示隐藏的内容，需要单击“开始授课”，然后选择图 14-15 中的“橡皮”，擦除蒙层。

图 14-15　擦除蒙层

任务三
感受交互式电子白板的交互性和生成性

活动　观看交互式电子白板竞赛作品

【说明】在该部分，请同学们观看《正方体的展开与折叠》①视频，图 14-16 为视频截图，视频为资料库中的“正方体的展开与折叠”。

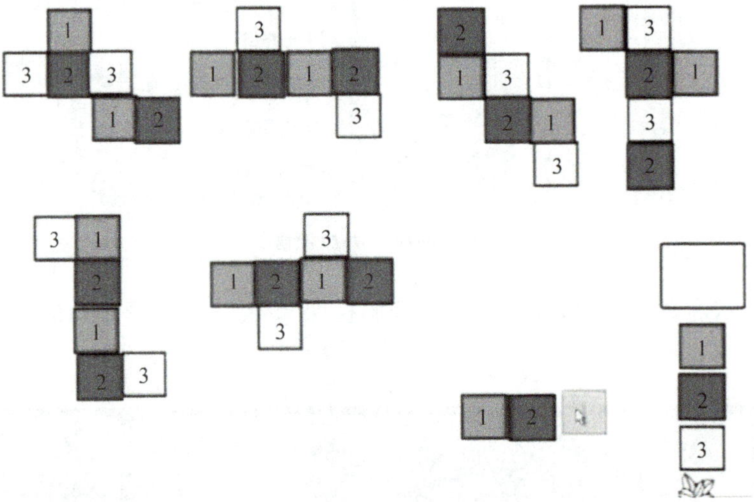

图 14-16　视频截图

在观看视频的基础上，小组(4～5 人)讨论：学科教学中如何有效发挥交互式电子白板的优势？请将讨论的结果写在下页的方框中。视频观看建议在课前完成，课堂时间主要用于组内和组间讨论。

---

① 《北师大版七年级数学上册〈正方体的展开与折叠〉》，https：//tv. sohu. com/v/dXMvMTYwMTU1OTEvNTQyNjU3MDIuc2h0bWw=. html。引用日期：2021—03—26。

练习：

①模仿上述视频中的教学设计，使用交互式电子白板软件，完成图 14-17 和图 14-18 所示的页面效果。

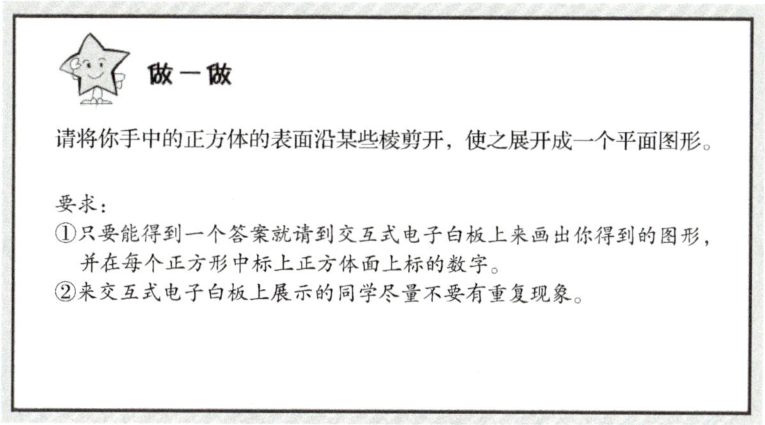

图 14-17　页面一

图 14-18　页面二

②如果想让学生在交互式电子白板上快速地画出展开后的图形，教师在制作图 14-18 的页面时，应该注意什么？学生应该怎样操作？请在下页的方框中，写出你思考的结果。

任务四
巧用交互式电子白板的学科工具

【说明】交互式电子白板在备课模式下提供了多种学科(语文、数学、英语、化学、物理、地理等)工具，如图 14-19 所示。学习下面的内容时，你可以根据你的专业特点和学习兴趣，选择其中一个活动。

图 14-19　学科工具

活动一　语文学科工具

【说明】使用PPT或WPS演示软件中的"文本工具"输入拼音时，如果使用"软键盘"输入带声调的拼音字母，有时会出现部分拼音字母不规范的问题。例如：在输入"竞赛"的拼音时，如果将拼音的字体设置为宋体，则"g"不符合汉语拼音的书写规范；设置为微软雅黑，则"a"不符合汉语拼音的书写规范。遇到这种情况，就需要对个别拼音字母单独调整字体，但这样很容易出现字母大小不一致的情况。本环节，你将尝试分别使用PPT/WPS演示、交互式电子白板给图14-20中的文字添加拼音，进而体验学科工具的便捷性。

图14-20　给文字添加拼音①

具体操作过程如下。

①尝试使用PPT或WPS演示输入图14-20中所示文字的拼音，并将操作过程详细记录在表14-2中。使用交互式电子白板完成同样的操作，然后快速对比PPT/WPS演示与交互式电子白板输入拼音时的区别。

表14-2　PPT/WPS演示和交互式电子白板输入拼音的比较

PPT/WPS演示	交互式电子白板

②继续探索交互式电子白板的语文学科工具，选出你认为对你未来的语文教学最有帮助的功能，并将你的理由写在下页的方框中。

① 页面改编自希沃白板5的课件库"比尾巴"，本课由浙江乌镇植材小学的胡颖老师执教。

活动二 数学学科工具

【说明】交互式电子白板中的数学学科工具主要有两大类：几何和代数。在代数方面，交互式电子白板提供了公式编辑器和函数工具。数学教师以前难以输入的公式，在公式编辑器中基本上可以找到。在几何方面，交互式电子白板提供了线、面、体的绘制。以绘制一个等边三角形为例，具体操作步骤如下。

①单击图 14-21 中的“几何”按钮，选择绘制内容。其中三角形、四边形和多边形等非圆形平面图形绘制，都可以使用“自由绘制”按钮。

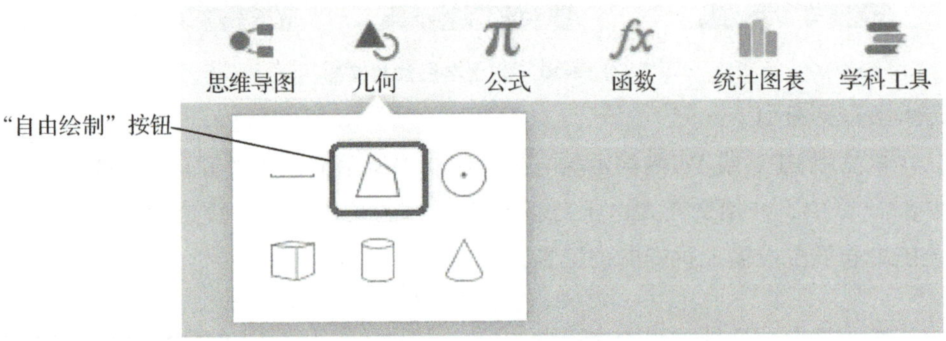

图 14-21 几何学科工具

②选择“自由绘制”按钮后，在屏幕上点击一下，然后移动鼠标，会显示绘制的线段的长度和角度，如图 14-22 所示。当角度显示为 60 时，单击鼠标即可确定第一条边的长度和将要绘制的角的度数。松开鼠标后，使用同样的方法绘制第二条边。最后把光标移动到出发点，即可封闭图形。

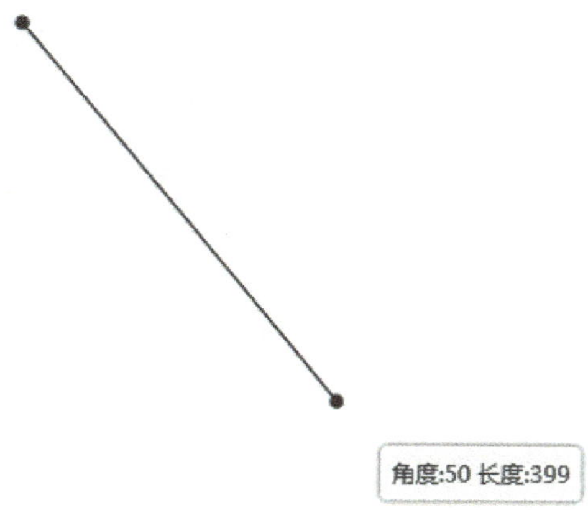

图 14-22　绘制线段

③绘制的图形可以调整节点和角的度数。选中绘制的图形，单击选择“编辑节点”，可以对边长进行微调，选择右侧的“编辑角度”按钮，可以对图形各个角的度数进行调整，如图 14-23 所示。

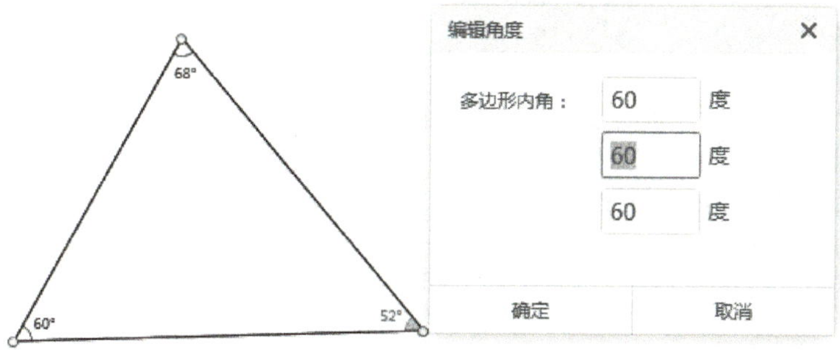

图 14-23　编辑角度

小贴士

对于画好的图形，交互式电子白板软件会自动标注角和角的度数，如图 14-23 所示。如果不需要显示角及度数，用鼠标单击即可隐藏。

练习一：

①在前面活动的基础上，请你运用所学知识，完成图 14-24 所示的页面效果。

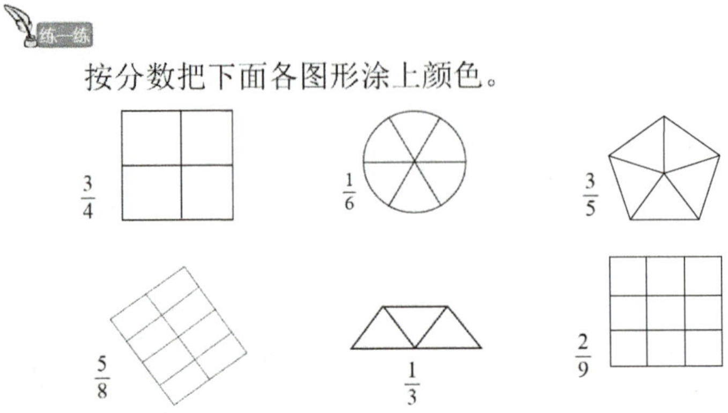

图 14-24　按分数给图形涂颜色①

②如果想让学生在交互式电子白板上按分数把图形涂上颜色，你认为应该怎么做？在绘制上述图形时的技巧是什么？请将你的答案写在下面的方框中。

③继续探索交互式电子白板的数学学科工具，选出你认为对你未来的数学教学最有帮助的功能，并将你的理由写在下面的方框中。

练习二：

“形状”工具绘制的图形和学科工具“自由绘制”按钮绘制的图形有什么区别？

① 图片来源于希沃白板 5 的课件库，内容为北师大版小学《数学》三年级下册第六单元“认识分数”，本课件由城固县集灵小学的陈雪梅老师制作。

以梯形的绘制为例，分别使用“形状”中的“梯形”工具和“学科工具”中的“自由绘制”按钮绘制如图 14-25 所示的梯形，然后在备课模式和授课模式下，对图形的大小、形状和颜色进行调整，并将两者之间的区别写在下面的方框中。

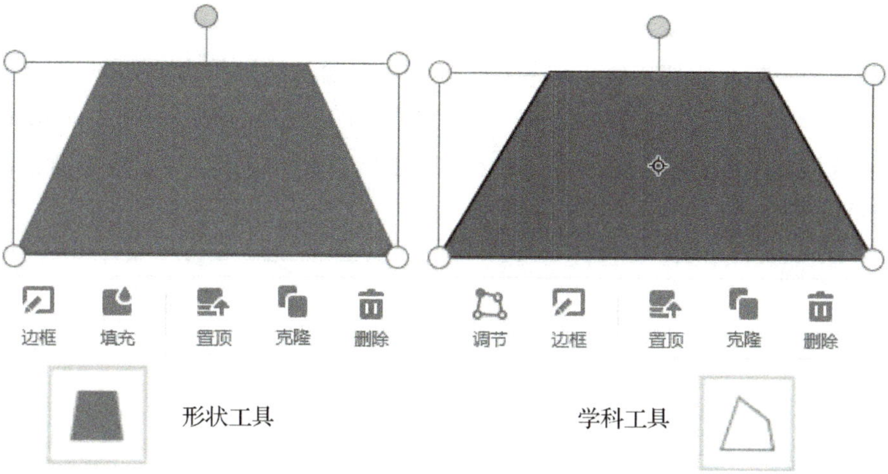

图 14-25　形状工具和学科工具的区别

活动三　英语学科工具

【说明】交互式电子白板提供的英语学科工具有四线三格、英汉字典、听写，如图 14-26 所示。选择“四线三格”，页面上会出现空白的四线三格，双击四线三格可以输入单词，然后会显示手写体的英文。对于课文中需要重点掌握的单词，教师可以单击“英汉字典”后，输入单词，生成单词卡。单词“听写”功能可以帮助师生快速地完成听写。

图 14-26　英语学科工具

以人教版《英语》小学四年级下册为例，单词听写的具体操作步骤如下。

①首先选择“学科工具”，然后选择“听写”。在打开的对话框的右下角，选择教材，将教材设置为“英语、人教版、小学、四年级下册”，单击“确定”后，会出现选择单词界面，如图 14-27 所示。

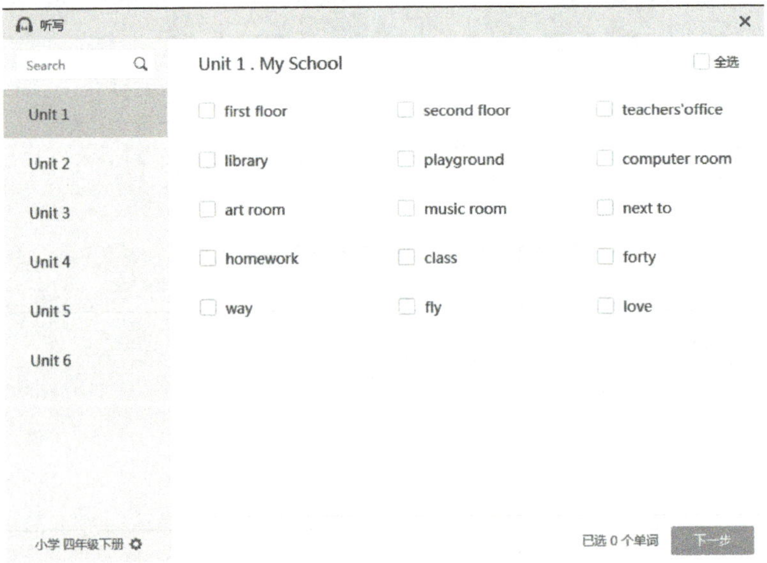

图 14-27　选择单词界面

②在图 14-27 所示的界面中，选择某个单元，对应单词表中的单词会出现在右侧。这里选择“Unit 1”，然后勾选右侧的“ first floor、second floor、teachers’ office、library、playground、computer room、art room”等单词后，单击“下一步”。

③教师完成上述操作后，出现如图 14-28 所示的界面。教师也可以通过单击“新增单词”，添加其他单元的单词，勾选好单词后，单击“布置听写”，然后调整图标的大小和在页面上的位置。

图 14-28　布置听写

④单词的听写需要切换到授课模式。在授课模式下，将出现图 14-29 所示的界面，单击“开始听写”即可。

图 14-29　开始听写

继续探索交互式电子白板的英语学科工具，选出你认为对你未来的英语教学最有帮助的功能，并将你的理由写在下面的方框中。

任务五
探索交互式电子白板的课堂活动

活动一　灵活运用希沃白板的课堂活动

【说明】以往使用 PPT 制作填空、选择、连线等题时，往往需要使用 PPT 中的触发器，有时需要设置大量的自定义动画。希沃白板 5 提供了丰富的“课堂活动”工具，如图 14-30 所示。通过这些“课堂活动”工具，我们可以将分类、填空、配对、判断等题型，以生动、趣味的形式呈现出来，以快速检测学习者对知识点的理解与记忆情况，简化我们制作练习题的步骤，减少工作量。

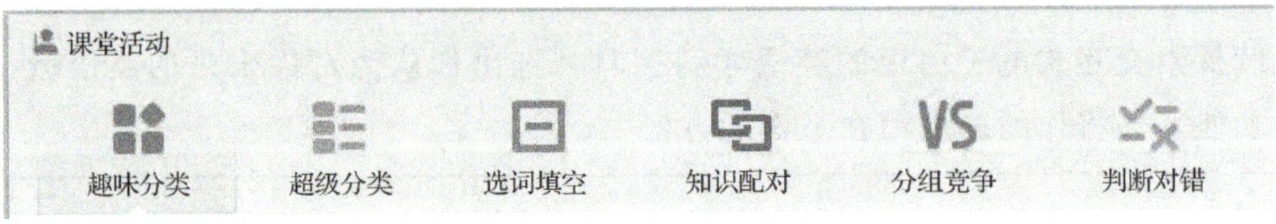

图 14-30　希沃白板 5 中的“课堂活动”工具

以选词填空的制作为例，题目设计完成的效果如图 14-31 所示。具体操作步骤如下。

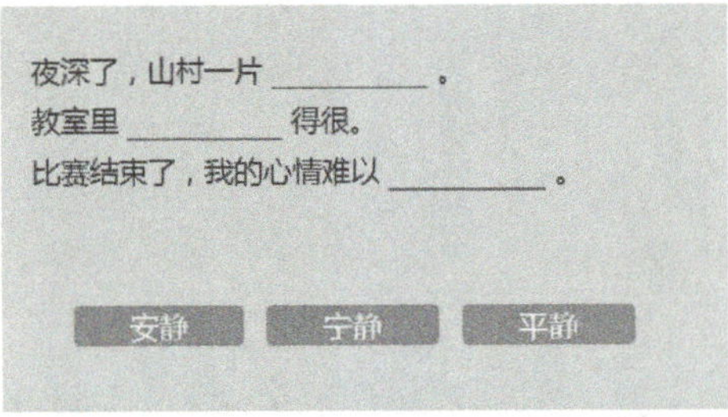

图 14-31　选词填空的完成效果

①首先要选择填词活动的模板。这里选择“选词填空”>“基础模板”，然后单击“应用”。

②输入题目“夜深了，山村一片”(如图 14-32 所示)。然后单击“增加填空”，输入正

确答案“宁静”，第一道题就完成了。

图 14-32　输入题目和答案

③在第一道题的后面单击回车键，即可输入下一题。使用同样的方法输入后面的两道题，如图 14-33 所示。最后单击“完成”。

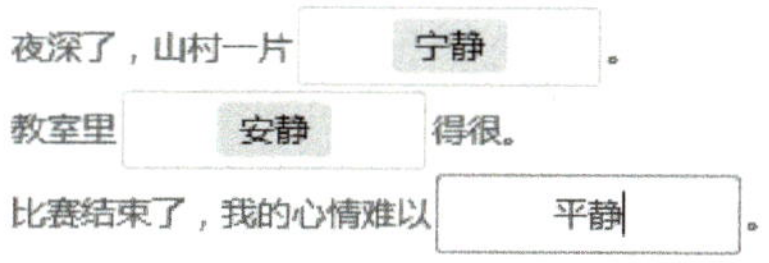

图 14-33　填空题添加完成

④进入授课模式后，分别拖动词语到每个空格处，单击“检查答案”即可显示回答正确与否，如图 14-34 所示。

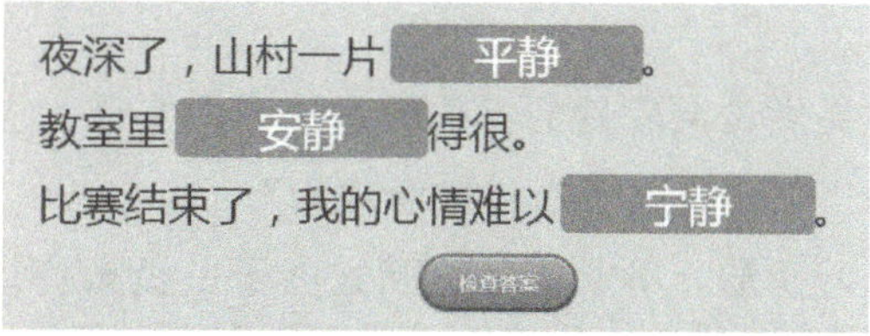

图 14-34　检查答案

活动二　综合大练兵

【说明】在该部分，请你选择交互式电子白板的精彩课堂实录并进行观看。视频观看完毕，4～5 人一组回答下列问题：针对该堂课，你们的收获是什么？有什么疑问？

小组间也可以相互交流，解答疑惑。你们小组可以解答的问题是什么？将讨论结果分别写在下面的方框中。

活动建议：对于视频，可以选择教材中推荐的资源，大家也可以自行搜索。视频的观看建议在课前完成，课堂时间主要用于组内和组间讨论。

亮闪闪——该精彩课例带给我们的收获如下。

帮帮我——我们小组提出的问题如下。

考考你——我们小组可以解答的问题如下。

【学习资源】

1. 希沃学院网站：提供希沃软件的操作教程、课堂实录、应用案例等。

2. 中国大学 MOOC“交互式电子白板教学应用”。

3. 石映辉，杨宗凯，杨浩，等．国外交互式电子白板教育应用研究[J]. 中国电化教育，2012(5)：99-103，121.

项目十五

利用视频会议系统进行网络教学

当前的任务是，即使在最困难的条件下，也要挖掘矿石，提炼生铁，铸造马克思主义世界观以及与这一世界观相适应的上层建筑的纯钢。

——[苏]列宁

学习目标

①了解利用视频会议进行教学的方法。

②熟悉视频会议软件界面，掌握各种工具的基本操作。

③掌握利用腾讯会议、钉钉、QQ 群课堂、企业微信进行网络教学的方法。

④了解辅助教学软件，学会组合多种不同功能的软件优化课堂教学。

学习任务

任务一　利用腾讯会议直播教学

任务二　利用钉钉组织教学

任务三　利用 QQ 群课堂组织教学

任务四　利用企业微信组织教学

任务五　反思总结

任务一
利用腾讯会议直播教学

活动一　邀请参与者

【说明】2020年年初，新冠肺炎疫情初期，大家停课了吗？是如何学习的？老师是如何授课的？请将你的答案写在下面的方框中。

【说明】小组（4～5人）讨论：请大家阅读下面三段话，总结教学软件需要满足哪些条件才能适合教育教学。

① 2020年2月17日，大学生开课了，一时间，很多在线教育平台出现了“崩溃”现象。“学习通崩了”一大早就被送上了热搜，紧接着“爱奇艺崩了”“韩剧TV崩了”“小米电视崩了”也登上了热搜榜。与此相对应的是，钉钉也被送上了热搜，原因却是钉钉没崩。

②小明说：“平常在学校，老师要么用PPT讲课，要么用黑板板书，即使这样有些内容还听不懂呢，现在不能到教室上课，通过视频，听老师讲课，能学会吗？”

③小张说：“现在上课可太舒服了，老师又看不到我，就算能看到我，我也能够想干什么就干什么。至于作业，只是拍个照发给老师，我用别人的不就行了？哈哈，我太喜欢这样自由自在的网络教学了！”

【说明】回顾用腾讯 QQ、微信等交流软件加好友的过程和方法，填写表 15-1。

表 15-1　用腾讯 QQ 和微信加好友的方法

腾讯 QQ 加好友方法	微信加好友方法

【说明】请你下载腾讯会议并注册，加班级同学为好友。小组(4～5 人)讨论，利用腾讯会议添加参与人的方式，并且对比快速会议与预定会议的区别，思考收到邀请后参与人如何进入会议。请将讨论的结果写在下面的方框中。

【知识链接】

①下载并安装腾讯会议软件。根据需求，用户可以将腾讯会议软件安装在电脑或者手机上。

②注册腾讯会议账号。用户可以通过手机号直接注册，也可以通过微信与 SSO(企业邮箱)注册，如图 15-1 所示。

图 15-1　注册腾讯会议账号

③登录后发起快速会议，并通过管理成员来邀请会议参与人。同时，用户可以预定会议，提前通知大家会议的时间，如图 15-2 所示。

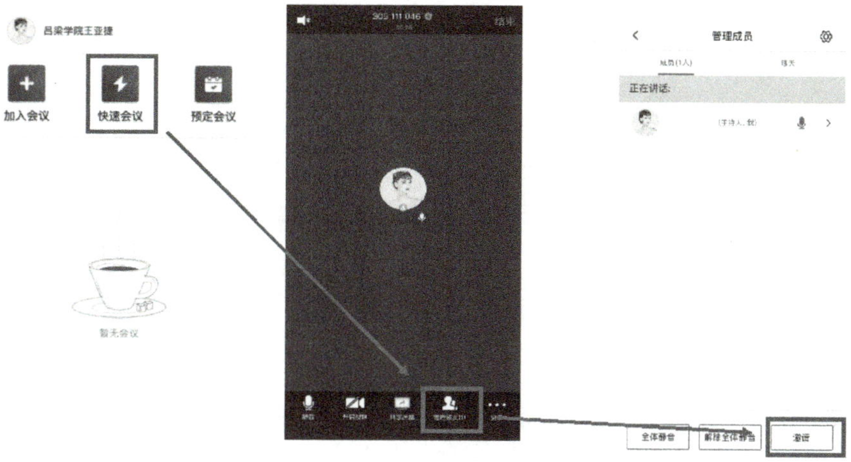

图 15-2　利用腾讯会议 APP 发起会议

④用户可通过微信、腾讯 QQ 和企业微信进行邀请，收到邀请的参与人可以直接加入会议，如图 15-3 所示。

图 15-3　利用腾讯会议邀请参与人

活动二　共享屏幕

【说明】尝试利用腾讯会议发起快速会议，并将自己的电脑或手机屏幕共享给参与人，且尝试讲解一个 PPT、给参与人播放一段视频、演示一个软件的操作过程。结束之后总结出现的问题，尝试提出解决方法，并填写表 15-2。

表 15-2 使用腾讯会议出现的问题及解决方法

问题	解决方法

活动三 主持会议

【说明】小组(4～5 人)讨论：通常主持会议时应当注意什么？如何进行有效互动？请将讨论结果写在下面的方框中。

【知识链接】

教育环境对教学效果有直接影响，现实中的教室包括黑板、讲台、讲桌、座位等基础教学设备。如果没有这些设备，教室跟普通的房间没有什么区别，不能起到吸引学生注意力的作用，不利于我们有效控制课堂。

教学互动是教学过程中必不可少的环节，它可以帮助教师有效控制课堂。缺乏教学互动，不利于学生对教学过程的专注，也不利于学生对难点以及重点知识的掌握与理解。

活动四 美化直播画面

【说明】请你思考，在进行视频会议时，如何让自己的画面适合授课，腾讯会议有哪些功能能够帮助我们美化视频画面。请将自己的探索结果写在下页的方框中。

【小结】通过任务一的学习，你学会使用腾讯会议了吗？利用腾讯会议组织教学的基本步骤是什么？在使用过程中需要注意什么？请大家查阅资料，练习操作，掌握腾讯会议的使用。

【学习资源】

王厉，潘磊．临沂市档案馆：新冠肺炎防控期间利用腾讯会议 APP 开展档案远程培训[J]．山东档案，2020(1)：45.

练习：

①相比线下课堂授课，线上教学有什么优缺点？

②你认为腾讯会议软件有什么优缺点？

③你认为腾讯会议软件有什么需要改善的地方？

④你在操作过程中遇到了哪些问题？你是如何解决的？

任务二
利用钉钉组织教学

活动一　创建师生群

【说明】下载钉钉软件，注册并且尝试创建师生群。总结用钉钉软件创建师生群的关键步骤，并将它与腾讯会议对比，然后填写表 15-3。

表 15-3　用钉钉软件创建师生群的方法及与腾讯会议的区划

用钉钉软件创建师生群的方法	钉钉与腾讯会议的区别

【知识链接】

①下载并安装钉钉软件。根据需求，用户可以将钉钉安装在电脑或者手机上。

②注册钉钉账号。用户可以通过手机号直接注册，也可以通过微信与 SSO 注册，如图 15-4 所示。

图 15-4　注册钉钉账号

③登录后填写个人信息，然后创建家校群或者师生群，如图 15-5 所示，之后教师可以对自己的班级进行相应的操作。

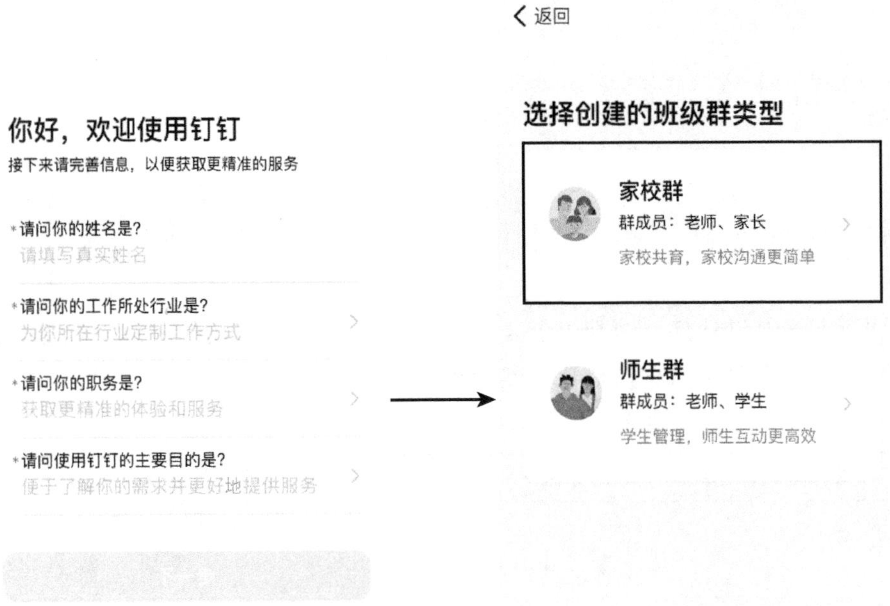

图 15-5　创建班级群

活动二　创建直播

【说明】分别用直播与视频会议两种方式进行直播授课。

活动三　直播

【说明】小组(4～5 人)讨论：对比两种直播授课的方式，分析异同，每种方法各有什么优势，哪种更适合直播授课？请将讨论意见和讨论结果写在下面的方框中。

活动四　利用小工具辅助教学

【说明】请你利用钉钉的白板功能辅助直播，将自己讲解的重要内容用板书的方式呈现出来，让教学过程更为直观。请将板书内容及备注填入表 15-4 中。

表 15-4　板书内容及备注

板书内容	备注

活动五　管理课后作业

【说明】小组(4～5 人)合作，利用钉钉软件模拟布置作业并进行批改，总结整个过程的方法与步骤。对比传统收作业、批作业的方法，钉钉的优点和缺点有哪些？请将答案填入表 15-5。

表 15-5 用钉钉批改作业的方法及其优缺点

用钉钉批改作业的方法	优点	缺点

活动六 群管理

【说明】发掘钉钉软件的群管理功能，如群公告、群文件、公益树、紧急通知、智能填表、群签到和群投票等。请利用这些功能设计一节班会课，并总结使用这些功能的方法，填入表 15-6 中。

表 15-6 钉钉群管理功能在班会课中的应用方法

班会内容	辅助功能
一、主题 二、活动内容 1. 2. 3. 三、总结	

练习：

通过任务二的学习，你学会使用钉钉软件进行视频授课了吗？利用钉钉软件组织教学的基本步骤是什么？使用过程中需要注意什么？请将你的答案写在下面的方框中。

【学习资源】

①王冬．高职院校网络直播课 PPT 的制作及使用体会：以钉钉教学平台为例[J]. 南方农机，2020，51(9)：195.

②杨茹．谢岩．引入钉钉平台促进大学英语信息化教学改革[J]. 英语广场，2020(13)：59-61.

练习：

①使用钉钉进行直播授课前需要做什么准备？

②利用钉钉创建直播有哪两种方法，具体的步骤是什么？

③利用钉钉进行直播时，如何有效管理学生？

④对比腾讯会议与钉钉，你认为哪个软件更适合授课？

任务三
利用 QQ 群课堂组织教学

活动一　选择群

【说明】请你打开自己的腾讯 QQ 软件，重新创建一个班级群，找到快速建群的方法，并将主要方法和步骤写在下面的方框中。

【知识链接】

新版腾讯 QQ 有群课堂功能，我们使用这一功能需要将软件更新到最新版本，如图 15-6 所示。

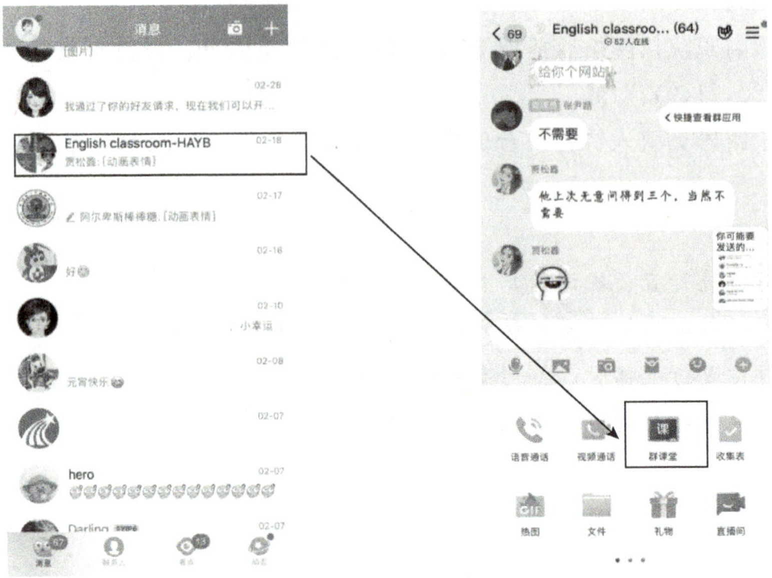

图 15-6 利用 QQ 群开启群课堂

活动二 选择模式

【说明】点击创建好的班级 QQ 群，点击群课堂，为直播授课做好准备，并填写表 15-7。

表 15-7 利用 QQ 群课堂进行直播授课的准备工作

教学内容准备	授课环境准备	教师仪容仪表准备

活动三 选择教学内容

【说明】单击“开始上课”，进入上课页面。请你分别尝试通过演示 PPT、分享视频进行授课。

活动四　进行教学

【说明】思考：教学活动必不可少的交流环节是什么？传统课堂是如何完成这些环节的？如果使用QQ群课堂完成这些环节，操作方法是什么？操作之前需要做哪些准备工作？请大家以小组形式进行讨论总结，并将你们的答案写在下面的方框中。

活动五　布置作业

【说明】用QQ群课堂布置作业，总结布置作业的基本步骤。对比腾讯会议、钉钉，思考QQ群课堂在布置作业方面有什么优势。模拟学生提交作业过程，尝试用QQ群课堂进行作业审阅与批改，并填写表15-8。

表15-8　用QQ群课堂批改作业的方法及其优缺点

批改作业的方法和步骤	分数统计方法	优缺点

练习：

通过任务三的学习，你学会使用QQ群课堂进行视频授课了吗？利用QQ群组织教学的基本步骤是什么？使用过程中需要注意什么细节？请将你的答案写在下页的方框中。

【学习资源】

浦淼青．基于 QQ 群作业功能的高职混合教学模式探索[J]. 智库时代，2018(36)：91，93.

练习：

①利用 QQ 群课堂进行授课的优点是什么？这对于使用者来说有什么好处？

②QQ 群课堂功能与群聊功能对比有什么不同？

③学习了使用 QQ 群课堂进行直播授课的方法，你感觉使用上有哪些优点？

任务四 利用企业微信组织教学

活动一 选择参与者

【说明】请你下载、安装并注册企业微信，通过企业微信找到自己的班级群或者创建自己所在班级的微信群，总结选择参与者的方法，写在下面的方框中。

活动二 直播上课

【说明】请你用企业微信模拟对班级群进行直播授课，观察企业微信中关于直播的选项，体验预约直播的优势，思考哪种方式更适合教学，组织小组投票，并进行辩论。

【知识链接】

①下载并安装企业微信软件。根据需求，用户可以将企业微信安装在电脑或者手机上。(如图 15-7 所示)

图 15-7　下载企业微信

②注册企业微信。个人可以用微信直接登录，也可以用手机号登录，如图 15-8 所示。企业可以建立本企业的企业微信，便于企业员工交流。学校同样可以建立企业微信群，便于教师以及校领导分部门、分班级进行管理。请大家尝试分班级、分小组建立企业微信群。

图 15-8　企业微信登录

③选择上课的班级群，点击“直播”，进行直播授课，如图 15-9 所示。

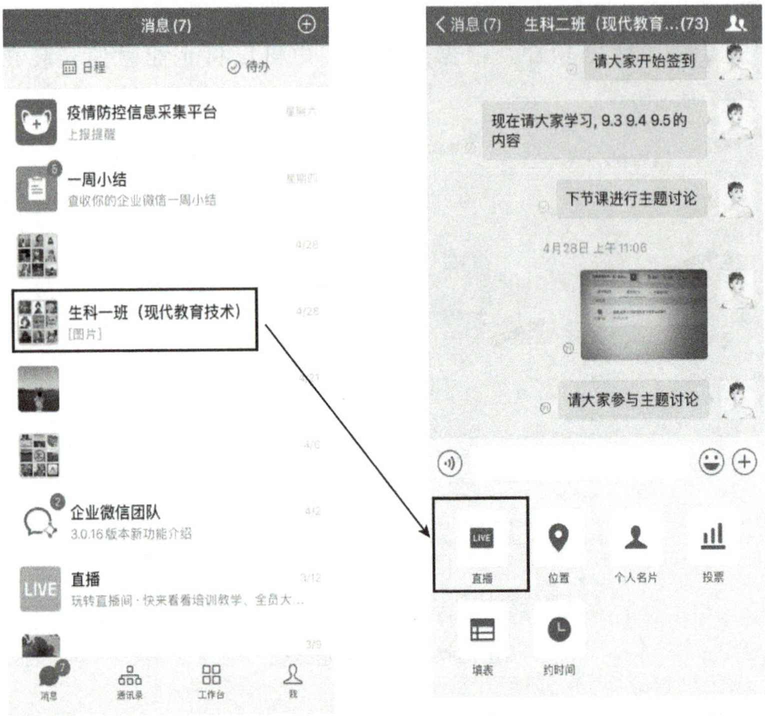

图 15-9　利用企业微信进行直播授课

活动三　设置参与者权限

【说明】为什么要设置参与者权限，这样做对企业群体有什么好处？不设置参与者权限，参与者可以做什么呢？不设置权限对哪些活动是非常有意义的？请将你的思考写在表 15-9 中。

表 15-9　设置与不设置参与者权限的比较

设置权限	不设置权限

活动四　组织活动

【说明】请你用企业微信模拟签到、提问和举手发言等教学互动环节，并尝试用企业微信布置和批改作业。对比腾讯会议、钉钉、QQ 群课堂的布置和批改作业环节，企业微信与它们有何不同？请将你的答案写在下面的方框中。

练习：

通过任务四的学习，你学会使用企业微信进行视频授课了吗？利用企业微信组织教学的基本步骤是什么？使用过程中需要注意什么细节？查阅资料，练习使用企业微信进行授课。

【学习资源】

杨屹，苏萍，宋佳一，等．基于企业微信平台和在线教育综合平台的线上教学实践[J]．大学化学，2020，35(5)：104-108.

练习：

①结合企业微信的特点，你认为哪些学校适合使用企业微信进行教学？

②利用企业微信进行直播授课有什么优点？

③企业微信有哪些辅助功能？能够在哪些方面提高教学效果？

④利用企业微信进行教学有什么缺点，建议如何改进？

任务五
反思总结

活动　反思总结

【说明】除了本项目学习的 4 个软件，还有许多其他的直播授课软件。对比本项目的 4 个软件，你认为哪些软件适合于教学？小组(4～5 人)合作，查找其他直播授课软件、教学软件以及辅助教学软件，并了解它们都有什么作用。请将答案写在下面的方框中。

【知识链接】

专业的教育教学软件有很多非常利于教学的功能，如讨论、作业和签到功能。而对于课堂教学，这些软件也有专业的板块用于讲解，如设置在线学习、上传大量的学习资料，如图 15-10 所示。另外，统计分析系统可以帮助教师了解学生的学习进度，掌握学生的学习状况；考试系统可以帮助教师出试卷、批改试卷，非常有利于教育教学。但是由于其云端处理器容量不够，经常会在网络使用高峰出现严重的卡顿现象或其他问题。

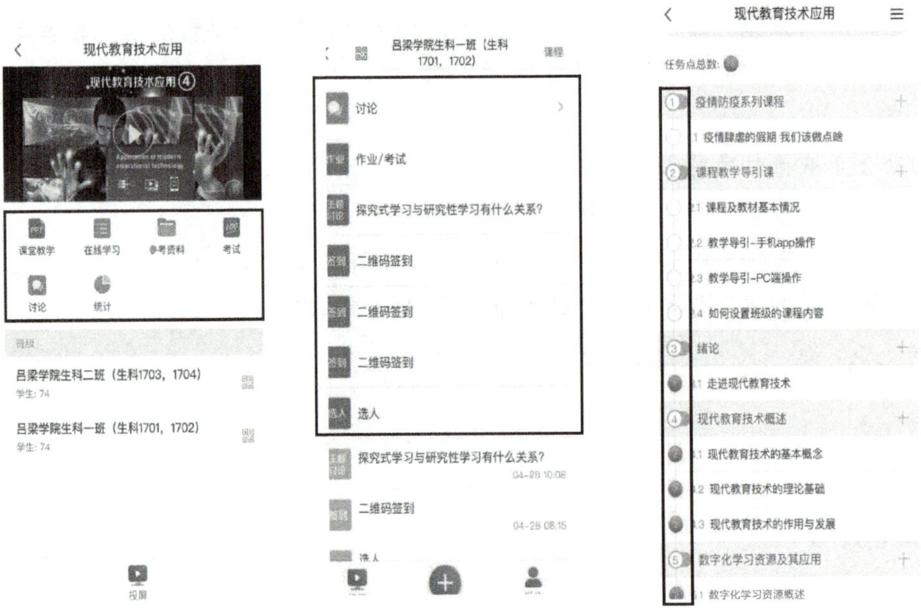

图 15-10　超星学习通常用功能

为了解决教学软件存在的问题，我们可以利用视频直播软件辅助教学。例如：在上课前，可以在企业微信群里通知大家上课时间；在网络拥堵高峰时使用提前上传的录屏资料指导学生完成教学任务；将签到二维码分享到企业微信群提醒学生签到(如图

15-11 所示）。视频直播软件更适合于与学生沟通，以及把控整个在线课堂。

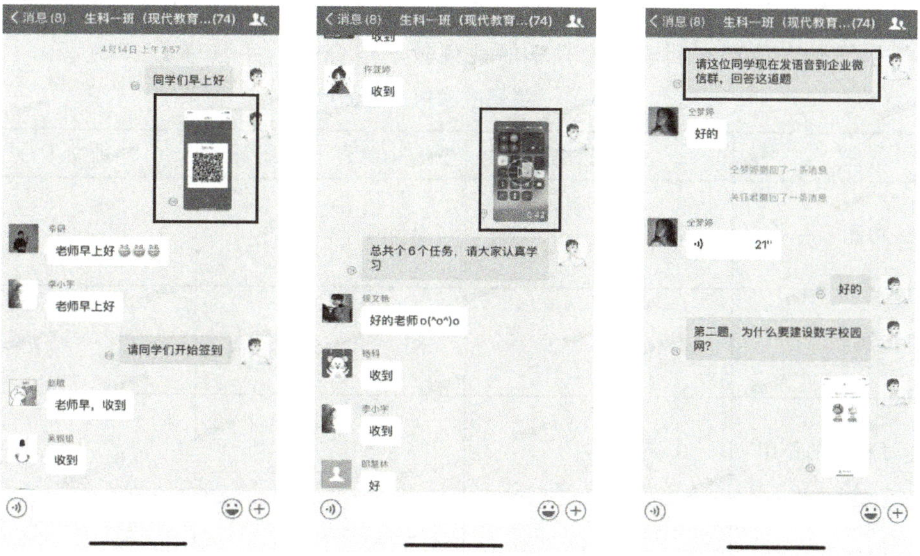

图 15-11　企业微信与超星学习通结合进行教学

视频软件与学习软件相结合的混合式线上教学大大增加了教师对课堂的把控力，有利于教师对学生学习情况的把握以及对班级的管理。扫描图 15-12 所示二维码，观看线上混合式教学案例。

图 15-12　线上混合式教学案例

练习：

通过任务五的学习，你对常见的视频授课软件、专业的教育教学软件以及辅助教学软件有所了解了吗？这些软件需要怎样有效结合才能满足教学需求？尝试设计自己的搭配方案，并设计出一个混合式线上教学方案。之后以小组形式进行试讲，选出最优秀的方案。

【学习资源】

杨屹，苏萍，宋佳一，等．基于企业微信平台和在线教育综合平台的线上教学实践[J]．大学化学，2020，35(5)：104-108.

【拓展练习】

结合视频教学软件与教育平台设计一堂课，并简述过程。尝试将这些软件与辅助教学软件相结合，找到有利于课堂教学的视频教学组合包，并填写表 15-10。

表 15-10　视频教学组合包的设计

项目	视频软件	教育平台	辅助工具
功能			
优缺点			
在教学过程中的作用			
使用时间安排			

项目十六

SPOC 和 MOOC 平台教学应用

混合式学习既要发挥教师引导、启发、监控教学过程的主导作用，又要充分体现学生作为学习过程主体的主动性、积极性与创造性。

——何克抗

学习目标

①了解 SPOC 平台的功能和使用方法。

②了解 MOOC 平台的功能和使用方法。

学习任务

任务一　SPOC 学习平台应用

任务二　MOOC 学习平台应用

任务一
SPOC 学习平台应用

活动一　认识 SPOC 平台

【说明】请同学们阅读下面的“知识链接”然后分组（4～5 人）搜集更多资料，梳理 SPOC 平台有何特点，将结果写在下面的方框中。

【知识链接】

当前的 SPOC(Small Private Online Course，小规模限制性在线课程)教学案例，主要是针对在校学生进行设置的。它是一种结合了课堂教学与在线教学的混合式学习模式，是在大学采用 MOOC 的讲座视频(或同时采用其在线评价等功能)，实施翻转课堂教学。其基本流程是，教师把这些视频资料以家庭作业形式布置给学生，然后在实体课堂教学中回答学生的问题，了解学生已经吸收了哪些知识，哪些还没有吸收，在课上师生一起处理作业或其他任务。总体上，教师可以根据自己的偏好和学生的需求，自由设置和调控课程的进度、节奏和评分系统。①

活动二　SPOC 平台功能介绍

【说明】列举大家知道的 SPOC 学习平台，说一说它们都有哪些功能，投票选出最受欢迎的平台，并填写表 16-1。

① 李志河：《现代教育技术》，3 版，220 页，北京，清华大学出版社，2019。

表 16-1　SPOC 学习平台概况

SPOC 学习平台	功能	票数

【知识链接】

本部分以南京大学 SPOC 学习平台（图 16-1 所示）为例，介绍 SPOC 平台的使用方法。

图 16-1　南京大学 SPOC 学习平台页面

①选择课程。学生根据学习需求在页面中进行课程的选择，选择课程页面如图 16-2 所示，具体的课程介绍如图 16-3 所示。

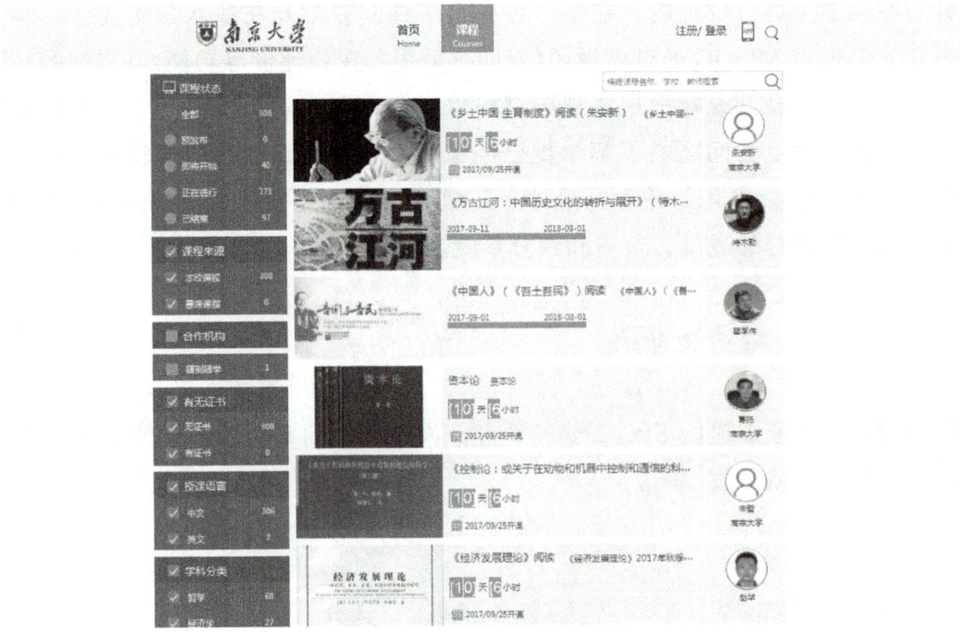

图 16-2　选择课程页面

图 16-3　具体课程介绍页面

②学生可在 SPOC 平台查看所有教师的详细信息，如图 16-4 所示。

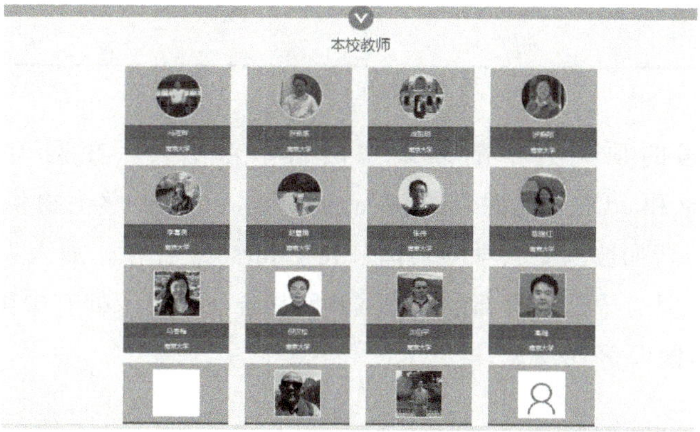

图 16-4　教师信息页面截图

【学习资源】

①CNSPOC 云课程平台。

②重庆大学 SPOC 教学平台。

③SPOC—西安航空学院网络教学平台。

④上海交通大学 SPOC 平台。

练习：

请同学们在 SPOC 平台选择自己感兴趣的一门课程，进行注册学习。

任务二
MOOC 学习平台应用

活动一　认识 MOOC 平台

【说明】请你阅读下面的“知识链接”并上网搜集信息，说明 MOOC 平台有何特点，将结果写在下面的方框中。

【知识链接】

2012 年，美国的顶尖大学陆续设立网络学习平台，在网上提供免费课程，Coursera、Udacity 和 edX 三大课程提供商的兴起，给更多学生提供了系统学习的可能。2013 年 2 月，新加坡国立大学与美国公司 Coursera 合作，加入大型开放式网络课程平台。2014 年 5 月，中国教育部爱课程网和网易合作推出了拥有中国自主知识产权的 MOOC 平台——中国大学 MOOC。

活动二　MOOC 平台功能介绍

【说明】列举大家知道的 MOOC 学习平台，说一说它们有哪些功能，投票选出最受欢迎的平台，并填写表 16-2。

表 16-2　MOOC 学习平台概况

MOOC 学习平台	功能	票数

【知识链接】

本部分以华文慕课学习平台为例，介绍 MOOC 平台的使用方法。

一、课程范围

MOOC 的范围不仅覆盖了广泛的科技学科，如数学、统计、计算机科学、自然科学和工程学，也包括了社会科学和人文学科。MOOC 并不提供学分，也不算在本科或研究生学分里。绝大多数课程是免费的。

二、授课形式

MOOC 平台不是单纯搜集课程，而是将分布于世界各地的授课者和学习者通过某一个共同的话题或主题联系起来。

尽管这些课程通常对学习者并没有特别的要求，但是所有的 MOOC 会以每周研讨话题这样的形式，提供一种大体的时间表，其余的课程结构也很小，通常会包括每周一次的讲授、研讨问题以及阅读建议等。

三、主要特点

①大规模的：不是个人发布的一两门课程，MOOC 是指那些由参与者发布的课程，只有这些课程是大型的或者叫大规模的，它才是典型的 MOOC。

②开放课程：尊崇创用共享（CC）协议，只有当课程是开放的，它才可以称为 MOOC。

③网络课程：不是面对面的课程，这些课程材料散布于互联网上。人们的上课地点不受局限。无论你身在何处，都可以以较少的花费获得大学的一流课程，只需要一台电脑和网络连接即可。

四、主要功能

本部分以华文慕课学习平台（如图 16-5 所示）为例，介绍 MOOC 平台的功能。

图 16-5　华文慕课学习平台页面截图

①选择特色课程，如图 16-6 所示。

图 16-6　特色课程页面截图

②了解教师信息，如图 16-7 所示。

图 16-7　教师信息页面截图

③使用论坛活动的学习资料，如图 16-8 所示。

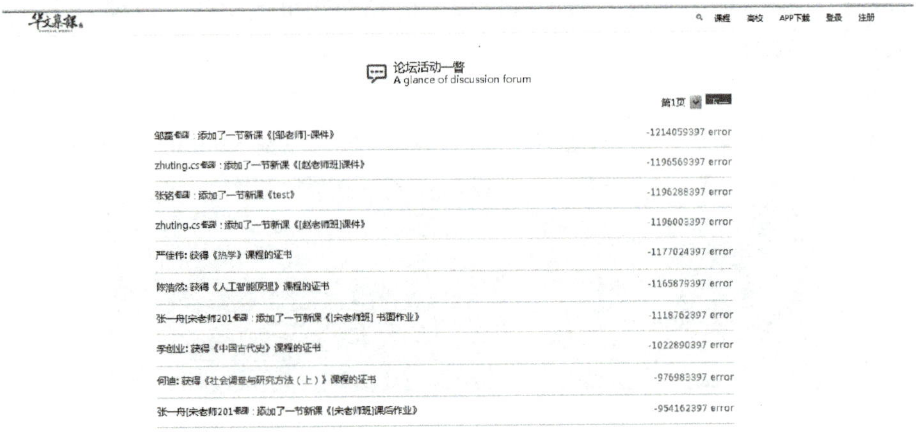

图 16-8　论坛活动的学习资料页面截图

【知识链接】

超星学习通是一款基于神经网络原理开发的中文教育学习平台。超星学习通作为独立的移动 APP，为用户提供了随时随地学习的机会，适应移动互联网时代碎片化的学习方式。其学习系统如图 16-9 所示。

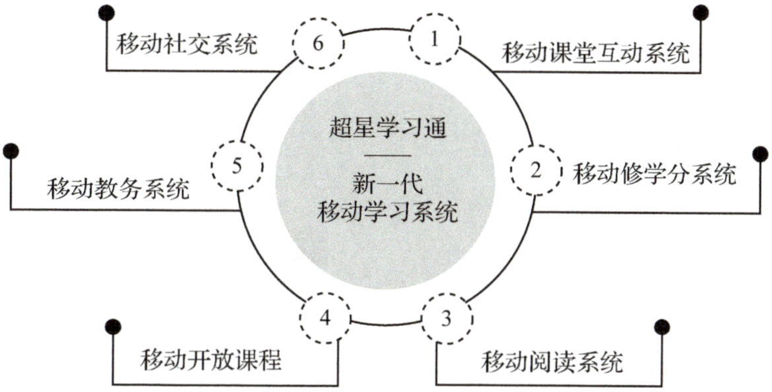

图 16-9　学习系统

超星学习通主要功能如下。

①移动图书馆。移动图书馆内容包括图书、期刊、报纸、讲座、视频、课程、有声资源等海量文献资源。它通过先进的数字出版技术让用户得到在移动应用上的自适应阅读体验。如果首页没有移动图书馆功能，点击微应用即可找到，如图 16-10 所示。

图 16-10　微应用

②小组广场。该频道汇集了丰富多彩的“小组”，用户点击“加入”即可申请加入小组。用户可以在小组中写话题、点赞、发评论等，与志同道合的人一起学习交流，还可以参加各个小组定期举办的活动。同学们可以选择感兴趣的小组加入，如图 16-11 所示。

③创建课程。在课程页面，点击右上角的“＋”，选择创建课程，如图 16-12 所示。

图 16-11　小组广场

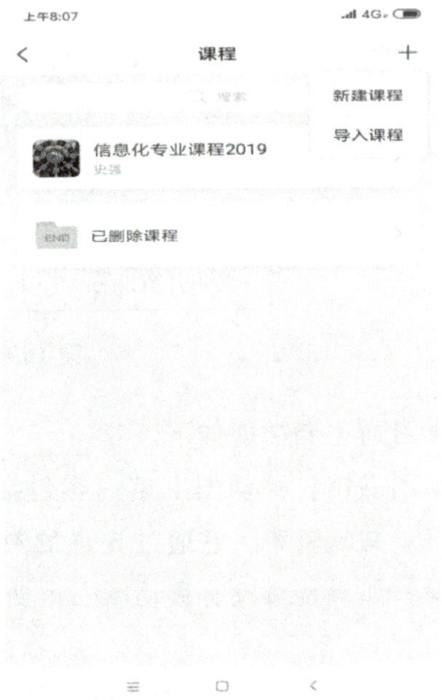

图 16-12　创建课程

【学习资源】

①中国大学 MOOC 网站。

②EDX 网站。

③Udacity 网站。

④Cousera 网站。

【拓展练习】

请同学们在 MOOC 平台选择自己感兴趣的一门课程，进行注册学习。

项目十七

思维可视化工具的教学应用

知识，只有当它靠积极的思维得来，而不是凭记忆得来的时候，才是真正的知识。

——[俄]托尔斯泰

学习目标

①掌握思维导图、概念图、思维地图的概念。

②熟悉创作思维导图、概念图、思维地图的方法和工具。

③掌握思维导图、概念图、思维地图在教学中的应用。

④探索应用思维可视化工具开展思维教学和创新教学。

学习任务

任务一　认识思维导图

任务二　思维导图工具面面观

任务三　教学准备中的思维导图应用

任务四　课堂教学中的思维导图应用

任务五　概念图在教学中的应用

任务六　思维地图在教学中的应用

任务一
认识思维导图

活动一　我眼中的思维导图

【说明】培养学生的创新思维是教育的重要内容，但思维具有“看不见摸不着”的特性，将思维可视化成为思维研究的重点。思维导图是大家耳熟能详的思维工具，请你以“我眼中的思维导图”为题在下面的方框中绘制思维导图，绘制工具不限(手绘、软件绘制均可)。

活动二　追根溯源——思维导图的前世今生

【说明】请大家查阅资料，完成思维导图的起源、发展、内涵、特征等理论基础的学习，以此为主题绘制思维导图。以小组(4～5 人)为单位，对该主题进行讨论并改进，需要提交初稿、小组点评意见，并完成表 17-1 的填写。

表 17-1　小组活动记录表

小组活动记录		
时间：	地点：	
讨论主题：		
讨论内容记录：		
作品点评		
成员	初稿	点评意见
小结：		

【知识链接】

思维导图是英国著名心理学家东尼·博赞在 20 世纪 60 年代发明的思维工具。他认为人类的思维是呈放射性的，思维导图是大脑放射性思维的外部表现。

一、思维导图的理论基础

思维导图是建立在奥苏贝尔的意义学习理论基础上的，从意义学习的视角，可以发现思维导图和概念图都能帮助学习者建立起意义学习的心向，同时也可以帮助学习者建立新旧知识的联系。

思维导图将大脑的知识结构可视化，很符合认知负荷理论的观点，知识的组块化在一定程度上降低了学习者的认知负荷，思维导图将零散的知识组织成一个新的有意义的整体。

二、思维导图的特征

博赞总结了传统笔记存在的不足，如图 17-1 所示。

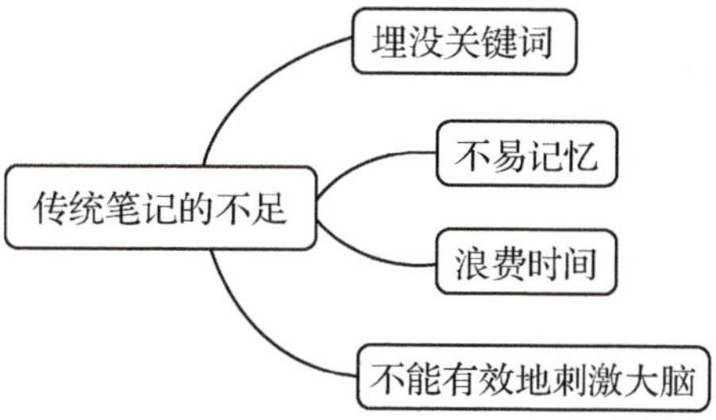

图 17-1　传统笔记的不足

博赞认为思维导图具有五个基本特征(如图 17-2 所示)。①焦点集中，主题突出：注意的焦点清晰地集中在中央图像上。②由内向外，主干发散：主题的主干作为分支从中央图像向四周发射。③关键信息，层次分明：分支由一个关键图像或者写在相关线条上的关键词构成，比较不重要的话题也以分支形式表现出来，附在较高层次的分支上。④节点相连，形成联系：各分支形成一个相互连接的节点结构。⑤颜色鲜明：使用颜色图形代码等。①

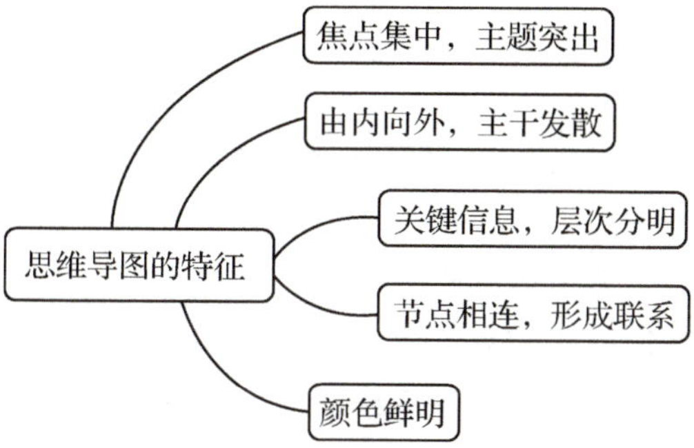

图 17-2　思维导图的特征

任务二
思维导图工具面面观

活动一　手绘思维导图

【说明】请大家以“自我介绍”为主题，以手绘的方式创作一张思维导图。以小组

① 赵国庆：《别说你懂思维导图》，23～27 页，北京，人民邮电出版社，2015。收入本书时有改动。

(4～5 人)为单位，组内设计评价标准并在下面的方框中制作评价表格。小组合作按照评价标准完成对另外一组成员作品的评价。

【知识链接】

一、博赞式思维导图的绘制规则

①从白纸的中心开始画，要有一定的留白。

②中心思想通过一幅画像或图画来表达。

③绘图根据内容不同选择不同的颜色，尽量用曲线连接。

④每条线上注明一个关键词。

⑤尽可能多地使用图形。

⑥连接中心图像和主要分支，然后再连接主要分支和二级分支，接着再连接二级分支和三级分支，依次类推。

二、赵国庆等学者总结的绘制规则

①尽量使用白纸，根据内容的数量决定纸张的摆放。

②关键词是独立的意义单元，绘制思维导图时尽量使用关键词而少用短语或句子，但是当句子是独立意义单元时也可以使用。

③图像、图标的选择应该与中心主题的内容相关，数量适中，子节点中使用的图像不宜大于父节点以及中心节点。

④线条尽量使用曲线，每条线上注明一个关键词，线条的长度尽可能接近关键词的长度。

⑤每一个分支一个主色调，而不是每个层次一个主色调，或整体上一个色调。

⑥思维导图的分支从右上角 45 度沿顺时针方向展开。①

活动二　用软件创作思维导图

【说明】思维导图在自我规划、教学、学习、工作以及组织管理方面都得到了充分

① 赵国庆：《别说你懂思维导图》，15～20 页，北京，人民邮电出版社，2015。收入本书时有改动。

应用。请大家自选主题，选择软件创作一张思维导图，以小组(4～5 人)为单位进行组内互评，对作品提出修改意见并改进。把讨论结果写在下面的方框中。

活动三 推荐思维导图制图软件

【说明】以小组(4～5 人)为单位，推荐一款思维导图制作软件，并在全班做主题汇报。按照表 17-2 完成思维导图制作软件的测评。

表 17-2 思维导图软件的优势与缺点

软件名称	优势	缺点

任务三
教学准备中的思维导图应用

活动一 感受思维导图课前应用

【说明】请你在互联网上查找关于思维导图在教学准备中的应用课例。在观摩课例的基础上，小组(4～5 人)讨论思维导图在教学准备中的应用方式有哪些，将结果写在下页的方框中。

活动二　用思维导图支持教学准备

【说明】从中小学某门课程中自选主题，用思维导图创作学习准备分析或学习计划。学习准备包括学习目标的确定、学习内容的分析、学习者分析、教学策略的选择、教学活动的设计等环节。请在下面的方框中绘制思维导图，并在班级进行汇报分享。

活动三　小组讨论思维导图在教学准备中的作用

【说明】以小组(4～5 人)为单位，分享在教学准备中应用思维导图的心得，总结思维导图在教学准备中的作用，以及它的优势和不足，并提出改进方案。将结果写在下面的方框中。

任务四
课堂教学中的思维导图应用

活动一　感受思维导图在课堂教学中的应用

【说明】请大家在互联网上下载关于思维导图在课堂教学中应用的课例，并在观摩课例的基础上，小组(4～5 人)讨论思维导图在课堂教学中的应用方式有哪些，将结果写在下面的方框中。

活动二　小组讨论思维导图在课堂教学中的功能

【说明】以小组(4～5 人)为单位，在互联网上下载应用思维导图进行课堂教学的课例，在观摩课例的基础上，分析课例中应用思维导图的效果，讨论在课堂教学中应用思维导图需要注意哪些问题，有哪些策略，将结果写在下面的方框中。

活动三　运用思维导图设计学习/教学方案

【说明】思维导图作为思维可视化的工具之一，在学生主动构建知识体系和培养学生的思维能力等方面的作用不容小觑。在课堂教学中，思维导图可以作为先行组织者引起学生注意，可以作为知识呈现工具呈现教学内容，还可以作为协作支持工具用于支持小组协作学习等方面。请大家自选知识点，用思维导图讲授该知识点，将设计的教学方案写在下面的方框中，并以小组为单位做汇报分享。

任务五
概念图在教学中的应用

活动一　认识概念图

【说明】诺瓦克和高文指出：“概念图是一种能形象表达命题网络中一系列概念含义及其关系的结构化图形，它由节点(概念)和连接节点的线段(关系标签)组成，能清楚地表达某一命题中各概念节点间的内在逻辑关系。”①请大家查阅资料，完成概念图的起源、发展、内涵、特征等理论基础的学习，以此为主题在下面的方框中绘制思维导图。

① 高文：《学习科学的关键词》，171～196 页，上海，华东师范大学出版社，2009。

活动二　绘制概念图

【说明】请大家查阅资料，总结绘制概念图的方法以及用于绘制概念图的软件。以小组(4～5 人)为单位，结合自己的专业，每组自选知识点，应用一款概念图制作软件在下面的方框中完成概念图的绘制，并在全班做汇报分享。

活动三　概念图在教育中的应用

【说明】以小组(4～5 人)为单位在互联网上下载概念图在教育中应用的课例。在观摩课例的基础上，分析课例的优点与不足，小组讨论在教育中应用概念图需要注意哪些问题，有哪些策略，将结果写在下面的方框中。

活动四　概念图和思维导图的异同

【说明】以小组(4～5 人)为单位讨论概念图和思维导图的异同，将结果写在下面的方框中。

【知识链接】

概念图(Concept Map)是一种用节点代表概念，连线表示概念间关系的图示法。概念图的理论基础是奥苏贝尔的学习理论。人对知识的构建要通过用已有的概念对事物观察和认识来进行。学习就是建立一个概念网络，不断地向网络增添新内容的过程。为了使学习有意义，学习者个体必须把新知识和学过的概念联系起来。

概念图是由美国康奈尔大学(Cornell University)的诺瓦克和高文基于奥苏贝尔的学习理论，在20世纪60年代开发的一种能形象表达命题网络中一系列概念含义及其关系的图解。

概念图通常将某一主题的相关概念置于圆圈或方框之中，然后用连线将相关的概念和命题连接，连线上标明两个概念之间的联系。

图17-3是概念图的发明人诺瓦克博士绘制的概念图的概念图。

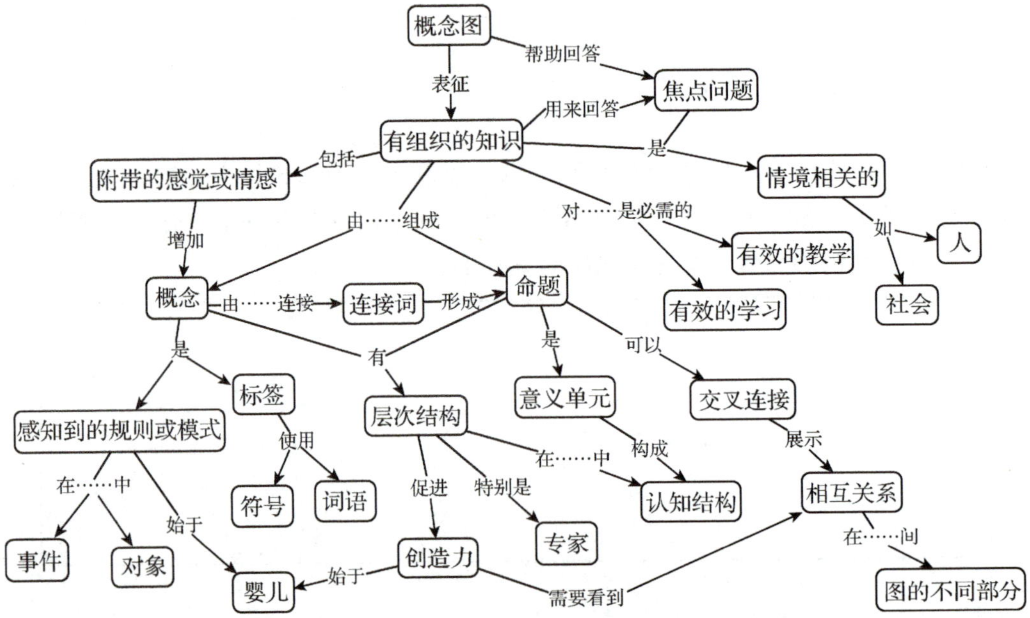

图17-3　概念图的概念图

概念图的组成要素主要包括：概念、命题、层级结构和交叉连接，如图17-3所示。其中概念是反映事物本质属性的一种思维形式，通常用专有名词或符号进行标记。在概念中，命题是两个概念之间通过某个连接词而形成的意义关系。层次结构是指概念依据其概括性水平不同分层排布，概括性最强、最一般的概念处于图的最上层，从属的放在其下面。交叉连接表示不同知识领域概念之间的相互关系。

概念图的制作步骤，首先确定关键概念，从内容中提炼出关键概念以及与之相关联的其他概念。其次对概念进行排序，要把概括性最强、最一般的概念置于顶层，依次向下，最底层的是概括性最小的、最具体的概念。最后把每一对相关概念用连线连接，并在连线上表明二者之间的关系，同一领域或不同领域的知识，通过某一相关概念连接起来。

概念图发明于科学(一般指数学、物理、化学、生物等)学习的氛围中，主要优势在于其对科学概念及其相互关系的表达。①

任务六
思维地图在教学中的应用

活动一　认识思维地图

【说明】阅读下面的“知识链接”，回答什么是思维地图以及各种思维地图的应用情境，为什么提倡用思维地图来表达信息，将答案写在下面的方框中。

【知识链接】

八大思维图示法：具体思维方式的具体表示法②

北京师范大学　赵国庆

八大思维图示法原名为思维地图(Thinking Maps)，是海勒(David Hyerle)博士于1988年开发的一组思维可视化工具。由于人们容易将思维地图与思维导图混淆，本文采用“八大思维图示法”来指代思维地图。八大思维图示法共包括八种图，分别是：圆圈图、气泡图、双气泡图、树形图、括号图、流程图、复流程图和桥形图。八大思维图示法中的每一种图都对应着一个具体的思维技能，如圆圈图用来支持头脑风暴和联想，气泡图用来描述或想象，

① 赵国庆：《思维可视化》，91～114页，北京，北京师范大学出版社，2016。收入本书时有改动。
② 赵国庆：《思维可视化》，13～51页，北京，北京师范大学出版社，2016。收入本书时有改动。

双气泡图用来进行比较和对比，树形图表示分类，括号图表示整体与部分的关系，流程图表示事件之间的顺序关系，复流程图表示因果关系，桥形图则用来表示类比关系，如图 17-4 所示。

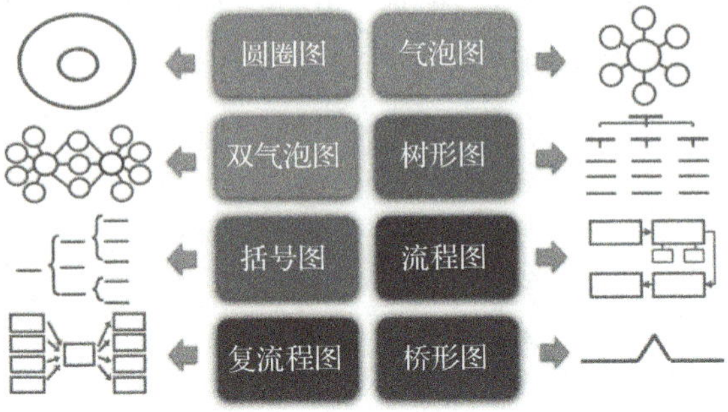

图 17-4　八大思维图示法

一、圆圈图

圆圈图是用来联想与中心词相关信息的一种图示，如图 17-5 所示，用于联想和头脑风暴。它由一个小圆和一个大圆组成，其中小圆内是需要进行联想的中心词，关于中心词的联想信息写在两个圆圈之间。它的作用主要是进行联想和头脑风暴。

图 17-5　圆圈图

二、气泡图

气泡图是用来对事物各方面特征进行描述，中间圈写主题词，大圆周围写上描述该主题特征的词语的一种图示，如图 17-6 所示。它可以加深对事物的认识，培养思考的广度和深度，以及描述事物的精确性。在制作气泡图时应注意：①使用形容词或形容词短语进行描述；②用到的形容词尽量生动形象。

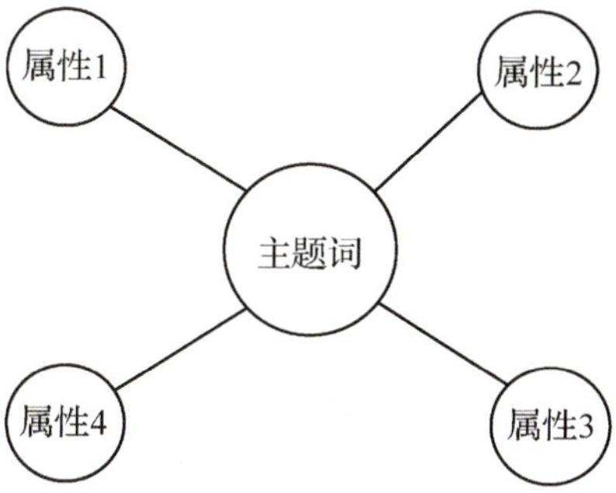

图 17-6　气泡图

三、双气泡图

双气泡图是主要用于对比和比较两种事物，由两个气泡结合而成的一种图示，如图 17-7 所示。它有两个主题词，分别是需要比较的两个事物。在两个主题词之间的气泡中，书写两个事物的共同点；在主题词两侧的气泡中，书写着两种事物的不同点。它可以帮助我们完善事物的对比。在制作双气泡图时，可以与气泡图、圆圈图配合使用，先单独分析事物，再进行比较，相同点不同点描述尽量简洁。

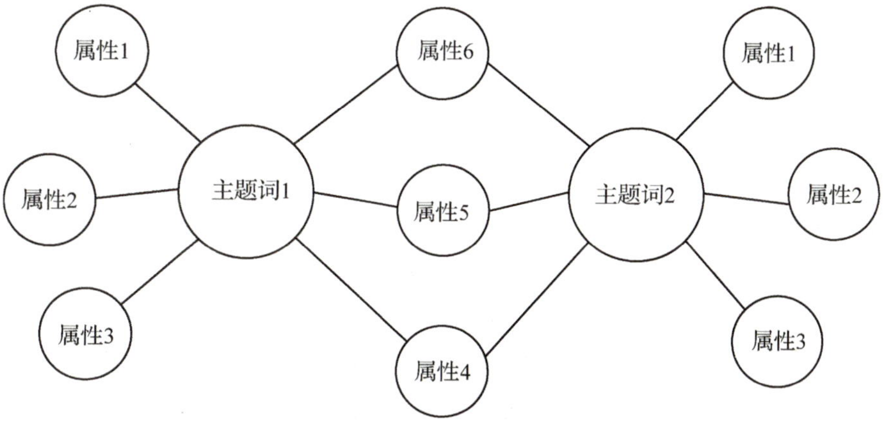

图 17-7　双气泡图

四、树形图

树形图由主题、类别、项目构成，它的形状像一棵树，主题是树根，类别是树枝，各个类别中的项目是树叶，如图 17-8 所示。它是帮助人们学会分类思考的有效方法，利于我们寻找事物间的共性与个性，也利于寻找分类依据。在制作树形图时应注意：分类标准要符合科学依据和常识；每个项目只能属于一个类别；各个类别尽量涵盖主题的全部内容。

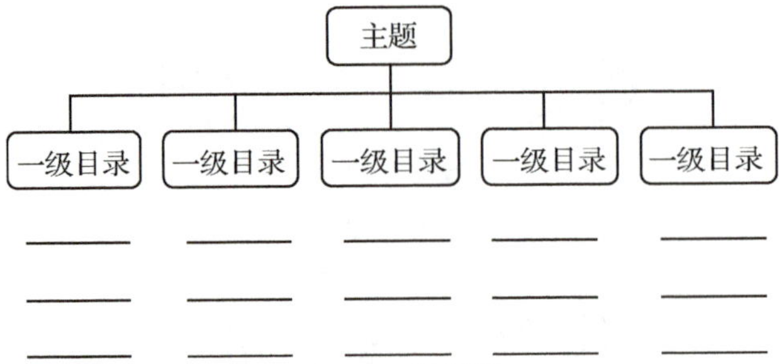

图 17-8 树形图

五、括号图

括号图由关键词和大括号组成，“整体”在左侧，它的“部分”在右侧，中间是大括号，“部分”还可以作为“整体”继续拆分，如图 17-9 所示。它让我们关注到事物的整体的同时，也关注到整体内容的组成部分。在制作括号图时要注意关键词是名词。

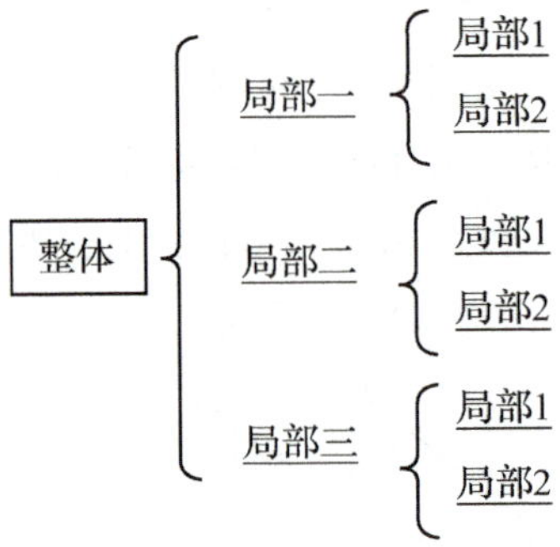

图 17-9 括号图

六、流程图

流程图由方框和箭头组成，每个方框中书写一个步骤，箭头的方向表示步骤的顺序，如图 17-10 所示。它可以用于步骤的规划以及解题的步骤等。流程图主要用于表示事件的步骤、顺序、过程等；用于培养程序性思维和统筹能力。在制作流程图时，应注意：每个步骤间用箭头连接；步骤可包含子步骤，步骤与子步骤间用直线连接；注意环形流程图封闭与不封闭的区别。

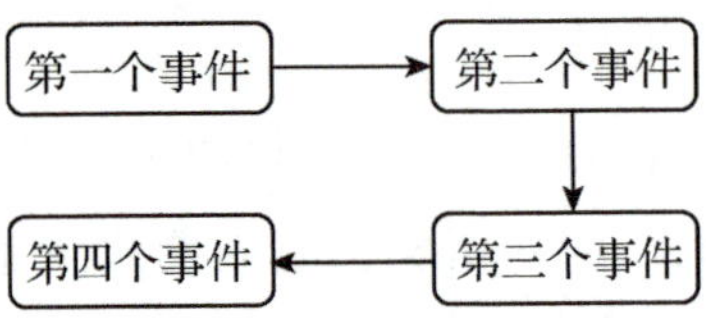

图 17-10 流程图

七、复流程图

将流程图的步骤、顺序关系变为原因和结果的描述，形成一个分支，多条分支组合起来便形成了一个复流程图，如图 17-11 所示。复流程图主要用于寻找事件发生的原因和事件导致的结果；为寻找事件的成因、认识问题的严重性、寻找问题的解决方法提供帮助。在制作复流程图时应注意：事件是图示的核心，原因和结果描述需要完整。可以只画图示的一侧。

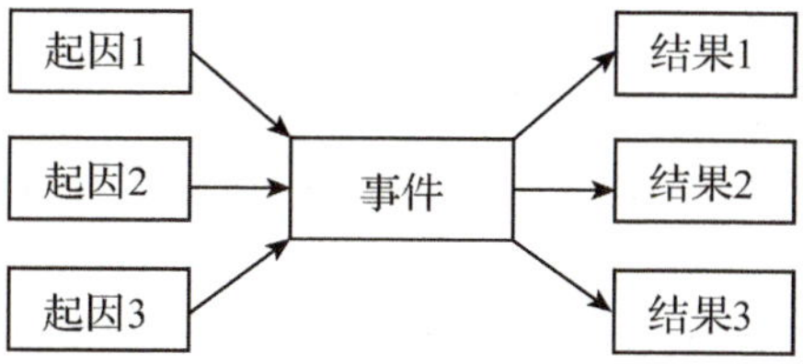

图 17-11　复流程图

八、桥形图

桥形图像一座桥，桥中间书写“正如”，横线上方和下方书写一组具有某种关系的两种事物，每种事物的关系是相同的，各组之间形成类比的关系，如图 17-12 所示。它可以用来建立事物之间的联系，将属性接近或相似的事物进行比较分析，并从中总结出类似事物的方法和规律。在制作桥形图时，必要的时候需要注明上下事物间的关系。

图 17-12　桥形图

活动二　绘制思维地图

【说明】观察小组其他成员的特征，用思维地图为你的队友做一个宣传海报，内容不限，请队友评价，并做补充。同时交流绘制经验，并将结果写在下面的方框中。

活动三　思维可视化工具热背后的冷思考

【说明】思维可视化工具的火热程度相信大家有目共睹，在各种课堂教学中被频繁使用，但是作为思维可视化工具，一定是有适用原则的，不是任何内容、任何场景都适合的。请大家思考一下哪种情况哪些内容是不适合用思维可视化工具的，将你的答案写在下面的方框中。

【学习资源】

①赵国庆．思维可视化[M]．北京：北京师范大学出版社，2016.

②[英]托尼·巴赞．开动大脑[M]．李燕红译．北京：世界图书出版公司，2004.

③申灵灵，罗立群．思维地图及其在美国的应用[J]．上海教育科研，2008(1)：58-61.

④魏小山，袁健．协作构建思维导图在信息技术课堂中的应用[J]．中国电化教育，2007(9)：85-88.

【拓展练习】

①结合自己的专业，思考一下思维导图可以用于哪些知识的学习。

②策划一项工作或生活方面的活动，应用思维导图完成活动的准备工作。

③总结思维导图在其他教学模式中的作用，如自主探究、研究性教学等。